重新发现语文

一边做,一边想,一边写,发现了语文教学之美!
一边写,一边想,一边做,发现了教学研究之美!

邹 莉 李 燕 ◎ 著

光明日报出版社

图书在版编目（CIP）数据

重新发现语文／邹莉，李燕著．－－北京：光明日报出版社，2015.9（2021.8重印）

ISBN 978－7－5112－9317－6

Ⅰ.①重… Ⅱ.①邹…②李… Ⅲ.①小学语文课—教学研究 Ⅳ.①G623.202

中国版本图书馆 CIP 数据核字（2015）第 232996 号

重新发现语文
CHONGXIN FAXIAN YUWEN

著　者：邹　莉　李　燕	
责任编辑：朱　然	责任校对：张明明
封面设计：范晓辉	责任印制：曹　净

出版发行：光明日报出版社
地　　址：北京市西城区永安路 106 号，100050
电　　话：010－63169890（咨询），010－63131930（邮购）
传　　真：010－63131930
网　　址：http://book.gmw.cn
E－mail：gmcbs@gmw.cn
法律顾问：北京德恒律师事务所龚柳方律师

印　　刷：三河市华东印刷有限公司
装　　订：三河市华东印刷有限公司
本书如有破损、缺页、装订错误，请与本社联系调换

开　　本：170mm×240mm
字　　数：262 千字　　　印　张：15.5
版　　次：2015 年 9 月第 1 版　　印　次：2021 年 8 月第 2 次印刷
书　　号：ISBN 978－7－5112－9317－6
定　　价：49.00 元

版权所有　　翻印必究

序

像这样细细地听,如河口/凝神倾听自己的源头/像这样嗅/嗅一朵花,直到知觉化为乌有……

在这本书即将复印的时候,我们把它捧在手里,既欢欣,又忐忑,仿佛初恋的心情。我们轻轻翻动书稿,重温写作时候的过往,有听一段水、嗅一朵花的心情。

一

作为一线小学语文教师,写作对于我们来说,异常奢侈。我们的时间,被教学任务、补差任务、作业跟进、大小会议、学生管理、家校沟通……分成了无数的碎片。时间在这些碎片上眨着狡黠的眼睛,以这样无处不见又难以捉摸的方式与我们照面。

在经历了很长时间的困顿之后,我们奇妙地找到了粘合这些碎片的方式。

我们开始阅读,从书中获取力量,寻找方法,增进理解。我们的业余生活被阅读填满,它指引我们的精神生活走向高处。

我们开始寻找,在身边,从更远的网络上,寻找志同道合的朋友。他们跟我们一样,胸腔里揣着一把火,困顿而迷茫。我们深入地讨论,甚至激烈地交锋。我们的微信里,多了很多的订阅号;我们的QQ里,多了很多的新名字。我们耳边的声音,变得热烈、活泼、新鲜而多元。

我们开始记录,记录自己。课堂上难忘的瞬间,美好的,和遗憾的;和孩子们的交往,快乐的,和悲伤的;偶尔开出的思维火花,有逻辑的,和零零散散的……我们开始记录,记录他人,记录生活,记录阅读,记录一切在情感和理智驱使下无法割舍的现实或者思维的片断……

也不知从什么时候开始,写作就在不知不觉间自然而然地发生,长长短短,包罗万象。从来没有想到,这些在不经意间敲打下来的文字,居然可以变成一本书,得以捧在手里，谛听、轻嗅。

二

读这些文字，会回想起很多故事，浮现出很多画面，串联起很多复杂难言的心情。我们试图从一线教师的角度，站在操作的层面上，清理遮蔽在语文教学上的各色浮云，看到最平凡、最真实、最质朴、最可行的语文，完成一种紧贴着地面的低视角的"重新发现"，从教材，到课堂，到课外阅读，到综合性学习。

我们升级了我们的教材观，重新定位教师、教材、教学的关系，并在单元整体教学领域做了有益的尝试。我们在力所能及的范围之内最大限度地关注课堂，试图将工具和人文并轨，使个体与整体共赢，在教学技术不断创新的大环境下，也玩了一把"翻转课堂"。我们永远保持对课外阅读的热情，这本《阅读手册》，是我们送给孩子的童年礼物，也是我们捧出的虔诚的心。我们试图打开经验的世界，让学习走向生活。

有些时候，我们用论文体来写作，还有些时候，我们只是叙事。但无论是哪种文体，我们都尽力让自己的文字清浅好读，怎么想——一目了然，怎么做——清清爽爽，如实地呈现一线语文老师脚踏实地地研究与实践。

我们怀揣着这样的初衷上路。一路走来，从未忘却，哪怕须臾。

三

一路之上，困顿是不可避免的，颓丧也一定是有的。对于专业素养的不自信、对于研究方向的不确定、对于思考深度的不满意……我们经常陷入深深的自我怀疑之中。

感谢我们的领导，他们永远站在我们身边，送来支持与鼓励；感谢各位专家，在我们迷惘的时候，给出了许多建设性的意见；感谢亲爱的同事，给我们提供了大量丰富的实例；感谢我们自己，即便困难重重，也终究没有放弃。

我们一边做，一边想，一边写，发现了语文教学之美！

我们一边写，一边想，一边做，发现了教学研究之美！

这本书稿，记录下的是某个阶段的风景。我们依然在路上，初心依旧，且行且珍惜！

编者

目 录
CONTENTS

第一章 重新发现教材
　　——升级我们的教材观 ·· 1
　第一节　语文教材的发展史　1
　第二节　教师和教材的关系　5
　第三节　重新发现语文教材　8
　第四节　单元整体教学　13

第二章 重新发现课堂
　　——我们该捧出怎样的语文课堂 ·································· 36
　第一节　工具和人文并轨　36
　第二节　个体与整体共赢　51
　第三节　习作教学,我要这样爱你　76
　第四节　来点翻转又如何　109
　第五节　那些美丽的课堂　127

第三章 重新发现阅读
　　——让阅读成为一种习惯 ·· 148
　第一节　课外阅读的那些事儿　148
　第二节　国学经典,我该如何爱你　154
　第三节　阅读课　请跟我来　165
　第四节　送你一本《阅读手册》　181

第四章　重新发现生活
　　——打开经验的世界 …………………………………………………… 192
第一节　综合性学习的快乐　192
第二节　他们在活动中成长　197
第三节　作业设计，不妨试试新思路　223
第四节　晒晒那些奇葩的作业　232

第一章

重新发现教材

——升级我们的教材观

我们很少研究手中的教材,它从哪里来？它该怎么用？

我们很少思考自己和教材的关系,在教学中,它应该处在一个怎样的位置？它还可以发挥什么样的作用？它和我们、和学生、和课堂,又可以建构一种怎样的关系？

我们总是因循守旧,严格按照所谓的"教参",严格按照评优课的逻辑一课课地往下教。而实际上,换一种角度看教材,换一种方式来用教材,我们会看到不一样的风景。

第一节　语文教材的发展史

语文教师应该懂得一点教育史,学点教育史,才能够知道语文从哪里来,要到哪里去,就能知道语文教什么,应该怎么教。把语文学科放在历史之中,就不会有一叶障目或夜郎自大的感觉。然而,对于教材,我们似乎一直很少关注和研究。

我们手中的这本语文书,一直在舆论上处于众矢之的风口浪尖,在操作上又被当作《圣经》,时时处处制约着教师的教和学生的学。因此,对教科书发展历程的探索,可以打破教科书的神话,让教科书变得不再神秘,让我们明晰要继承的传统以及应面向的方向。

（一）古代

古文教育分为三个阶段:以识字教育为中心的启蒙阶段、进行读写的基础训练阶段、进一步的阅读和作文训练阶段。古文教育的读本主要有三种:《四书》《五经》、蒙学读物、文选读本。因为我国古代没有严格意义上的语文读物,所以也没有具备教科书意义的语文教材。张志公先生在《传统语文教育初探》中写道：

　　文章选本，由来很久。专为初学编选的、分量不大而有注释评点的本子，则至宋代而大量出现。流传使用下来的和见于著录的、宋人所编的这类教材，不下十余种……宋代以下，古文评选之风一直很盛，陆续出现了许多这类教材。清代中叶以来，特别流行的是《古文观止》《古文释义》和《古文笔法百篇》。

　　就选文的数量说，可得三类。一类选得很多，在三百篇以上，以至上千篇，如《文章正宗》《古文渊鉴》《唐宋文醇》《古文眉诠》《唐宋八大家文钞》《古文分编集评》等。这类选本，一般学塾不直接用作教本，而是由塾师从中挑选若干篇教给学生。一类选得很少，在百篇以下，如《文章轨范》《古文关键》，都只有六十几篇。有的学塾采用这类选本，但是往往再由塾师用别本补充。再一类选文在一百篇以上，三百篇以下，如《古文析义》（二百三十篇），《古文观止》（二百二十二篇），《古文嗜凤》（二百零八篇），《古文释义》（一百四十七篇）等。在学塾中流行最广、直接用作教本的，这一类居多。从三类选本流传使用的情况来看，前人似乎有这样的经验：为了培养学生具备基本的读写能力，至少要教他们读熟二百来篇古文，再少不够，过多也不必，因为只要具备了基本的能力，学生就可以自己去广泛涉猎，不需要由老师一句一篇地来讲了。

　　就选文的标准和范围说，每种选本当然各有自己的尺度，有的并且有某些偏见。但是有一点看来是共同的，那就是都重视选用历来有定评的、脍炙人口的名文，至于包罗的广狭，情形就比较复杂，有的从先秦一直选到编者所处的时代或前一代，上述第三类选本大都这样；有的只选或基本上限于唐宋两代，《唐宋八大家文钞》《唐宋文醇》之外，《古文关键》和《文章轨范》也是这样。不论包括的时期长短，在所包括的时期之内，选文的范围又有不同。有的很窄，比如选唐宋文只限于所谓八大家，甚至八家中的几家；有的宽些，八大家之外又加上李翱、孙樵等；有的很宽，象唐的郭子仪，宋的朱松，也各选入一篇，其余作家可以想见。就文章体裁说，多数的以散文为主，少数的把诗歌作为一个方面，如《文章正宗》，还有的也选入一些四六骈体文，如《古文分编集弄》。流行最广的几种本子，选文范围一般比较宽，无论是时代方面或作家方面，都包罗得相当广，但是也不至广到杂的程度，以至把很普通的文章选进去。

　　就编排的方式说，大致有三类。一类是按时代先后由古至今编排，同一时期又按作家排列。大部分选本都是这样的。一类是按时代由近及古分段逆溯，每段之中再接由古及近编排，并且兼顾体裁的分别……再一类是先按体裁分作几部分,每部分之内再按时代和作家的次序排列……

张志公先生总结说:

纵观中国古代教育,我们可以看到一条教材的主线,主要的教材是"四书五经",自汉代以来,直至"五四"前期,"四书五经"是传统语文教育对学生进行教育的"利器"。文选类教材,是为了便捷学生获取功名的一条路径。

(二)近现代

清末,随着西方教育思想的传入,在教科书编写方面,语文教科书开始孕育和诞生。尤其是随着"西学东渐","分科"教学影响了中国传统教育的体系。分科教学的思想促成了中国近代教科书的编写工作。

特级教师李怀源在《近代小学语文教育的教材与教学》一文中为我们详尽梳理了这一阶段教科书的发展状况:

我国自编的新型教科书,产生于1897年。我国第一部教科书,要算朱树人所编南洋公学出版的三本《蒙学课本》。这套课本有几个特点:它是一元的,既不名其为"国文""国语",也不名其为常识或什么社会、自然,而混然名其为《蒙学课本》,这是传统文化教育没有严格分科的痕迹;它虽无语文与常识科目的分野,但究其实质,在编制上大体系属以常识为内容、语文为形式的统一体。

继南洋公学《蒙学课本》后而问世的一部教科书,是光绪二十七年(1901年)由俞复、丁宝善编,先后于文澜数据和文明书局出版的另一套《蒙学课本》。该书共分七编,如编者俞复所说:"前三编,就眼前浅理引起儿童阅读之兴趣,间及地理、历史、物理各科之大端,附入启事便函,逐课配置图画,为今初等小学国文教科之具体。第四编,专重德育……为今修身教科之具体。第五编,专重智育;第六编,前半为修辞……后半为达理……为学论断之引导。第七编,选史汉通鉴……周秦诸子……以及唐宗迄近代名家论说。此后主编,为今高等小学国文教科之具体也。"从这段文字可以看出,此套教科书已经开始按内容分编,以专门的语文内容分编成书,是孕育语文性质教科书的一个新举措。

我国第一套正规化的小学语文教科书,是上海商务印书馆编纂的《国文》。这套小学国文最新教科书,自初等小学堂至高等小学堂计9年共18册,供七八岁至十五六岁学生用。《初等小学国文教科书》"由浅及深,由近及远,由已知及未知,按儿童脑力体力之发达,循序渐进,务使人人皆有普通之道德知识,然后进求古圣贤之要道、世界万国之学术。"书中行文以平实活泼为主,间取游戏歌曲启发儿童之兴趣,而隐喻劝诫之意。《高等小学国文教科书》能反映当时国内外政治、经济、科学等方面的情况,内容颇见新意。这些教材有一部分是编者自写,一变过去按现成文章选辑的做法。这套书的每册都还都另撰教授法,按课数编次。

民国初期,教科书有了一定的发展。尤其是新文化运动对教科书发展起到了推动作用。白话文成为教材编写语言。选择了白话文教科书,就选择了教科书面向大众的方向。"当时的白话文教科书采用了相当数量的古代优秀作品,尤其是古代的白话小说。"这样的教科书适合学生阅读,为学生接触大量的优秀作品提供了条件。"开始注重语言的训练,加大了阅读的分量。"阅读量的增加是教科书对阅读的物质支持。当时的教科书还存在着儿童文学化的趋势,虽然有一些在现在看来并不是很合适,但是教科书已经逐渐成为学生喜欢的读物,这是一个事实。

用白话文编写的教科书有利于学生阅读,儿童文学化的教科书学生喜欢阅读。这与古文教材相比,无疑是很大的进步。

在民国初版所印的各种国文教科书中,以《教育部审定共和国新国文》影响最大。这套教材,由商务印书馆编印,使用年限最长,重印次数最多。此书内容正如当时教育部审定批词所云:文字浅显,所选教材不出儿童所见事物之处,颇合小学程度。

此外,近代小学语文教材还有一个特点一直为大家所关注和称道,即一些当时在文学、文化界有深远影响的大家,放下身段,亲自参与到教科书的编写和创作中来,将美丽的古文渊源和当时的教育理想完美整合,质量之上乘,旷古绝今。这些课本,直到今天依然被珍藏,一版再版。

(三) 当代

1956年,我国进行了汉语、文学分科的教学改革,教科书也随之发生变化。人民教育出版社根据1956年颁布的教学大纲,编写了初级小学和高级小学的语文教科书,共12册。初级小学8册教科书除了第一册以外,均采取了分组编写的方法,把每册课文分为若干个组,(即若干个单元),每组课文若干篇,课文内容一般比较接近或类似,有的一组课文后,设有一个综合练习。每册的分组情况略有不同。

1978年,人民教育出版社根据"78语文大纲"编写了《全日制十年之小学课本语文(试用本)》。编排方法依然采用分组编排的形式,一册一般安排八九组课文,每组课文后边有基础训练,一组课文试图成为一个基本功训练的整体。

2001年,《全日制义务教育语文课程标准(实验稿)》颁布,小学语文教科书呈现了多元化的趋势。人教版、苏教版、北师大版、沪教版……呈现出百花齐放的姿态。

虽然各个版本在课文类型上呈现一定的差异,读写结合方式也各不相同,选文差别也很大,同一篇课文,在不同版本的教材中安排的年级有时也有很大的跨度。但是,也有非常一致的地方。首先,是以"单元"形式呈现,这既给了教学一些可以依仗的抓手,又不自觉地给教学戴上了一条紧箍咒。既依靠它,又自觉或者不自觉地想逃离它,是每个一线教师长期挣扎的东西。第二个一致的地方在于,选文已经远离了古代语文教材选文"重视选用历来有定评的、脍炙人口的名文"的宗旨,变得比较开放和多元,因此,不同的选文承载的文学上、文化上价值的轻重不同,作用于学生语文素养成长的点也不同,究竟如何踩准,究竟如何判定,这也是放在每一个一线教师面前的挑战。

虽说,"教材只是个例子",但绝对不是一个普通的例子,是物质的基础,是课堂生长的原点。如何摆正教材、学生、课堂之间的关系,是放在每一个教师面前非常重要的课题。

第二节　教师和教材的关系

2014年,诸多同事在微信圈里转发一篇文章:《对抗语文,让孩子读到世界上最好的文字》。这是《收获》杂志编辑部主任叶开出版于2010年的一本书的书名。书中批判了现行小学语文教材中种种谎言、狭隘、落后,声称"教材已经走入死胡同,小改无用",非推翻了重来不可,因此便从繁忙的文学工作中抽出身来,激扬文字,自编教材。《这才是中国最好的语文书》的第一、二册已在今年出版。微信圈中旧作的爆红,侧面反映了社会对作者新书的关注。

同样强烈批判小学语文教材,并义无反顾地投入到破、立之中去的还有"独立教师"郭初阳。2009年,他偕同第一线教育研究小组,掀起一场遍及全国的教材批评风暴,至今未息。2010年,所参与的《救救孩子———小学语文教材批判》一书的出版,和《对抗语文》呈呼应之势,让小语教材一次次成为公共话题;酝酿多年之后,他领衔编写的《新蒙学丛书》也在2014年11月份出版。

叶开、郭初阳等,属于激进的改革派,他们的主张,用叶开先生的话来说,教材"已经走入死胡同,小改无用"。因此,叶先生从文学工作中抽出身来,投入到教育圈中去,激扬文字,自编教材;郭老师从体制内抽出身来,开设"越读馆",教什么,自己说了算,因此得以"更加贴近真正的语文教学"。

还有一批名师,对教材也有隐约的意见,但是采取的方式是增补、挪移,属于温和的改良派。比如蒋军晶的"群文阅读",按照某主题,在课外精选多篇文章进行阅读,从而有效弥补教材的先天不足;比如小语新锐"小丑鱼"老师及其团队的"重组教材"之说,响亮地喊出了"我们不生产教材,我们只是教材的搬运工"的口号,把现行教材按照自己的理解,重新梳理。

我们佩服所有改革者勇气与执着,他们的呼喊和努力,推动了一轮又一轮大大小小的教材改革。语文教材的越来越去政治化,越来越贴近儿童和时代,越来越体现"小语姓小"的特色——这是不能被抹杀的事实。但是,如果我们换一个视角来看待缘何小语教材会反复成为"公共话题"这一现象,就会得到不一样的发现:教材的反复被关注,反复被强调,甚至反复被炒作,从某种意义上,正表现了我们对教材的过分依赖和盲目崇拜。

事实上,在绝大部分教师、学生、家长的眼里,教材一直处于被神圣化、神秘化、权威化的地位:教材中的文章,每一篇都理所当然地承担着"文道合一""言意兼得"的重任,潜藏着全部语文知识的密码,成了老师教、学生学的全部内容。再加上各级公开课、评优课的噱头,以及"优质课"在教师考核中的权重,教材更被教师有意无意地顶在了头上,成了"业务钻研"的全部对象。勤奋者,甚至会每篇精心解读,寻出起承转合的妙处,找出微言大义的精要,搜出一字千金的妙笔;在此基础上,落实为精心的教学设计,同样讲究起承转合的章法,行云流水的节奏,如何导入,如何过渡,如何渲染,如何结束——无不按照艺术的最高标准严格要求。一本薄薄的"教材",俨然已经成了教师"精心地教"的全部;同样,也一定会成为学生"用心地学"的全部,以及家长"用心关注"的全部。如果真正想要实现承载人文思想、埋伏语言知识、涵养文化情怀的教育理想,那非得把目光从薄薄的教材中,从单篇课文中,从一堂堂孤立的语文课中解放出来;非得让目光与广阔而多变的文化背景相对接,及时充电,随时更新,所有的教育愿景也许才有生长的空间。

在这样的认知背景下,重新解读叶圣陶先生"教材,无非是个'例子'"的阐述,便会更加客观,更加笃定,更加有根有底。既然是"例子",就可以这样教,那样教;可以精细地教,简略地教,甚至不教;一言以蔽之,"用教材教"。结合大量一线教学实践,我们这样处理与教材的关系:

教材可以是一个"读写的范例",作为阅读或写作的范例,很多课文有法可依,有章可循,是学生习得阅读方法、探究写作经验的学习文本。比如苏教版语文第六册中《海底世界》和《恐龙》两课，常常是老师开课的宠儿。课上，必有精美课件，展示海底或侏罗纪时代之奇；必有琅琅书声；必有"总分"构段的写法概括以及写作操练。事实上，第五册《北大荒的秋天》《东方之珠》，第六册第一单元中《美丽的南沙群岛》《庐山的云雾》，均是总分构段，均是辞藻斐然，"课件＋美读＋写法提炼＋现场操练"的课堂模式已经进行过若干次。但是，仅盯住一篇文、一堂课的为"教材"至上的思维方式，往往让教师的目光囿于这些知识碎片，反复炒作不敢越雷池半步。而事实上，教材仅仅是一个"范例"而已，只要用得合理，只要学生受益，不妨大胆跳出文本的限制，给出课堂的更多种可能性。《海底世界》和《恐龙》两课，是否可以成为学习"思维导图"的范例？提取每一段的主要信息，并用"气泡图"的方式表现出来。一课为学，一课为练，第三课试着用"气泡图"来完成多篇说明文的快速阅读，渐次掌握一种全新的思维工具——这样的课堂，教材与教学之间，是否更加黏稠而亲密？

教材也可以是一个"阅读的索引"。有些课文，链接着某位有意思的作者，关联着某类有意蕴的主题，包含着某种有意图的写法。这类课文便是一扇窗户，打开它，就仿佛按动了某个钮键，开启了一个神奇而美丽的阅读的宝库。如《我和祖父的园子》学完之后，领着学生去读一读《呼兰河传》，进入萧红坎坷传奇的人生；学习《天鹅的故事》《鸟语》《生命的壮歌》都可以略处理，赶紧进入沈石溪和西顿的动物小说中去，来一趟另类的生命之旅；而从《墨梅》《石灰吟》两首诗，则可以立即往前链接到《青松》《竹石》，向后链接到虞世南的《蝉》、白居易的《白云泉》、李纲的《病牛》、郑思肖的《寒菊》……读它三五堂课又如何？读这些人、这些诗，感受这种托物寓意、言外蕴旨的古诗妙趣，领略所谓"诗言志""《诗》以达意"的传统哲思，教材，才真正有了体温和张力。

教材还可以是一份"活动的素材"。有时是一篇课文，有时是整组文本，任由有心的教师智慧改编，架桥融通。比如苏教版第八册第三单元安排了三个历史故事：《三顾茅庐》《祁黄羊》《公仪休拒收礼物》。教学时，完全可以将《公仪休拒收礼物》提前来学。这是学生第一次接触剧本，在懂得了剧本的基本构成后，在尝试了课本剧表演的快乐之后，再倒过来请他们选择《三顾茅庐》或《祁黄羊》中任意一个进行改编和表演。在此过程中，学生对人物形象的感知也会慢慢树立，对情节的梳理也会渐渐清晰。其他方面的长进，不言而喻。

更多的时候，教材只是一根"无形的底线"。不可能每篇课文都是传世经典，也不可能每段文本都有非凡"秘妙"，对于课本中"平凡的大多数"来说，掌握字词,积累语言,读读,练练,仅此足矣。节省出时间和心力,触底起跳,非凡超越。

……

总之,相比于教材,教师的观念和视野更加重要。教材是静止的,教师却能让它活起来;教材是平面的,教师却能让它立起来。教材只是一个"例子",对这个例子,不必太过纠结;打磨、锻炼使用这个例子的人,让他有眼界,有气魄,有手段——这,方是我们接近"用教材教"的美好愿望最近的路。

第三节　重新发现语文教材

随着《基础教育课程改革纲要(试行)》和《语文课程标准》的颁布实施,我国新一轮基础教育课程改革也拉开了序幕。许多实验课本如雨后春笋不断涌现。苏教版国标本小学语文教材就是其中之一。它以《语文课程标准》为依据,本着开放创新的精神,遵循母语教育规律,汲取中国传统语文教材的精华,借鉴新中国成立以来小学语文教学的成功经验,在原有苏教版九年义务制小学语文教材基础上形成"新、实、简、美"的特色,更符合时代要求,且不乏创新之处:注重习惯,关注发展;两境并用,双线并进;词串识字,寓教于乐;锻炼能力,强调综合;图文并茂,呈现艺术美等。当然,苏教版国标本小学语文教材在编写理念和实际操作之间还存在一些矛盾,比如拼音教学比重较大,识字安排欠合理,习作缺乏体系、读写未能很好结合等。

无论是闪光点还是不足处,在物化的教材活化为生动的课堂之前,都需要教师的二度开发与创造。教材,需要我们认真研读、仔细梳理、合理批判,总之,需要我们的"重新发现"。下面以苏教版中的童话类选文、古诗词编排、插图配画的安排为例,简单阐述笔者对于"重新发现"的看法。

一、童话类选文的重新发现

儿童文学是小学语文教学的主体课程资源,童话作为最重要的儿童文学文体,近年来入选小学语文教材的比例也在逐步增加。优秀的童话以其独特的快乐原则、幻想品格、诗意境界和游戏精神与儿童的精神和心灵相契合,因而深受小读者们的喜爱,对儿童审美、教化、认知、娱乐等方面发展的价值也越来越被教育者所关注。但教材编者在编写童话的过程中难免存在着一些缺憾,这些问题不仅制约着教材和教学对儿童教育价值的发挥,甚至影响着儿童对童话这种文体的看法和态度。

问题 1. 鲜明的教育至上倾向。这是深受国人根深蒂固的"文以载道"的文学观影响,因此,本来应该充满幻想和想象的童话,被捆绑上了很多道德说教的内容。而一旦儿童意识到了这种说教的成分,童话便死去了,教育更无从谈起。比如二年级《蜗牛的奖杯》一文,教育儿童不能因为曾经的荣誉骄傲自大,更不能时时刻刻惦记着这点荣光,最后让它束缚了自己的成长;比如三年级科普童话《小露珠》,把水循环这一科学信息隐藏起来,重点突出了小露珠为装扮大地、为大家带来美丽的无私奉献的精神;此外,《青蛙看海》《小鹰学飞》……这样的例子比比皆是。这样的童话实际上是"伪童话",是披着童话外衣的思品教材。这是需要教师在使用教材的过程中细细辨析的。教学这样的"童话",教师应该有一颗警惕的心,突出某些部分,藏起某些部分,切忌简单粗暴地按照所谓"教参",将道德说教捆绑在并不生动有趣的情节之中硬性兜售给学生,并且堂而皇之地告诉他们,这就是"童话"。这样做的后果,是破坏了童话真正温和美好、简单优雅的面容,在儿童与童话之间横亘一条生硬冰冷的围墙。

问题 2. 幻想和幽默性的缺失。因为承载了太多的道德说教的内容,教材中选用的童话很少有幽默与想象,这点让人沮丧。儿童的心理世界大人是无法知晓、无可比拟的,儿童的所见、所想、所问、所答、所做,往往出人意料,却充满情趣和快乐。儿童用自己的思维习惯、语言习惯来感知表达这个世界,他们渴望可以跟他们内心呼应的"儿童化"的语言。民国时期的老课本《开明国语课本》便很少有这样的遗憾。叶老是一代大家,他在教材里走入了儿童世界,细致揣摩儿童心理,词句、语法切合儿童口吻,做到了对儿童入情入理的体察和关爱。《太阳》:"太阳,太阳,你起来得早。昨天晚上,你在什么地方睡觉?"这是以太阳为题材的课文,"它写的是儿童的视角,表达的是儿童的心理,用的语言是儿童的口吻。读着那几句天真的话语,我仿佛真切地看到一个可爱的小朋友在和太阳公公对话,而对话的内容是他心里一直存在的疑问:'你起得这么早,昨天晚上在什么地方睡觉呀?'这样的问题,很可能是许许多多的小朋友心里都曾经有过的,而课文正是借这个小朋友之口写出了儿童最可宝贵的好奇心和求知欲。"(徐根荣《表现和培养儿童的探索精神》)但是,我们教材里的童话,难得有这样的篇章,用叶开先生的话来说,大多是大人面上图着宝宝霜,捏着细嗓子,模仿孩子说话,无论是情节还是语言,都缺少真正吸引儿童的魅力。

童话类文体在教材中不乐观的现状要求教师对"童话"的文体特色有精准而

深刻的把握,要求教师对"儿童"有正确而深入的理解,用新的眼光来剖析教材,去粗取精;同时,把目光向薄薄的语文书之中解放出来,向外张望,扩大"教材"的外延,用真正的童话滋养儿童的生命。

笔者的建议是:以教材上的童话为窗,大量拓展,用真正贴近儿童心灵的、经典传世的童话润泽童心。比如谢尔·希尔弗斯坦、金子美玲等的童话诗,比如没有被大量删减、依然保持着大部分美好面貌的《安徒生童话》《格林童话》,比如一本又一本的充满想象力的优秀的儿童文学作品——E·B·怀特的《夏洛的网》《可爱的鼠小弟》、乔治·塞尔登的《时代广场的蟋蟀》、罗尔德·达尔的《查理和巧克力工厂》《詹姆士和大仙桃》……用充满想象力和趣味性的童话故事,用符合儿童阅读和审美习惯的儿童语言,用多样和丰富的开放性主题,给儿童的课外阅读搭建平台,力求使作为一种教学资源的童话发挥其最佳的精神熏陶和成长催化作用,使童话的受益者——儿童从中获得最丰富、甜美的收获。

二、古诗词选文的重新发现

中国是个绚丽灿烂的诗国,古诗词语言含蓄优美,节奏讲究凝练,意境深邃开阔,是中国文化之根,世界文化遗产中的瑰宝。自古以来,中国就有良好的诗教文化。作为小学生接触古典文学的最佳启蒙教材,古诗词对培养小学生的记忆力、想象力、思维力和审美能力,都有重要的作用。古诗词是小学语文教材中不可或缺的构成部分。2011年12月,国家教育部出台的《义务教育语文课程标准(2011年版)》对小学语文教材中的古诗词选编提出了新的要求。苏教版小学语文教材,1-12册共编选了63篇古诗词,呈现形式多样,涉及名家名篇众多,不仅符合《课程标准》的新要求,也具备鲜明的版本特色。

1. 作者分布范围广泛。"课标"推荐诗词篇目中,小学阶段涉及的诗词作者有46位,在苏教版中涉及44位,"课标"外自主选择的诗词作者有8位。教材不仅在篇目上注重选取经典的、具有代表性的作品,而且在作者的朝代分布上进行了补充和拓展。"课标"中推荐的诗词作者,有近90%处于唐宋两朝,苏教版小语教材在此基础上,增加了诸如汉代的刘邦、清代的王士禛与钱鹤滩、近代的毛泽东与陈毅,这些诗词的选入,使诗词的发展历程呈现出一个全貌。尤其是毛泽东、陈毅诗词的选入,具有重要的意义,它为格律诗延展了生存空间,因为直至现代,格律诗仍是不少文人抒情感怀的文学形式之一。

2. 篇目选择贴近儿童。苏教版小学语文教材中与儿童相关(包括作者是儿童的情况)的古诗词有11首:《古朗月行》《咏鹅》《咏华山》《夜书所见》《夏日田园杂兴》《宿新市徐公店》《池上》《小儿垂钓》《寻隐者不遇》《所见》《清平乐·村居》,占到总选诗词量的18%,大大超出了"课标"中与儿童有关的诗作所占的比例。童言童趣的诗词更契合小学生的经验世界,这样的文本安排,更适宜儿童理解和阅读,促进他们学习的主动性和积极性。这样的安排,体现出了"小学语文姓'小'、小学语文是为儿童的教育"的教材编写理念。

3. 编排形式灵活多样。苏教版小语教材秉承"课标"精神,不懈追求设计的创新和编写的特色,在诗词的文本编排上,创造性地采取了多种呈现方式,交叉编排在教材中。除了直接呈现原诗之外,还有17首安排在"读读背背"中,不占课时,不求精讲,不求"甚解",着重于学生的自学积累。苏教版小学语文教材诗词编排最大的特点是以诗词故事的形式呈现。诗词故事又称"文包诗",是苏教版小语教材独创的学习诗词的课文形式,将古诗意境融合在一个故事情境里,有的交代诗作的写作背景,有的阐述诗词描绘的意境,不一而足,然后在叙述中引出诗词的全文或部分文字。这样的课文有《母亲的恩情》《游子吟》《李广射虎》《塞下曲》《但愿人长久》《水调歌头》《每逢佳节倍思亲》《九月九日忆山东兄弟》《黄鹤楼送别》《黄鹤楼送孟浩然之广陵》等。这是苏教版古诗编写体例的一个亮点,这种将诗词化为叙述文的方式,便于学生更好地理解诗歌的创作背景和内在感情,古诗的积累背诵也更加水到渠成。

在教材的文本安排上,教材编者们做了不少有益的尝试,拓展了诗词教学的发展空间。随着"课标"的最终定稿,教材也将进一步修改和完善,但是必将保留现有的这些优点,而这些特点就是我们进行诗词教学时所遵循基本原则的出发点:1. 重视挖掘作者本身的文化价值,从读一首诗词,到认识一个人,从而更自然地关注诗词意象中的符号意义,对古诗词产生更精细敏感审美能力。2. 重视古诗词与儿童生活、儿童精神的对接与融通,让诗词课堂更加情趣盎然。3. 探索多种诗词课堂形式,深入研究"文包诗"的教学模式。4. 让教材成为向古诗词世界无限拓展的窗口,重视课内外衔接,重视大量诵读和积累,为学生打下坚实的古诗词功底。

三、教材插图的重新发现

苏教版给每篇课文都配了精美的彩色插图,很多插图对于理解课文内容,甚至突破教学难点都有帮助。一线教师写论文的时候,也常常把如何巧妙使用插图作为一个重要命题来写。然而,尽管编者非常有心,我们仍然会发现很多具有争议的插图。其实,无论哪一本书,总有一些存在争议的地方,总有一些不可避免的漏洞,而实际上,只要从教学本身的价值出发,有时候,课文插图中的小小争议也是一笔富矿。

笔者在教学苏教版第七册课文《桂花雨》时,有过这么一段插曲:

师:是啊,摇桂花是多么快乐的一件事情啊!一起读一读课文。

生读:可是母亲一看天空阴云密布,云脚长毛,就赶紧吩咐人提前"摇桂花"。这下我可乐了,帮着在桂树下铺竹席,帮着抱桂花树使劲地摇。桂花纷纷落下来,落得我们满头满身,我就喊:"啊!真像下雨,好香的雨啊!"

正在这时,有一只手高高举起。

生:插图画得不对,和课文不符。和作者一起摇桂花的怎么会是琦君的父亲呢?

师:哦?你认为和她一起摇桂花的应该是她的母亲?

生:对的。课文里说:可是母亲一看天空阴云密布,云脚长毛,就赶紧吩咐人提前"摇桂花"。然后写我在旁边帮着摇。

生:我来补充。课文最后这样写道:以后,我从外地回家时,总要捧一大袋桂花给母亲。可是母亲常常说:"外地的桂花再香,还是比不得家乡旧宅院子里的金桂。"可见,对于母亲来说,家乡的桂花给她特别深刻的印象,桂花雨她肯定参与了。

生:我也同意她的意见,琦君的父亲是个读书人,满腹经纶、能够即时口占一绝,应该不会来亲自摇桂花吧?

学生中开始躁动起来,手举到了我的鼻子下面。

生:插图上的这个人肯定不是琦君的父亲,他应该只是他们家的佣人或者帮工。

师:好。大家认为应该是琦君和母亲共同沐浴了这场桂花雨,但是插图却不是那么回事。那么,插图是不是画错了呢?大家再读读刚才的这段话。

教室里传来恍然大悟的声音,先是一两个,随后是一大片。

生:一致的,"可是母亲一看天空阴云密布,云脚长毛,就赶紧吩咐人提前'摇桂花'。"母亲并没有亲自去摇,只是吩咐人这么做。所以,插图是正确的。

师:同学们,琦君的童年在浙江度过,当时她的父亲是国民党军官,生活条件相对比较富裕。可是,即便不需要自己动手,琦君仍要缠着、帮着一块儿摇,母亲还要亲自管着这档子事儿,一直把它放在心上。足见兹事体大,"摇桂花"该是她童年生活中多么重要而美好的回忆啊!我们再来读一读。

这一个插曲是由学生对插图的质疑而展开的,虽然在最后学生发现自己只是因为没有细读课文,没有抓住"吩咐人"这个词语正确地理解课文,但是在讨论过程中,学生对课文的认识是有升华的,阅读时的细致程度和批判能力也是得到明显增强的。

当然,课本的插图也有存在真实"漏洞"的,比如苏教版第八册古诗《小儿垂钓》中的孩子毫无"蓬头稚子"的感觉,衣衫整洁、梳着发髻,只在额前飘飞了几丝若有若无的乱发,不能充分体现出"侧坐莓苔草映身"的"蓬头稚子"的大大咧咧、痴迷钓鱼和纯朴可爱。在教学时,我跟学生一起搜集了其他版本中"稚子"的插画,更加坚定了我们的想法。学生表示,要给编者写一封信,表达自己的看法,他们感受到了发现的快乐。再比如第十二册《最大的麦穗》中苏格拉底众弟子们的服装,显然跟老师不是一个时代:古希腊怎么会有衬衫出现?……

无论是假的"误读"还是真的"漏洞",插图中的争议点都能启发孩子去发现和思考。长此以往,"有助于提高阅读教学的效率,也有助于培养学生的创造意识与创新精神"才不至于成为一句空话。而后者,对于今天的孩子来说,是弥足珍贵的。

对于教材,我们真的可以解放我们的思维,既尊重它,又不被它束缚;既热爱它,又时刻想着突围。我们相信,每一个教师都有开发和完善教材的权利和义务,而教材,也在这样的"重新"发现之中,变得更加适合我们的学生,变得更加贴近我们的生活。

第四节 单元整体教学

我们这样理解单元整体教学

苏教版语文教材以"主题单元"取代"知识体系单元"。每个专题中的课文都洋溢着时代气息、充满着童真童趣、蕴含着丰富的人文精神。这样的编排体现了课程标准提出的"教材要避免烦琐,简化头绪,突出重点,加强整合,注重情感态度、知识能力间的联系,致力于学生语文素养的整体提高"的总指导思想。但如果课程标准变了,教材变了,而我们教学的思路没有改变,仍然按照"知识体系单元"的形式一课一课地教,学生一课一课地学,那么课程教材再先进,新课程带来的变革将是浮光掠影。

"单元整体教学"是指在小学语文教学中实施的一种单元集体备课、教学的理念和意识,即以主题型语文教科书的主题单元为依托,在整合教科书选文内容、活动内容、练习内容与链接的丰富的课外课程资源的基础上,进行全盘考虑的教学。这是基于文本,而又不囿于教材的一种教学形式,是立足于教材本身,执教者本着整体观的教学思想,对一组主题、体裁、题材及语言表达上能寻找到连接点的教学资源进行统整、再开发的一种教学活动形式。

与单篇备课、教学相比,"单元整体教学"更强调学习资源的整合与生成,着眼于语文学习的综合性、实践性,重视学生"学"的过程,强调一个时段内语文实践活动的"整体推进",以求实现语文素养的整体提高,语文能力的逐步提升。

单元整体教学需要整合语文教学思想,博采众家之长;需要整合教学目标,把小学阶段放在整个教育阶段内,同时又要关注年段目标、学期目标、单元目标、课堂目标;需要整合教学内容,把教科书内容、整本书内容、语文实践内容整合在一起;需要整合教学方式,给学生学习空间,培养学生预习、自学、讨论、展示等多方面的能力;需要整合团队力量,团队中的每一个人都承担研究任务,都承担教学任务,每一个人都是不可缺少的一环。

1. 整合教学资源

表现在从单元整体上把握教材,处理教材;从单元整体出发,制定整体方案;从整体上进行语文能力的综合训练。除了教学内容的整合以外,还应该注重语文学习方法、学习习惯的整合。内容的整合,有利于击中思维突破重点;方法的整合,有利于学生获得语文学习的经验。整合以后,学生的学习效率提高,在学习应用中获得学习经验,能够使学生逐步学会学习。

2. 优化学习过程

语文学习虽然会有多种收获,但就语文教学本身而言,应该以感悟理解文本和获得语文学习的方法为主。为此,课文的学习大体可以分为两个部分:一部分学习课文内容,实现从语言走向内容的目的;一部分领悟语言,实现从内容走向语言的目的。

3. 注重语言积累

积累语言是语文课极其重要的学习任务。语言积累要靠背诵和记忆,但是又不能单纯靠记忆和背诵来检验积累的情况。语言积累可以分为两个层次:一方面是能凭借积累的语言在头脑中构筑一定的形象;一方面是心中的某个形象能用具体的语言描述。

4. 强化言语实践

言语训练是语文学习的必要途经,要对口语交际、习作等进行精心设计,让学生在听说读写的实践中切实感受语言、学习语言、发展语言。单元整体教学把阅读、口语交际和习作等融合在一起，能够真正体现读写结合，也能够体现语文学习的综合效果。

5. 服务实际教学

在实际的教学中，教师的头脑中要有全局意识。单元整体教学能够很好地树立教师的整体意识，让教师能够从整体上看待教学、把握教学，从而取得更好的教学效果。

无论教材是以人文主题还是以文章体裁组织单元整体教学，都必须用到比较法。既可以在整合的基础上比较，又可以引入别的文章进行比较。把共性拿出来比较，容易让学生深入体会人文主题，清晰地了解不同题材文章的特点，能够对文章结构、作业的语言风格进行对比，并体会不同文章的表达方式。

6. 立足长远发展

单元教学是以学生为主体的实践活动，因此要在教学思想和方法上，明确学生的主体地位，发挥学生的潜能。对学生学习而言，学习意识、学习能力的培养是学生一生最重要的发展基础。单元整体教学的重点就是让学生通过学习不同的语言材料，能够形成自己的语文学习能力，有自己的学习经验，将来能够凭借这些能力和经验进行更持久的学习。

我们这样实践单元整体教学

一、苏教版第九册第六单元整体教学设计

（一）单元整体教学设计思路

本单元四篇课文，主题相同——励志；文体却不一样，前三篇是人物故事，后一篇是说理文，给教学带来了一定的难度。

设计时，四篇课文安排了五个课时。第一课时为预习时间，这是接下来的整体教学能够顺利推进的学情保证。

第二课时是一堂"励志成语课"，开创了语文教学的"微课模式"。《滴水穿石的启示》《天火之谜》《厄运打不垮的信念》，这三篇课文成语多，因此我们根据课文内容分别设计了三个板块着力点：1. 意思相近和相反的成语；2. 生动形象的成语和形式相同的成语；3. 概括全文内容的成语。这些设计思想，与课文内容紧密相连：《滴水穿石的启示》这篇说理文的最大特点就是正反论证；《天火之谜》这篇课文在讲述风筝实验这段文字写得有声有色，尤其是"欣喜若狂"和"怒发冲冠"

为文章锦上添花;《厄运打不垮的信念》这篇课文写得跌宕起伏,把成语串联起来,概括谈迁曲折而辉煌的人生历程,更是妙不可言。这三板块的设计,选择内容科学合理,表现在成语教学的目标指向上,它有归类,有品析,有运用,有积累,学生通过学习肯定有收获。

第三课时是一堂精读课,精读《天火之谜》,从而梳理出励志故事的一半思路:励志——困难——挑战——成功。在教学中,着重关注文本多元解读与文本基本价值取向的辩证统一。首先尊重学生,珍视他们的自由感悟,请学生自由写下对人物的评价:敢于怀疑、细心严谨、善于观察、勇于实验……但同时,一个文本应该有一个核心元素,一个人物应该有一种特质,这种特质就是与众不同的地方,《天火之谜》中的富兰克林,"坚持真理"才是这位伟人最鲜明的特征。因此,课前谈话的时候,我们就有意识地渗透了富兰克林在美国的重要影响——100美元上的头像是富兰克林。怀疑与求真,这是西方文化的精神表征。

第四课时是一堂略读课,将《诺贝尔》和《厄运打不垮的信念》放在一课时中完成。主要教学目标是进一步感受人物的励志精神,同时验证励志类故事的情节安排。教学时,集中火力,大开大合,《厄运打不垮的信念》果断地放弃前半部分逐字逐段的阅读,而把重点放在励志人物的感人之处——遇到厄运之后的抉择与挑战。选择一个核心话题展开全文解读,既有教学的效率,又有理解的深度。

第五课时是一堂读写结合的课,以"用教材来教"的理念设计《滴水穿石的启示》。对于选择举例论证这个语文知识点,就地取材,把本单元前面三篇课文《天火之谜》《厄运打不垮的信念》《诺贝尔》作为素材,让学生选择某个励志故事来替换教材中的"李时珍""爱迪生""齐白石"。这样一来,单元整体教学的优势就发挥出来了:把励志故事作为说理文的例子,既打通了不同文体,又突出了人文主题。这是一种基于深度学习的语用观。

(二)单元整体教学设计

第一课时:单元预习(略)

第二课时　熟悉课文内容,灵活积累成语

——泛读:课文中的成语

一、导入

同学们,成语是中华民族文化的瑰宝,是我国劳动人民智慧的结晶,今天,我们将通过第六单元这一组课文来学习和积累一些成语。

二、学习《滴水穿石的启示》

1. 首先让我们走入《滴水穿石的启示》。

2. 这是安徽广德太极洞内的一大奇观。状如卧兔的石头正中竟有一个光滑圆润的小洞。(PPT出示课文第一段内容)请你浏览这段文字,这一奇观怎么形成的?

3. 柔弱的水滴竟能滴穿坚硬的石头,这奇观真令人叹为观止啊。你能联系前文说说什么叫锲而不舍、日雕月琢吗?我来问,你来答,读出我们的赞叹。

4. 水滴锲而不舍、日雕月琢的情形,又让你想到哪些成语?

5. PPT出示:持之以恒　坚持不懈
　　　　　　　坚韧不拔　孜孜不倦

6. 水滴的精神令人赞叹,可是同样是水滴,雨水为何不能把石块滴穿?打开课文找找原因。

7. 雨水滴不穿石块的现象,你又想到了哪些词语?

PPT出示:三心二意　半途而废　虎头蛇尾　浅尝辄止

8. 这两组词,你有什么发现?小组对读,记一记。

9. 真是滴水能把石穿透,万事功到自然成。或许这正是滴水穿石给予我们的启示。PPT出示课文最后一段内容,红色显示成语。齐读。

10. 你看,作者正是运用意思相反的几组成语,进行对比强调,使文章的观点一目了然,清晰明白,这就是成语在这一课中的妙用啊。(板书:意思相反)

三、学习《天火之谜》

1. 让我们走进《天火之谜》。

2. 请睁大眼睛竖起耳朵欣赏雷电视频。你想到哪些词语?PPT出示有关成语。让我们读一读,再现雷电交加的情景。

3. 看到生活中的场景想到一些有关联的词语,或者在学习中遇到词语联想生活实际来帮助理解它的意思,这就是将生活和学习结合起来,是一种很好的学习方法。

4. 在这篇课文中也有很多成语,拿起笔浏览课文,划出来。

5. 我们来学习和品味其中的几个词。

6. PPT:富兰克林欣喜若狂地喊道……

指名朗读。你为什么这么读?你不仅可以读还可以加上动作和表情。表示高兴的成语还有哪些?

17

7. 可是，此时此刻，只有欣喜若狂才能表达出富兰克林的心情。指导朗读。

8. 同学们，平时我们有意识的积累一些意思相近的词语，在习作时就能选用更准确的词语来表达，使文章更有感染力。（板书：意思相近）

9. 富兰克林早就大胆推测，雷暴就是人们熟知的放电现象。他的实验也验证了他的猜测。PPT：一片乌云掠过风筝……信号！

什么叫怒发冲冠？麻绳上的纤维竖起来，作者却用了怒发冲冠这个词？你怎么理解的？灵活使用成语还能使文章显得更加生动形象。

10. 风筝实验向世人宣告，雷暴只是普普通通的放电现象。上帝的怒火不过是"无稽之谈"。PPT出示选项，理解"稽"的意思。

11. 关于"谈"的词语还有不少呢，你能想到哪些？PPT出示部分，读出意思。

四、学习《厄运打不垮的信念》

1. 富兰克林能坚持自己的观点，人们的冷嘲热讽，风筝实验的重重危险，这些挫折都没有动摇他坚持真理的信念。我国的史学家谈迁又何尝不是如此拥有着（读题）。

2. 他的一生与明史巨著《国榷》紧密相连。

PPT：博览群书　鸿篇巨制　家徒四壁　化为乌有

茶饭不思　夜难安寝　终日奔波　奋笔疾书　名垂青史

指名朗读词语。用上这几个词说说他的故事。

3. 同学们，谈迁的故事令人唏嘘，他的一生是多么坎坷，20多年的辛苦奋斗竟在一夜之间不幸被偷走，50多岁的他竟能从痛苦中挣脱出来，不顾体弱多病，从头再来，终于写成明史巨著。让我们再来读读这些词语，读出我们的怜惜，我们的震撼，我们的钦佩。

4. 我们来关注其中的这几个词语。PPT：博览群书　家徒四壁　一袭破衫　奋笔疾书

请同学们将课本翻到114页课后第二小题。请选择正确的义项写在带点字的下面，再想想整个词语的意思。

5. 小结：成语言简义丰，可是理解了关键字的意思，整个成语的意思也一下子变得明朗清楚了。

五、随堂摘录

同学们，这节课我们学习了解了近四十个成语，现在我们要尝试将这些成语有规划地进行摘录。你会怎么分类有效地摘录呢？（交流、摘录）

六、课堂总结

同学们,今天我们一起学习理解了这么多的成语,希望在以后的语文学习和课外阅读时,同学们也能进行有效地积累并能熟练地运用。

板书

成语
意思相反
意思相近
形式相似

第三课时:挖掘励志元素,发现写作模式
——精读《天火之谜》

一、整体导入

1. 师生同聊:你最崇拜的人是谁?为什么崇拜?

2. 单元的课文中都有哪些人物?他们都是有故事的人,他们的故事又给我们什么样的精神财富?让我们首先走进富兰克林的故事——《天火之谜》

二、挖掘励志元素

1. 简介富兰克林,激发阅读兴趣。

判断:天火之谜是由18世纪英国科学家富兰克林解开的。

交流:错误?美国

教师小结:富兰克林是美国历史上举足轻重的人物,现代文明之父。美国人为什么会崇拜他,他到底是一个(　　)的富兰克林呢?

2. 走进故事,感受人物。

判断:富兰克林认为雷暴是"上帝的怒火",是"雷神"。

交流:错误。哪些人认为?富兰克林认同这种观点吗?换了你还敢吗?你感受到了一个怎样的富兰克林?(敢于质疑)

教师小结:追求真理是科学家的首要目标。(板书:求真)

3. 那么富兰克林认为的雷暴是什么呢?他有依据吗?

富兰克林早就观察到,天上的雷暴与静电放电现象有很多相似之处:它们都会发光,光的颜色相同,光的方向相似,都伴随着爆炸声,都能毙伤动物……由此他大胆地推测,雷暴就是人们熟知的放电现象。

依据如何得来?你又感受到了一个怎样的富兰克林?(细心观察,善于观察,

长期观察)

（1）有了推论是不是就等于解开了天火之谜了？（要通过实验）看来"风筝实验"是解开天火之谜的关键，所以作者把风筝实验的这个部分写得也最具体。

请大家大声朗读这个部分，读完思考：风筝实验为什么会取得成功？

交流：1. 天气 2. 有助手 3. 风筝

关键因素是什么？为什么？

①这是一只怎么样的风筝？（指名读）

②风筝特殊在哪里？（引导学生知道每一个部件的作用）

③怎样利用这些部件来证明雷暴是放电现象？

教师小结：看来富兰克林在设计这只风筝的时候就想到了这个实验的每一个步骤，少掉其中的任何一个部件实验就已经不能成功，你感受到了一个怎么样的富兰克林？（细心严谨）

4. 我们在介绍这只风筝时也不可以漏电任何一个部件。（指名有序介绍风筝）

刚才在介绍风筝的时候其实我们已经知道了这个实验的过程，但是我们还是十分期待富兰克林是怎么完成这个实验，文章的作者写得特别生动，我们不妨来读读。多种形式朗读。

5. 成功代表着喜悦，但你们可想到当初富兰克林决定做这个实验容易吗？

（1）人们已经习惯的认为天上地下是两个世界，雷暴是神灵的火焰，怎么可以同人间的事物混为一谈呢？不仅一般人不相信他的推论，就连许多自称有学问的人也对他冷嘲热讽。想象怎么冷嘲热讽？面对人们的嘲笑，富兰克林仍然决定实验，你感受到了一个怎么样的富兰克林？（信念坚定）

（2）地球上空每年都要发生几十亿次雷暴，它能把人击倒，将高大的树木劈成两半。你敢不敢做这样的实验？面对随时丧命的危险，富兰克林仍然决定实验，你感受到了一个怎么样的富兰克林？（勇于实验）

所以当风筝实验成功那一刻，富兰克林才会——富兰克林欣喜若狂地喊道："成功了！成功了！我捉住'天电'了！"多么忘我的富兰克林。

6. 梳理人物形象，形成核心价值。

刚才我们在天火之谜故事中，读出了一个怎么样的富兰克林？

交流：敢于质疑、善于观察、立场坚定、勇于探索

追问：富兰克林的付出的这些都是为了什么呢？

交流总结:为了揭示真理。这是一个坚持真理的富兰克林。

是啊,富兰克林为什么会如此受到美国人民的尊崇,因为富兰克林在他们的心目中是追求真理的代表和象征,他影响着世世代代的美国人。

三、发现写作模式

我们再一次来回顾富兰克林揭开天火之谜的历程,这个故事从什么开始?经历了什么?怎么样取得成功的?

根据交流梳理:怀疑——困难——挑战——成功

总结:我们在读励志故事或者写励志故事的时候可以关注这条线索,特别是关注困难和挑战。这两个部分往往是最能给读者精神力量的。

板书:

	天火之谜	
	富兰克林	
	敢于质疑	怀疑
追求真理	善于观察	困难
	立场坚定	挑战
	勇于探索	成功

第四课时:验证励志模式,凸显人文情怀
——略读《厄运打不垮的信念》《诺贝尔》

一、学习《厄运打不垮的信念》

1. 上节课,我们一起学习了富兰克林的故事。通过富兰克林这个故事的学习,我们知道了励志故事的一般结构(齐读板书),这堂课,我们要学习谈迁和诺贝尔的励志故事。先让我们走进谈迁的故事,快速浏览《厄运打不垮的信念》,看看这个故事是不是按照"立志—困难—挑战—成功"这样的结构来写的。

2. 学生交流:第一小节写了谈迁的志向,第二小节写了谈迁遇到的苦难(书稿被盗),第三小节写了谈迁勇于挑战自我第二次撰写《国榷》并且取得成功,第四小节写了故事带给我们的启示。

3. 谈迁从28岁开始编写明朝编年史《国榷》,在50多岁时实现了自己的志向,但天有不测风云,在书稿即将付印前被可恶的小偷偷走了。谈迁遭遇了人生致命的打击,课文是这样写的:20多年的心血转眼之间化为乌有,这对任何人来说都是致命的打击,更何况此时的谈迁已经是体弱多病的老人了。(生齐读)

孩子们,此时此刻的谈迁面临着人生的一次艰难的选择,他可以选择放弃,为什么?

4. 师生交流:谈迁现在已经是个体弱多病的老人了。(是的,他的身体状况已经不允许他再写《国榷》了。)

谈迁家徒四壁,穷困潦倒,他没有财力再写《国榷》了。(是的,可能连温饱都成问题了,再写《国榷》有些勉为其难啊。)

谈迁遭受的是致命的打击,所以放弃也是理所当然的。(你从哪里读出书稿被盗对于谈迁来说是致命的打击?)经过20多年的奋斗,6次修改,谈迁终于在50多岁时完成了一部400多万字的明朝编年史——《国榷》。(20多年的奋斗,这是一种意志的考验。6次修改,反映出谈迁治学的严谨与刻苦,50多岁,说明年纪已经不轻了,在古代已经是进入老年了。400多万字,说明这是一部鸿篇巨制。)

5. 刚才我们聊了那么多可以放弃的理由,但谈迁选择放弃了吗?(没有)是的,这就是不同于一般人的谈迁,这就是能够深深打动我们的谈迁。谈迁为了实现自己的志向,他选择了东山再起,选择了挑战超越,又一次行走在编写《国榷》的征途上。请大家默读课文的第三小节,看看哪些地方深深打动了你,可以在有关词句旁写写批注。

6. 师生交流:"在北京的那段时间,他四处寻访,广泛搜集前朝的逸闻,并亲自到郊外去考察历史的遗迹。"(从四处寻访可以感受到撰写《国榷》的艰难,从广泛搜集、亲自考察可以看出谈迁治学态度之严谨。莫言写小说可以把自己关在书房里,谈迁写国榷不可以,因为历史必须是真实的。)

"他一袭破衫,终日奔波在扑面而来的风沙中。"(一个穷困潦倒、体弱多病的老人从早到晚奔波于风沙之中,这需要何等的勇气与毅力。)

"面对孤灯,他不顾年老体弱,奋笔疾书,他知道生命留给自己的时间已经不多了。"(谈迁还仅仅是在用笔在书写吗?不,他是用生命在书写!他是在和时间赛跑,他战胜了年龄带来的诸多不便!)

"新写的《国榷》共104卷,428万字4000字,内容比原先的那部更加翔实、精彩,是一部不可多得的明史巨著。"(新书是对原书的一次超越,这是谈迁挑战自我的丰硕果实,他可以名垂青史。)

7. 短短64年的生命历程,谈迁用其中最精华的三十几年时间为我们后人书写了一篇关于厄运和信念最辉煌的篇章,他用行动,用生命告诉我们:在漫长的人生旅途中,难免有崎岖和坎坷,但只要有厄运打不垮的信念,希望之光就会驱散绝望之云。

二. 学习《诺贝尔》

1. 说完谈迁,接下来咱们再聊聊诺贝尔的故事。请大家浏览课文,看看这个故事的结构。

2. 师生交流:简要讲清诺贝尔发明固体炸药是概括写困难和挑战,发明爆炸力更大的炸药是具体写困难与挑战。

3. 诺贝尔发明炸药之路充满坎坷,付出了不小的代价,你们想过"他付出那么大的代价值不值"这个问题吗?(不急,咱们先聚焦诺贝尔发明固体炸药这一部分,看看为了发明固体炸药他付出了什么代价?)

4. 师生交流:"为了发明固体炸药,先是实验室化为灰烬,弟弟被炸死,父亲被炸成残废。"(这可谓是家破人亡的代价,还有吗?)

"接着被赶往马拉伦湖上实验,经过了四个年头几百次的失败。"(被迫在湖上搞实验,经历了一次又一次的失败,耗费了大量的时间和心血,这样的代价也可谓是巨大的。)

你们觉得诺贝尔这样做值吗?(从此,劈山筑路,打通隧道,开凿矿井,再也不要用人力去一锤一锤地砸了;从这里也体会到他为了自己的志向坚持不懈、锲而不舍、精益求精的精神;也可理解为不经历风雨怎么见彩虹。)

5. 为了发明炸药,诺贝尔付出了如此之大的代价,但他还没有停止前行的脚步。为了发明爆炸力更大的炸药,诺贝尔几乎命悬一线。请大家自由读读课文的8、9两小节,感受一下诺贝尔死里逃生的一幕。

6. 谁能把当时现场的情形通过朗读传递给大家?指名读8、9小节。(关注8个感叹号,体会当时气氛的紧张、人们的担心、成功的喜悦。)

7. 诺贝尔将生命置之度外的做法你觉得值吗?(体会他为了志向,为了科学事业的献身精神。)

8. 如果说诺贝尔为了让人类过上更幸福的日子而发明炸药的事情深深感动着我们的话,那么读完最后一小节你或许更会心潮澎湃。(出示齐读)你觉得诺贝尔把自己的一生所得捐献给人类的科学事业值吗?(体会诺贝尔无私奉献的精神,进而明白他至死都在为人类过上幸福的生活尽自己的全部力量。)

三、课堂小结

通过两堂课的学习,我们知道了励志故事的一般结构,以后再读到类似的故事时,我们可以重点去关注四个部分的内容;以后写议论文的时候,我们也可以按照这个结构写人物的例子。

第五课时:改编已学事例,强化人文情怀
——精读《滴水穿石的启示》

一、谈观点

1. 这节课,我们学习第六单元的最后一篇课文,谁来读读课题。

2. 这个单元的前三篇课文都是励志故事,这篇课文的文体和它们不同,它是一篇——(说理文,我们也常常称之为"议论文"。)

3. 四年级的时候,我们曾经学过这种文体的课文,叫——《说勤奋》。是的,说理文一般由三部分组成:提出观点、举例论证、总结观点。咱们写说理文,也要按照这个结构来写。

4. 请把课文打开,下面请同学们按照这三部分,找到文中相对应的内容。

5. 作者提出的观点是什么?

板书:目标专一　持之以恒

6. 同学们,作者提出的观点在第几自然段?(第二自然段)这篇说理文的结构在我们小学阶段要学习的说理文中是最特别的,特别在哪呢?作者不是开门见山地提出自己的观点,而是先写了一段自己看到的奇观,作者的观点就是在观看了奇观后产生的,因此,这篇课文其实是一篇观后感。

7. 作者看到奇观发生在安徽广德的太极洞内,哪位同学愿意来读一读课文的第一自然段?其他的同学一边听,一边画出体现小水滴"目标专一、持之以恒"精神的词句。

8. 小水滴的"目标专一、持之以恒"表现在哪里?

9. 所以,作者由此奇观,提出了这样的观点——齐读

10. 文章的结尾,作者还对此观点进行了总结,我们也来读读。

二、聊例子

1. 有了观点,就该举例来证明了。本文的作者先后举了哪些例子呢?请同学们快速浏览文章的第三、四自然段。

2. 作者为什么把这些例子分成了两个小节来写?(板书:正、反)(有反面的例子,这也是我们小学阶段的说理文中唯一的一篇。)

3. 那如果把这个雨水的反面例子去掉,咱们可以怎么分段呢?

4. 那下面我们就来看三个正面的例子。这三个例子都写得通俗易懂,请同学

们自己读一读，等会儿我们来聊聊他们"目标专一、持之以恒"的表现。

5. 李时珍"目标专一、持之以恒"——从小立志学医、翻山越岭、走遍大半个中国、二十几年的不懈努力爱迪生"目标专一、持之以恒"——迷恋电学实验研究、毕生孜孜不倦齐白石"目标专一、持之以恒"——不教一日闲过、数十年的艺术生涯、始终没有停止、仍然坚持。

6. 同学们，这个省略号告诉我们因为"目标专一、持之以恒"而取得成功的人不胜枚举，那作者为什么单选了这三个例子呢？他们有什么不同？（这三个例子涵盖了古今中外，还是三个不同的研究领域。所以，选取的例子一定要典型。）

7. 老师还发现了写例子的一个重要秘密，每个例子都写得很简练，想一想，为什么不需要像我们平常写故事那样写得具体、生动？（举例的目的是为了证明观点，所以，写说理文的例子时，一定要简单概括。）

三、写例子

1. 说了这么多关于写例子的知识，下面我们就来试着写一写。老师发现，我们前面学的三个励志故事中三位名人也具有"目标专一，持之以恒"的精神，那咱们就来改一改课文，请大家在富兰克林、谈迁、诺贝尔中选择一位，替换掉课文中的一个例子。

2. 咱们先来交流一下，你想写谁？换掉哪个例子？

3. 那就开始写吧，为了提醒大家注意写例子要紧扣观点，语言简练，所以老师只给了 100 个字格。

4. 交流点评。（老师特别欣赏你，你在写例子时，注意了励志故事常用的一条线索。）

四、写读后感

1. 同学们，学习完第六单元的励志故事，我们每个人的心中都会有属于自己的启示，所以，老师给大家布置一条回家作业：模仿《滴水穿石的启示》一课，写一篇读后感。

2. 例子是为证明观点而存在的，观点不同，例子的选择也会不同。看，如果你想写的启示是"失败乃成功之母"，选哪个事例比较好？（诺贝尔）

如果你的启示是"含泪播种的人一定能含笑收获。"，选哪些例子比较合适呢？（谈迁、诺贝尔）。

3. 大家回家写的时候一定要特别注意做到观点和例子的统一。

板书设计：

奇观	滴水穿石	励志故事
提出观点	目标专一、持之以恒	立志
举例论证	正	困难
	反	挑战
总结观点		成功

二、苏教版第十一册第六单元整体教学设计

（一）单元整体教学设计思路

六年级上册第六单元一组写人的文章很难呈现单元整体教学。不要以为从文体上看，题材很集中，都是写名人的。但是，一旦要实施起来，难度特别大。

首先，《给家乡孩子的信》虽然说是写巴金的，但和后面的《钱学森》《詹天佑》《林肯的儿子》，体裁不一致。《给家乡孩子的信》之所以放进这个单元，唯一可以解释的就是，巴金是名人，是个乐于奉献的人。但是，难以承担写作范例的功能。

其次，有几篇文章很难教，尤其是像《詹天佑》这篇课文，我们不用两三个课时，是很难攻克下来。甚至可以说，这四篇课文，我们很难用一两个课时全部完成教学任务。毕竟每篇课文中的名人离开学生的真实生活相去甚远了，估计每个名人都需要一定的背景资料来介绍。

第三，习作教学究竟如何设计？是收集相关资料，然后做个搬运工，剪刀加糨糊，拼凑出一篇所谓的名人文章。这样的文章不是干巴巴的没有味道，就是说教成分太多。因为在小学生眼睛里，是很少关注名人的。

我们的教学设计，就是致力于解决这几个难题。

在第一课时单元预习的基础上，我们增加了预习单的设计，把相关检索、重难点要求一并列清，帮助学生预习时更加有的放矢。将第二课时设计为单元整体导读课，围绕着"名人——人生目标——恰当事例"的板书，构建围绕中心选择材料的框架，这本身就是为下面的精读、群读，以及最后的写作做好铺垫。在阅读方法上，强调"速读"的运用。

单元整体导读之后，紧接着就是精读课的呈现。这节课的教学目标是站在整个单元读写一体化的高度去整体思考之后的艰难选择，毅然决然地放下了诸多常理难以割舍的牵挂。比如，大胆地把《给家乡孩子的信》抛置于一边，教学另外三篇课文。在这三篇课文之中，精准地选择了经典课文《詹天佑》作为精读重点，并且把"定篇"进行合理的改造，即抓住"勘测线路"中的人物语言、动作及心理，品

词析句,煽情朗读。接着,利用多媒体技术,把开凿隧道和设计人字形线路的做法,进行教学过程最优化的处理,又很好地突出了詹天佑的杰出才干。在阅读方法上,是对"精读"的再一次运用。超越了经典之后,又带领学生马不停蹄瞻前顾后,"略读"了《钱学森》和《鞋匠的儿子》。重点关注到了几篇文章的同与不同。

　　第四堂课是群文阅读。我们为每个孩子精心准备了一组写名人的文章,定成册子,大大地开拓了教学内容,把"泛读"的训练落到了实处。每篇文章上都有重点画线做上记号,提请学生注意的段落或者句子。在组织学生群文研读的过程中,教学对话就是围绕这些重点关注的内容而有序展开的。经过探究,学生明白了在写名人的文章中,可以适当地采用一些写作上的小策略来丰富人物的表现形式。这些小策略有评价、抒情、议论、外貌描写等,目的就是为学生本次习作"布云施雨",供其灵活调用,同教科书上的课文内容是遥相呼应的。为何补充这些课外文章,还有一个目的,让教学内容更加贴近学生的生活。你看,课文上的名人如巴金、钱学森、詹天佑、林肯,都是世界名人,是大师级人物。这些名人离我们当下的时代早已久远。因此如何缩小名人与现实生活的距离,更多地聚焦当代名人或是生活中的草根名人,更有习作指导的价值。因此,这节群文阅读课,不仅丰富了习作策略,而且拉近了名人与学生的心理距离。是对语文教材中那些属于高大上内容的一次很有意义的改造或者叫有益的补充。

　　第五课时的位置是站在单元整体教学的终端,肩负着习作指导的重任。这次习作是写一位家乡的名人。我们说做凡人容易,做名人难;同样,写凡人容易,写名人难。究竟难在哪里?不用说,名人常常是超凡脱俗的,而这些不食人间烟火的内容,凭着孩子们这段年龄水平是很难理解的。因此我们就地取材,瞄准学校的名教师,而且还是班里的某学生家长。为了写好全国优秀教师钱老师,孩子们事先分成小组进行采访,有现场采访的,也有电话采访的。之后,形成了钱小玲老师的优秀事迹若干条。课堂上就让学生依据这些事例进行改写,鼓励学生灵活调用刚刚学到的多种写作策略,更好地表现钱老师的高尚师德。写完之后,执教者组织了当场修改,并且对接下来进一步完成全文进行了更加细致入微的指导。

(二)单元整体教学设计

第一课时:单元预习(略)

第二课时:单元导读

教学目标:

1. 理清每篇课文的人物特点,梳理人物确立的志向以及文章选择的典型事例。

2. 在《詹天佑》一文中较多用力,帮助理清詹天佑在修筑京张铁路这件事情中的几个阶段。

3. 教给速读的方法。

一、谈话导入

1. 你有自己敬佩的偶像吗?为什么敬佩他?

2. 今天开始,我们要和大家共同学习关于时代偶像的一组文章。

二、整体把握

1. 出示四个课题,读。

2. 说说这些课文都和谁有关。

3. 请大家再次浏览这组课文,想想:这四篇文章有什么相同和不同之处。

4. 交流。

A. 相同之处:

(1)都是名人,都很爱国。

要求用文中的一句话概括各自的成就。

钱学森:他为我国运载火箭、导弹的研制和发射作出了卓越的贡献,被誉为"中国导弹之父"。

詹天佑:詹天佑是我国杰出的爱国工程师。

林肯:林肯是美国历史上最有作为的总统之一。

总结:抓住文中一句重要的话就能有效提取自己所要的信息,这是速读时经常要用到的方法。

巴金:出示作家卡片。请学生模仿其他三篇文章,对巴金的成就进行概括。

总结:根据其他课文适当迁移,也是一种读书方法。

(2)名人有志向。

出示四个人物的人生格言,读读,说说他们的人生追求分别是什么。

相机板书:

巴金　奉献一生

钱学森　报效祖国

詹天佑　为国争气

林肯　　做个好总统

B. 不同之处：

内容上，这些时代偶像的品质有一些不同。

文体上：第一篇是书信体，后面三篇都是记叙文。

后三篇记叙文都是通过恰当的事例来突出人物品质的。这是我们接下来重点关注的三篇。

三、理清事例

1. 浏览《钱学森》《詹天佑》《鞋匠的儿子》，想一想，这三位名人的一生，有无数的故事，作者在叙述的时候，又是选择哪些事例来写的？

要求：(1)带着问题快速浏览课文，迅速找到记叙事例的段落。(2)大略地读读这些段落，想想作者在写什么事例。(3)概括这些事例，在旁边写一写，十个字以内。

2. 交流

相机板书：

钱学森　一心回国

詹天佑　修筑京张铁路

林肯　　就职演说　维护祖国统一

3. 带领学生仔细阅读《詹天佑》一文的相关段落，理清围绕修筑京张铁路一事，作者写了哪几个阶段？

相机板书：

勘测线路

开凿隧道

设计人字形线路

四、课堂小结

今天我们一起速读了第六单元，知道了作者在写这些名人的时候，都是围绕他们的人生目标来选材的。那么，作者选材之后，又是怎样来写的呢？我们下堂课重点品读后面的三篇文章。

第三课时：单元精读
——《詹天佑》《钱学森》《鞋匠的儿子》

教学目标：

1. 回顾第二课时教学内容，重点突破《詹天佑》第四自然段。
2. 提炼学法，迁移教学《钱学森》《鞋匠的儿子》。

一、过渡导入

1. 上节课，我们已经了解了本单元课文的主要内容。

2. 我们知道了这几个名人都有自己的人生目标（回顾板书人生目标），为了树立这些人物的形象，课文也都选取了恰当的事例来进行阐述（回顾板书　恰当事例）。这节课，我们重点来看看《詹天佑》这篇课文是怎样把他修筑京张铁路这个恰当事例写具体、写生动的。请同学们打开书好好读读课文第四小节。

二、品读《詹天佑》第四小节

1. 学生精读课文第四小节。

2. 师生交流

PPT：詹天佑经常勉励工作人员说："我们的工作首先要精密，不能有一点儿马虎。'大概'、'差不多'这类说法不应该出自工程人员之口。"这句话表现了詹天佑对工程一丝不苟，高度负责的精神和严谨的科学态度。这也是詹天佑能在如此艰苦的条件之下完成艰巨任务的重要基础。

为了修好这条铁路，为中国人争口气，詹天佑对工作一丝不苟、精益求精，对工作人员也格外严格。看来生动的语言能展现人物的鲜明个性。

板书：说

PPT：他亲自带着学生和工人，扛着标杆，背着经纬仪……绘图、计算。

引导学生扣住"亲自、始终、狂风怒号、一不小心还有坠入深谷的危险、白天、晚上"等词句来谈体会。人物的举手投足，每一个动作的描写都是最能彰显性格特征的。

板书：做

写的时候，如果再加上对困难的描写，就能更好地起到烘托作用。

板书：困难

PPT：遇到困难，他总是想：这是中国人自己修筑的第一条铁路，一定要把它修好；否则，不但惹那些外国人讥笑，还会使中国的工程师失掉信心。

引导学生用多种朗读表现人物内心。

小结: 同学们,对句子的理解不一样,我们朗读的侧重点也就不一样。但是通过这么反复的朗读,我们已经不知不觉间走进了人物的内心,也似乎触摸到了人物的灵魂。

　　板书: 想

　　3. **小结:** 课文第四小节写的是多么的精彩,把人物的所说、所做、所想都写具体了,而且通过对困难的描写来突出人物形象。我们一起来把它读好。

　　三、学导迁移第五、六小节

　　课文的第五、六小节没有更多的写到詹天佑的所说、所想、所做,更多突出描写的是困难,同学们读读课文,找找詹天佑又遇到了哪些困难呢?

　　开凿隧道、设计"人"字形线路

　　结合预习时画的示意图以及动画课件攻克认知难题。

　　从詹天佑面对这些困难的做法中,你又感受到什么?这不是一般的聪明,不是一般的智慧,而是大智慧!

　　这样的设计当时在全世界范围还没有人想出来过,这叫创新、创举,独一无二、举世无双的创举!

　　京张铁路的修筑,给了蔑视中国的帝国主义国家一个强有力的回击,同时也大大长了中国人的志气。

　　四、迁移品读

　　同学们,课文通过对詹天佑这个人物在修筑京张铁路时所说、所做、所想的描写,再加上对修筑过程中困难的烘托,从而使詹天佑这个人物就活生生站在了我们的面前——他的确是一个杰出的爱国工程师。

　　五、略读《钱学森》

　　1. 接下来我们再来看看《钱学森》这篇课文,请同学们快速浏览一下课文,对比着板书看看,为了把钱学森"一心回国"这个事例写具体,本文在写的时候和《詹天佑》有什么相同的地方?

　　2. 学生交流:

　　(1) PPT:"我是中国人。我现在所做的一切,都是在作准备,为的是回到祖国后能为人民多做点事。"

　　"我们日夜盼望着的,就是祖国能够从黑暗走向光明,这一天终于来到了,祖国现在是很穷,但需要我们大家——祖国的儿女们共同去创造。我们是应当回去的。"

　　品读人物语言,谈感受。

31

（2）同样也写到了为了实现人生目标时遭遇到的困难。

（3）除了这些相同的地方,我们来看看本文在写法上又有什么亮点呢?请同学们看看课文的第一小节。

板书:倒叙

你们知道这样写有什么好处吗?

六、略读《鞋匠的儿子》

1. 我们再来看看《鞋匠的儿子》这篇课文,本文在写作人物故事上和《詹天佑》又有什么相同的地方?（语言）

2. 男女生来分角色读读这些对话,从中你感受了什么。感受林肯的爱父亲、宽容大度、机智幽默等。

参议员的刁难,这就是林肯所遇到的困难。

3. 这些都是这三篇课文的共同点,《鞋匠的儿子》这篇课文写了林肯"就职演说、维护祖国统一"两件事情,作者在写的时候是平均用力的吗?请大家快速浏览一下课文。

4. 学生交流:有详有略　板书:详略

七、总结衔接

1. 今天这节课,我们学到通过对人物的所说、所做、所想的描写来把刻画他的事例写具体,当然还可以加上对困难的烘托,这样就能更鲜明、更深刻突出人物形象。在写人物的时候我们也可以尝试采用倒叙的写作方法,如果要写到两件事情的时候,我们也要学会有详有略。

2. 下节课,我们将读一系列这样的文章,相信通过学习,一定能带给你们更深刻的体验。

板书:

	人生目标		典型事例	写作特点
巴金	奉献一生		写一封信	
钱学森	报效祖国		一心回国	倒叙
詹天佑	为国争气	修筑京张铁路	勘测线路	说
			开凿隧道	想
			设计人字形线路	做（困难）
林肯	做一个好总统		就职演说	
			维护祖国统一	详略

第四课时：群文阅读

教学目标：

1. 推荐阅读篇目，拓展阅读分量，让孩子在大量阅读中找到"以事显人"的写作方法。

2. 明白展现人物的品质，要通过典型的事例，通过描写他的语言、动作、心理等细节描写来反应人物的品质。

3. 通过自我阅读，发现写人的文章中，为了表达效果，每篇文章都有自己的写作小策略：倒叙、议论、抒情、外貌描写、他人评价（侧面）等。

一、复习导入

刚才一堂课，大家的收获一定不少，谁来说说你收获了什么？

二、回顾课文，寻找共同点，发现不同点

1. 其实像这样的写名人的文章，以前也学过不少？有哪些？

2. 我们一起快速浏览《厄运打不垮的信念》这篇课文，跟我们今天学习的课文写法上有什么相同处和不同处？

相同：都是写人的，都通过写事来反映人物品质，树立人物形象。事例中都写了所做、困难。看来困难越大，人物形象更为高大！

不同：议论

4. 小结：用一两句话精准地点评，人物就清晰地留在我们脑海里，给读者不少激励与启发。

三、推荐文章，掌握写作方法，发现小策略

1. 其实名人可以是大到国家政治领导人物，成就突出，享有盛誉，也可以是？（小到街头手工艺人、村里的养殖专业户、身边的同学、朋友、老师、邻居，只要有特殊才能，突出的业绩，都是名人，正可谓三百六十行，行行出状元啊！）

2. 老师给大家推荐四篇文章，请同学们翻到目录，先一起读读四篇的题目。请同学们继续浏览，快速阅读，看看在写法上又有什么妙招？不动笔墨不读书，可以在旁边写写简短的批注（教师巡视，关注划线部分）

3. 交流：

在交流中略化"同"的部分，突出对"小妙招"的捕捉。

抒情：这种写法突出自己对名人的崇拜，抒发赞赏之情。

侧面评价：能使人物形象更高大，内容更充实，有说服力。

外貌刻画:给人留下直观的第一印象,也是突出他的品质。

板书:抒情、侧面评价、外貌

4. 小结:这些写法上的小策略是一种辅助手段,不能篇幅太长,喧宾夺主。

四、大量阅读,积累语言,夯实写作方法

1. 老师还推荐几篇文章,我们继续看目录,你可以挑选自己喜欢的来读,圈画重点语句,写写批注,你的收获一定更多!

2. 来不及读完的,可以课后细细品读。老师推荐大家阅读一本书——《影响你一生的100位中国名人》,你能了解更多的知识,掌握更多的写作方法!

3. 孩子们,加油,你也一定能成为某个领域的名人!

第五课时:习作指导

教学目标:

1. 运用阅读中习得的方法,写家乡的一位名人。
2. 了解身边的名人,从她身上获取正能量。

一、导入

1. 同学们,前三堂课,我们读了一组写人的文章,说说你有什么收获?

2. 今天这节课,我们也走近身边的名人,谁来说一说,你心目中的名人是谁?你为什么这样认为?

3. 其实,我们身边的名人很多,我们学校就有很多。我们学校有特级教师,全国模范教师,全国优秀教育工作者。今年教师节的时候,无锡市市长汪泉专门来到了我们学校,看望了一位老师,知道是谁吗?(出示照片)

对,她就是钱书涵的妈妈,钱小玲老师。(出示钱老师照片。)

4.(出示钱小玲简介),谁来向大家介绍一下钱老师。

过渡:俗话说,言为心声,从钱老师的话中,你有没有读懂她的人生目标。

二、走近人物。

1. 今天,我们就来写写身边的名人——钱小玲。

2. 课前,我们班的小记者已经采访了钱老师,并且把自己的所见、所想写了下来,同学们通过文字对钱老师已经有了一定的了解,谁来说一说,钱老师身上最让你难忘的小故事?

学生交流。

教师提炼:这是钱老师关心学生的故事。

我们看到了一个保护环境的钱老师。

你让我们了解到了帮助同事的钱老师。

这是一个钱老师刻苦教研的感人故事。

我们可以感受到钱老师孝顺父母的可贵品质。

3. 手中有这么多的素材,对照钱老师的人生目标,我们应该选取哪个事例更恰当?(关心学生)

4. 为什么?

5. A同学的故事梗概,每个人已经心中有数了,下面我们就试着把事例写具体。可别忘掉把动作、语言、神态、心理写具体。

三、学生习作。

四、交流评价。

1. 指读。这个事例写得怎么样?

2. 提醒:做人要善于发现别人的优点,先评好的方面,再来说不好的方面。

3. 学生交流。

五、总结。

1. 读了一组写人的文章,在写法上收获了很多,我们也试着写了一个名人的事例。

2. 课后,请同学们把这个片段写成一篇文章。在这篇文章的写法上,你有什么想法?

比如肖像:钱老师瘦瘦的,戴着一副眼镜。

比如倒叙:可以从什么时候写起,如从钱老师领奖的场面开始写起。

比如详略:是啊,钱老师关心学生的事例还有很多,可以有详有略地来写。

比如侧面描写:还可以去采访校长、其他老师,听听他们眼中的钱老师是什么样的。

比如抒情:是啊,看到这么优秀的老师,我们的内心都不由自主地迸发出崇敬之情。

比如议论:是啊,有时候,恰当的议论可以起到画龙点睛的作用。

第二章

重新发现课堂

——我们该捧出怎样的语文课堂

教师与课堂的关系,无异于战士与战场、老鹰与天空。课是教师最重要的作品。

在站上讲台之前,我们必须反复思考:学生究竟需要怎样的语文课堂?

有一些观点日益得到广泛认同:重视语文学科人文性与工具性的统一,这是语文素养这枚硬币不可分割的两个面;重视个性化、定制化学习,重视思维能力的发展,表面浮华的表演课、活动课渐渐淡出,有效的小组合作、润泽的课堂讨论、充分的静思默想、翻转的教学方式……渐渐成为课堂的常态;习作,不是考试得分的利器,而是锻铸思维品质、提高审美能力、涵养健全人格的路径,习作教学也应当有更温存的面貌。

本章,就围绕这些问题展开。

第一节 工具和人文并轨

工具性与人文性是一张纸的两层皮

《全日制义务教育语文课程标准(2011)》指出:"语文课程是一门学习语言文字运用的综合性、实践性课程。工具性与人文性的统一,是语文课程的基本特点。"

因此,义务教育阶段的语文教学不仅应使学生初步学会运用祖国语言文字进行交流沟通,也应该通过教学帮助学生吸收古今中外优秀文化,提高思想文化修养,促进精神成长。在此过程中,工具性与人文性要合二为一,浑然一体,你中有我,我中有你,强调的是统一与平衡。

以苏教版小学语文四年级下册《燕子》一文的教学为例,谈谈这方面的思考:
一、关注语言文字,准确理解思想内容
　　语文教学,这里指阅读教学,首先需要培养学生对文本的"感受力"。要咬定青山不放松,以关注语言文字为凭借,引领学生理解、想象、思考、感悟,准确把握文章的思想内容,促进学生语言的积累和内化。
　　《燕子》一文用词精准,语言凝练、形象,字里行间流露出作者对春天和燕子的喜爱之情。教学时,我们要抓住这一文本特点,潜心涵泳,闪现文学意蕴的张力。
　　1. 要抓住关键词语,引导学生联系上下文和生活实际进行自主推想。如"青的草,绿的芽,各色鲜艳的花,都像赶集似的聚拢来,形成了烂漫无比的春天。"一句中的"赶集"一词,可以通过对生活中赶集场面的想象,让学生感受那热闹、繁华、忙碌的气氛,由此再想象春天各种景象生机勃勃,争相赶来,竞享春光的迷人景色。这样既能有效突破"想象'赶集似的聚拢来'的景象"这一教学难点,让学生感受到作者对春天的喜爱,又能成为课堂高潮有效迸发的亮点。
　　2. 要抓住关键语句,牵一发而动全身,在语言文字的玩味鉴赏中启拨学生感悟文本。
　　"小燕子从南方赶来,为春光增添了许多生趣"。一个"赶"字,真是妙不可言。既准确、传神地写出了燕子飞行的姿态,又对全文起到画龙点睛般的烘托作用。教学时,可这样引导:"赶在赶集一词中让我们看到了人们忙碌的身影,那在这里是什么意思?透过'赶'字,你仿佛看到了什么?"如此玩味启拨,学生便能更好地体会春光的无限美好,燕子北归的迫不及待。继而引导学生体悟:"作者用浓重的笔墨勾勒了一幅春光图,微风吹拂、细雨洒落,柔柳展开,花草盛开,使得春天'烂漫无比'。细细品读,谁才是这春天的主角?"学生细嚼文本,会发现"那就是活泼机灵的小燕子。她千里迢迢专程赶来赴这场春的盛宴,她才是这场盛会的主角。燕子为春天增添生趣,春天使燕子更加美丽。"学生再次通过关键语句,体会到了作者对燕子的喜爱之情。
　　3. 要帮助学生由表及里,让字里行间沉默的语言呼之欲出,让隐形的立体语言栩栩如生。
　　《燕子》一文描绘燕子飞行姿态、休息场面的美妙意境都融于文本之中,隐藏在文字之下。教学时,可指导学生边读边想:燕子是怎样为春光增添生趣的。感受燕子飞行的姿态美时,可以引导学生议一议燕子的动作"斜着身子""掠过""横掠""沾"等,领悟燕子飞行时的轻快、灵活,再引导学生想象燕子在春天的湖光山色中活动的情形,适时完成练笔:"众多的小燕子在温暖的春光中上下翻飞,有的……有的……还有的……。"感受燕子休息的意境美时,可以图文结合,以读代讲,引导学生在读中想象燕子与春天的景色互相映衬的美丽画面,理解作者对大自然的热爱,领悟课文"意""象"结合的恰当与巧妙。

二、关注语言形式,切实提高表达能力

叶圣陶先生曾说:"不论国文、英文,凡是学习语言文字如不着眼于形式方面,只在内容上去寻求,结果是劳力多而收获少。"由此可见,语文教学,学习作者的言语表现形式也应该是语文教学的基本目标。

《燕子》一文不多的言辞却如诗如歌,有生动的比喻,有形象的拟人,有匀齐的排比,有优美的长句,也有敦促的短句。

面对这样的文本,老师最应该教什么?我认为,要教"怎么写";要教"以言达意""以言表意"的方法。这是语文之"道",语文之"本"。

1. 教学燕子的"外形"一段。教学时,将目标定位为"学习作者描写燕子美的方法"上,不仅关注文字内容,更关注语言表述的形式和方法。我以"表达形式"为切入口,引导学生:"你要用眼睛去发现作者是怎么写的?"学生通过朗读发现:"作者描写燕子的美是通过'抓住特点'来表现的"。这时,教师就可以引导学生懂得:"写一个事物,一只鸟,一个人,都要抓住它的特点来写。"接下来,教师继续引导:"还用了什么方法写出了它的美?"通过阅读,学生再次找到"用词优美"这一特点。教师继而引导:"这些词语的结构、字数差不多,读起来很有节奏,很有美感"。最后再让学生把这段话背下来,在课堂内实现了语文积累。

2. 引导学生揣摩"你觉得文中哪些词、句子写得很特别?"。如"青的草,绿的芽,各色鲜艳的花,都像赶集似的聚拢来,形成了烂漫无比的春天。"这一组句子之中,前边连用了三个"( )的( )"的排比句,寥寥几笔写尽早春的烂漫,展现了蓬勃盎然的一派生机。教学时以这样一个句式作为一个训练点去体会文本语言使用的精妙之处,并通过朗读去体会春光的美好。

在我们的阅读教学中,如果经常坚持像这样的引导和关注,相信学生在语文能力提升上将受益匪浅。

三、关注两者统一,全面提升语文素养

语言实践告诉我们,"语文素养"的形成,绝不是一个单纯的语言知识积累、思想内容的把握问题,也不是一味追寻言语形式的问题,而是一个人知、情、意、能的心智活动和语文修养的有机统一并逐步深邃丰盈的过程。把握语言的确切含义和严格的语法结构有助于学生学习、掌握和运用语言,从而通过语言文字正确理解思想内容;同时,学生又在领会思想内容的基础上,提高对语言文字运用的本领。因此,教师必须引导学生将言语内容和言语形式统一起来。

如何才能让《燕子》的教学通过语言文字达到这两者的统一呢?笔者认为,《燕子》一文教学时,可以从"文字、文本、文学"三个层面来设计。文字层面,突出语言表达上的精准和灵动,回归母语的特点;文本层面,回归情境。把文字同图画、音乐融通,让语言本身承载的情境在语言文字和艺术结合上更加生动活泼,让课堂变得生动起来,丰富起来;文学层面,追求审美的回归,让小燕子飞入儿童的课堂生活,并通过感悟语言艺术的魅力,进入诗中有画、画中有诗的境界,获得一种通感。这样的设计,可以把语言文字的表面意思、言外之意还有深层语言形式这三个层次,水乳交融地融通在一起,从而让学生沉浸在作品语言的内外魅力中,深刻领悟文本的言语秘诀。

"语文味"不是从一极划向另一极

在课改之初,为了纠正语文课满堂问、满堂灌、满堂练的乱象,人文大旗猎猎竖起,霎时间,语文课成了充分煽情、盲目开掘、胡乱联系的重灾区。

十年之后,我们从"人文"的一极又迅速滑动至"工具"的一极,语文课只谈"工具",牢牢守住自己的"一亩三分地",认定语文知识、语用训练才是自己的"独当之任",这样的课堂才是拥有"语文味"的课堂。

于是,课堂上出现了各种怪相,都是需要广大语文教师警惕的。

一、"隔靴搔痒"

因为意识的改变,老师们在备课和上课的时候,开始不光关注和研究作者的表达内容,即他"说了什么";还关注和研究作者是怎么组织表达的,即他是"怎么说"的,并且日益意识到后者的重要性,试图用这样的方式烹出自己语文课堂上浓浓的"语文味"。

于是,大大小小的公开课上,老师最喜欢这样板书:"选择典型事例""运用修辞手法"……这些貌似专业实则随意的"鉴赏型"词汇,被语文老师当作亮点,高悬于黑板之上。老师认为自己最"语文"的课堂语言是:"看,课文就是通过这些反问句,表达了……""瞧,作者抓住了这些细节,写出了……"——每每写到此、说到此,上课的老师为自己的语文课"语文"得如此到位而洋洋自得,听课的老师也为找到了"语文味"的点如获至宝、随即记录在案——只有学生,依然一知半解、稀里糊涂。

表达方式、写作技巧，不是数学公式，只需理解、背诵便可自如运用。它可以从阅读中体悟，但必须在实践中习得。正如江苏教育学院徐建成教授所言："语文学习活动对于学生来说，不仅仅是一个特殊的认识过程，更是一个特殊的实践过程。犹如驾驶培训，必须通过驾驶实践，不断体验，积累经验，才能提高技艺。否则，只能是一种生吞活剥的学习，不可能真正掌握、灵活运用，也不可能有真正的发展。"因此，语文老师企图用一两句总结语"点透玄机"、用一两处板书"指点迷津"，无疑是自作多情、隔靴搔痒。

指向"表达"的语文课堂必须真刀真枪、趁热打铁地现场操练。

薛法根老师教《燕子》，品读完描写燕子外形的第一小节，总结了"抓住特点写外形"的表达特色之后，马上让学生用这样的方式说说薛老师的外貌："高高瘦瘦的个子，微微有点驼的后背，小小的脑袋，两颗兔牙总想出人头地。"；揣摩完"这就是活泼机灵的小燕子"一句中的"小"字所包含的喜爱之情，他立刻让学生用"小"来称呼他们生活中喜欢的事物，于是学生就在一声声"小东西""小家伙""小鬼头""小宝贝""小玩意儿"中品出了遣词用句的奥妙。这，就是货真价实的语文味。

当然，很多时候善加设计，理解文章内容、学习表达方式还可以合二为一。

《安塞腰鼓》，通篇的排比句恐怕像那急促的鼓点一样震慑住每一个读它的人。无疑，带领学生感受安塞腰鼓的火烈壮阔是我们无法回避的情感内容，但是，让学生体会并学习"排比"的修辞手法绝对是这一堂课的"独当之任"。如何"言意兼得"？有人选择用诵读的方式，我不同意——这样的文章，如果没有播音员的朗诵功底，十二三岁的半大孩子，用瓮声瓮气的学生腔，只会破坏它的美。

思考之后，我选择的方式是——"仿"。每一处排比，品读之后，必当仿之效之，在仿效之中走近安塞腰鼓，感受修辞的魅力。

第一处：

出示：

_____一样，是喧腾的鼓声；

_____一样，是飞扬的尘土；

_____一样，是跃动的身影；

_____一样，是激情的笑容……

略加思索之后，学生纷纷举手：

生：雷鸣一样，是喧腾的鼓声。

生:硝烟一样,是飞扬的尘土。

生:闪电一样,是跃动的身影。

生:阳光一样,是激情的笑容。

……

第二处:

教师抛砖引玉,学生冲口而出:

师:这腰鼓,使暗淡的眼睛顿时变得——

生齐:明亮了;

师:使平静的心湖顿时变得——

生齐:激荡了;

师:使舒缓的语调顿时变得——

生齐:激扬了;

师:使枯竭的灵感顿时变得——

小小争论之后,生齐:丰盈了!

第三处:

出示:

百十个腰鼓发出的沉重响声,碰撞在( ),( )变成牛皮鼓面了,只听见隆隆,隆隆,隆隆。

学生小组合作,激烈讨论、笔走龙蛇。师巡视指导。数分钟过后:

生:百十个腰鼓发出的沉重响声,碰撞在广袤的黄土高原上,

黄土高原蓦然变成牛皮鼓面了,只听见隆隆,隆隆,隆隆!

生:百十个腰鼓发出的沉重响声,碰撞在辽阔的神州大地上,

神州大地蓦然变成牛皮鼓面了,只听见隆隆,隆隆,隆隆!

生:百十个腰鼓发出的沉重响声,碰撞在飘荡着白云的天空之中,

天空蓦然变成牛皮鼓面了,只听见隆隆,隆隆,隆隆!

生:百十个腰鼓发出的沉重响声,碰撞在浩瀚无边的宇宙里,宇宙蓦然变成牛皮鼓面了,只听见隆隆,隆隆,隆隆!

这三处,有仿说,有仿写。比喻的传神、对比的鲜活,全部揉搓在这排比句式之中,既习了"言",又悟了"意",言意兼得。

拒绝隔靴搔痒,呼唤现场训练,让学生在实践中真真切切学语文。

二、"画地为牢"

课改之初，非理智的"大语文"造成的"非语文""泛语文"在语文课堂上弥漫和盛行；到如今，语文老师们开始平心静气地审视自己的教学内容，认真地给它做减法。但由于矫枉过正，于是，在很多课堂上，"语文味"像孙悟空给唐僧画的圈圈，一旦进去便不敢越雷池半步。近阶段，恐怕语文老师最惧怕的评价就是——"种了人家的地，荒了自己的田"。"守住语文的一亩三分地"成了语文老师头上的紧箍咒：紧扣文本、抓住文本、依托文本……此外，便不敢多思辨，怕被认为成了"思品课"，三言两语，浅尝辄止；不敢多拓展，怕成为"科学课""历史课""音乐欣赏课"……面对学生充满疑问的眼睛，一句"感兴趣的同学可以课后去查找资料"挡回了所有求知的目光。

最近，听一位青年教师上《人类的老师》第二课时，深有感触。这位老师的上法与众不同。课前，学生带来了《拓展阅读》以及其他参考材料。课堂上，老师用大量时间让学生自学课文：你明白了什么，还有什么不明白？通过查阅课外书、和同伴交流之后，还有什么不明白？随后安排大堂讨论。讨论中，学生提到了如下问题：

1. 课文中说人类"仿照苍蝇、蚊子、蜜蜂的飞行特点等制造除了许多新式飞机"，那么这些昆虫分别有什么飞行特点，人类又因此造出了什么样的新式飞机呢？

2. "流线体"到底是什么样的？

3. 蜻蜓的厚斑点为什么可以防震，后来飞机又是怎么改进的？

学生提完问题，老师安排同学们再查阅、再讨论，互相帮助解答。有学生拿出课外的资料来，边读边努力地解释；有同学自告奋勇上台来画"流线体"；有同学补充看到的电视汽车广告，根据广告说说自己怎么理解流线体外形……随后，老师也把自己搜集来的图片和文字跟大家交流。这一环节用去较多的时间。

此时，听课老师纷纷质疑："上成'科学课'了。""课堂中没有听到朗朗的读书声。""语文味缺失了。"……这无疑是狭隘语文观在作祟。

语文是什么？口头为语、书面为文；听说读写练、字词句段篇。从这一段时间的学生活动来看，他们正是在进行着最生动有效的听说读的实践。学生们根据疑惑寻找资料、同伴讨论，并不是口说无凭的天方夜谭，而是在利用他们身边现有的资料完成着检索、对照、重组等一系列高难度的语文活动。同时，这是一篇说明文，如果课堂上飘满拿腔拿调的琅琅读书声，这才是一件奇怪的事情。如果教师可以由这一篇文章，激发起了学生探究科学的兴趣、阅读科普读物的热情，实在是功德无量。反之,假使老师面对所有除文字之外的学生的问题,都用"课外自己去查查资料"来搪塞,语文将走入一条死胡同。曾有学者指出,随着互联网的普及,学习的重点将不再是知识的理解与体验,而是知识与信息的检索、选择与应用。尤其对于这类比较特殊的文章——科普类说明文,即王荣生教授所谓的"用件",这位老师的处理方式非常"语文"。

因此,语文味并不囿于一个文本、一种学习模式,语文味应该是宽厚的、开放的,只要是学生在从事对他们童年有益的立足于语言文字实践的活动,我们都是应该肯定与鼓励的。

三、"欲语还休"

既然"语文味"就是就是老老实实地字词句段篇,扎扎实实地听说读写练,于是,打着"简约"的旗号,一种所谓"洗净铅华"的语文课出炉了。教师,为了表现自己沉下心来的"语文味",整个教学流程"不枝不蔓",尤其是课堂语言,"干干净净",没有一句所谓的"废话""字字珠玑"。语文老师,逐渐效仿数学来了:条理清晰、指向明确、表达简明,不敢抒情、不敢言论,怕"冲淡"了让学生进行语言文字训练的氛围。

文本是死的语文,教师是活的语文。教师的一言一行、一情一思,一定能濡染学生,就像一朵云推动另一朵云,一棵树摇动另一棵树。只有语文教师用全部情感去浇铸"语文味"的美学境界,自己做一个语文味十足的人,才能彰显出语文的魅力。你无法想象,一个寡淡无味的老师,能够"熏陶"出如何情思涌动的学生。很难忘记窦桂梅老师上的《林冲棒打洪教头》的情景,她从《好汉歌》唱起,带着学生们说着、演着,用巧思和激情,真诚地地为他们掀开《水浒传》的书角。她带着充满魅力的语文,征服了孩子们的心。"诗意语文"的掌舵人王崧舟,每堂课都是一件艺术品,那诗性的语言、那唯美的意境,总是令看课之人如痴如醉。每次听完课,老师、学生都有这样的感慨:"哇,原来这篇文章那么美!原来语文那么美!原来读书那么美!"——虽然两位大师"过度拔高"、"强势控制"屡受诟病,但是无可否认,坐在他们课堂里的学生,整日里听着、赏着,没有理由不喜欢与文字作伴;整日地熏着、染着,没有理由不领悟点儿表达的"秘妙"。也很难否认,如果我们语文老师也能这样舌灿莲花、满腹经纶,语文课,该是学生们多么向往的天堂啊!

因此,语文老师应加强自身的语文修养,丰厚自己的文学底蕴,让你的表达充满"语文味",一张嘴、一动笔,都有不同于人的独特美。留下些美的语言在学生的心里吧,至少,也给他们童年的语文课堂,留下一片风和日丽的回忆。教师,就是

"语文味"的代言人。

这就是在"工具性"和"人文性"的路上摇摆不定的两极。这两极,其实完全可以统一在一个平面之中,却总是处在博弈的状态下。这是需要每一个语文老师警醒和规避的。"工具性"和"人文性"的状态,应该是"湖光秋月两相和"的统一,应该是"天光云影共徘徊"的和谐。这,才是真正的"语文味"。

言语表达意识的培养,从低年级开始

夏丏尊先生也指出:"学习国文应该着眼在文字的形式方面。"的确,语文教学是学习"语言文字运用"的教学,"实践性"、"综合性"是它的两大特点,学习语言文字的表现形式理应是语文教学的基本目标之一。

但以往的低年级语文课堂,多见教师带领学生读书、写字、悟义,较少看到关注语言文字形式特点,注重学习运用的。为何"东向而望,不见西墙",究其原因,或为教师担心低年级学生经验认知不足、教学时间或条件欠缺,或为教师缺乏关注文本"怎么写"的意识,或为教师本来就不具备寻找适合言语训练点的"慧眼"。

关注语言文字形式,是每一位语文教师义不容辞的责任,不能因为低年级语文教材"简短""容易"而忽视。相反,在低年级,学生受心智水平和阅读经验的制约,在不经意间就容易将注意力从文本表面滑过去,这就要求教师更要于文本中看似学生已知已能的地方,发现学生实质上未知未能的教学着力点,为学生"展示"语言文字形式魅力,为孩子"种"下言语表达意识。

一、聚焦关键语句——领悟表达

苏教版二年级语文上册《云房子》第二段,描绘了云朵的千姿百态:"一群小鸟飞过来,它们说:'哇,这么多白云!我们来造云房子。'不一会儿,云房子造好了:有的像大冬瓜那样傻傻地横着,有的像花儿那样美美地开着。有很高的大楼房,有很宽的大礼堂,也有一点点小的,小得只可以住进一只小麻雀。"同样写云房子的姿态,前两种作者用"有的像(　　)那样(　　)地(　　)"的句式来介绍,后两种则才用"有(　　)的(　　)"的句式,不但让学生感受到云房子的姿态美,更感受到使用不同句式介绍的灵动美。

面对这样的文本,老师最应该教什么?笔者认为,要教"怎么写";要教"以言表意""以言达意"的方法。这是语文之"道",语文之"本"。要凭借课文具体的语言材料,充分感受"有的像(　　)那样(　　)地(　　)"比喻句的生动、具体、形象,并学会用这种句式表达自己心中想象的事物,从而培养语感和提高语言表达能力。

一位老师在教学时,先让学生交流喜欢的云房子,结合图片,感悟云房子特点,接着这样设计——

师:小朋友,你能用上"有的像(　　)那样(　　)地(　　)"的句式介绍大楼房、大礼堂和一点点小的麻雀窝样的云房子吗?

生:有的像(大楼房)那样(高高)地(站着)。

生:有的像(大楼房)那样(直直)地(立着)。

生:有的像(大礼堂)那样(稳稳)地(坐着)。

生:有的像(麻雀窝)那样(静静)地(躺着)。

师:看,天空中还有很多云房子(出示课件),谁再来说一说你眼中的云房子?

生:有的像(小蝴蝶)那样(翩翩)地(飞着)。

生:有的像(小乌龟)那样(慢慢)地(爬着)。

生:有的像(大南瓜)那样(傻傻)地(躺着)。

……

师:小朋友,那课文为什么不都用这样的句子来介绍云房子呢?

生:因为都一样就没趣味了。

生:都一样的话,读着读着就失去了兴趣哦。

师:是啊,用上不同的句式来介绍,文章就生动了,小朋友都爱读,还会把它记在脑海中。

生练习背诵。

如此设计,整个教学核心直指语言文字形式,让学生关注"有的像(　　)那样(　　)地(　　)"这一句式的特点,教师正是基于学生有了对这一句式的感受、体验,获得了相应的言语知识、表达范式后,才创设了"再说说你眼中的云房子"的情境,营造了学生主动参与表达的"动力场",可谓匠心独具,效果明显。

二、活用课文段落——注重积累

低年级的语文课堂,我们往往会在一个词、一个句的表达上下大力气,反复地读、反复地品,却最终忽视了对课文精彩段落构段方式、条理安排等亦须关注的方面。而如若不重视这种对段落的语感培养,中、高年级学生怎会构段谋篇,写出"看着美""读着美"的文章来。

特级教师薛法根一直注重对学生语言文字表达形式的训练。他在执教苏教版二年级语文下册《猴子种果树》一文时就让学生模仿课文段落结构,学讲故事。

薛老师在课文学完后,出示这样一段话语,给孩子们三分钟时间,续编故事:

正当猴子(伤心)的时候,一只(　　)对猴子说:"(　　)。"猴子一想:(　　)。于是(　　)。

此段结构在文中反复出现了三次,学生已经有了一定的言语刺激,此时再强化运用,可谓水到渠成。

一个孩子是这样说的:"正当猴子(伤心)的时候,一只老虎对猴子说:'猴弟,猴弟,你怎么总是听别人的话呢?你这样是种不成任何树的,你要坚持,要有耐心!'猴子一想:对呀,我就种苹果树!于是猴子就种苹果树了。过了一年又一年,猴子的苹果树丰收了,他把苹果和伙伴们一起分享。"

薛老师关注了文本段落的表达特点,并将其作为"拐棍"让孩子"扶着",续编故事。可以看到的是,如果没有这样的言语结构训练,学生的表达能力就不会有如此显著的提高。在文本中看似学生已会的地方,发现隐藏在课文中的段落语感培养着力点,并创设生活化的运用情境,鼓励学生在运用中体会和内化,实实在在取得了教学效益,促进了学生语文素养的提高。

由这一例子我们可见,从语言文字的形式和内容两个方面着力,引导学生感知、品味、领悟课文语言的基础上,活用课文段落,并注重积累,能让学生在课堂之内收获更大。而能"把第一眼看去平淡无奇的东西,玩味出隐藏的妙蕴来",更是语文老师的高明之处。

三、巧解篇章构架——化用提升

低年级很多课文富有童趣,朗朗上口,文中段落结构也较类似。教学时,我们不仅要引导学生关注写了什么、用了怎样的字词,还要引导学生关注表达的顺序。告诉学生:"读文章就像欣赏一条美丽的珍珠项链,不光要看到这些珍珠,还要关注它用什么线串成,是按照怎样的方式串成的。"

苏教版二年级语文下册《问银河》这篇课文中,小作者向银河发问,每一问开头都是"银河呀,在你……",每个问题几乎都是"有……吗?"这种表达上的相似,利于学生产生言语关注。

教学时,可让学生插上想象的翅膀,问问高山、问问草原、问问……,化用此结构说一段话。小作者想象"银河"就是"河",所以就有河水、河道、河面和上游,作者就是按照这个顺序来发问的,而这类架构方式学生一般是不能自己发现的,需要教师点拨。这样,他们才能咀嚼语言的滋味、触摸语言的体温、掂量语言的重量、辨别语言的色彩、玩味语言的意蕴,写文章时就能"扶着"教材,灵活运用,才会

"放开"思路，带出一组自己的文章《问草原》《问高山》《问天空》……

类似这样的课文，还有苏教版一年级语文上册《秋姑娘的信》、苏教版二年级语文上册《水乡歌》、苏教版二年级语文下册《真想变成大大的荷叶》……这类文章结构清晰，一目了然，教者只要有关注语言文字形式方面的意识，必能找到言语训练点。

四、内化教材内容——创造表达

低年级语文教学中，在引导学生理解文本的基础上，还可以利用某些课文内容，为学生搭设语言发展的平台，拓展练习，创造表达。

如苏教版二年级语文《小动物过冬》，第二至七自然段写小青蛙、小燕子和小蜜蜂是好朋友，它们三个在一起商量过冬的事。课文主要采用对话的方式，介绍了它们过冬的不同方式。教学时，可以创设这样的情景，让学生说一说：

"小燕子飞呀飞，可能会在路上碰到谁，他们会说些什么呢？"

"小青蛙吃得饱饱的，钻进泥土睡觉了，他又可能会碰到谁，他们会说些什么呢？"

"小蜜蜂准备好了充足的蜂蜜，正准备进蜂巢时，可能会碰到谁，他们会讲些什么呢？"

课堂实录：

师：小燕子飞呀飞，可能会在路上碰到谁，他们会说些什么？

生：小燕子飞呀飞呀，忽然，他看见前面有一群大雁，他连忙飞上去问："大雁哥哥，你们这是到哪儿去呀？"大雁说："我们要到南方去过冬，这儿天气冷了，虫子也快没了，南方暖和，那儿有很多虫子哦。"

生：小燕子高兴地说："大雁哥哥，我也要到南方去过冬，我们一起做个伴吧。""好的"他们高兴地一起飞呀飞呀……

师：小燕子除了碰到大雁，还有可能碰到谁呢？

生：小燕子还有可能碰到丹顶鹤，丹顶鹤说："我们从遥远的北方飞来，那儿冷极了，冰天雪地，没有食物可以吃了，所以我们要飞到江苏盐城的自然保护区去过冬。"

……

学生们的交流始终围绕着教材内容，他们通过教师有意识搭建的言语训练平台，将文本内容内化为了自己的语言素材。此设计环节既是对课文内容的回归，促进学生将书本语言内化为自己的语言；又是对学生表达能力的培养，在交流的过程中,学生明白了其他小动物的过冬方式,自然实现从理解到运用,由积累到创造的言语能力发展跨越。

理解和表达是语文教学的两翼和两极。相比之下,表达远比理解难得多。以阅读理解为基础和前提,以运用指向为重点的语文教学,应成为低年级广大教师的共识。

读写结合教学中"三合三通"

读写结合作为小学语文教学的基本原则,实施过程则千变万化。针对当下读写教学现状,我在实践中做了"三合三通"的教学尝试,收到了比较满意的效果。

一、读写教学中的三种现象

1. 读写脱节

课堂上,教者引领学生走近文本,感悟语言文字。教学过程的展开始终围绕文本内容,并无关注言语表达形式,却在课末让学生根据某种语言形式来写一写。阅读教学没有带领学生感悟语言的形式与规律,指导表达也没有清晰的过程,学生在练笔时就会一头雾水,无从下笔。这样的"读"和"写"成了两块完全割裂的内容。

2. 写未促读

语言是思想表达的工具、交际的工具,"读"是丰富的心智活动,是自内向外的过程;"写"是将学到的知识感悟外化的活动,是自外向内的过程。两者是相辅相成的,阅读丰富写作,写作促进阅读。但在课堂中,很多老师做到了"读"为"写"服务,却忽略了"写"反过来对"读"的促进。

3. 为写而写

有的老师教学时能未能设定准确的语言训练目标,为写而写。发现不了课文中语言表达上具有某种规律性的语言现象,找不到"写"的例子,却非要设计一个写的练习,为练笔而练笔,练了笔,但没有提升学生的表达水平,促进学生思维的发展。

读写有机联系、有机结合是语文教学的规律,更是语文教学的要求,我在教学中尝试"三合三通"读写教学方法,收到了理想的效果,具体表现以下三个方面。

二、读写结合教学中的"三合三通"尝试

1. 内容吻合　触类旁通

写的训练与读的教学在内容上须充分吻合,即在写的训练中要充分利用文本资源,但又不局限于文本。教师在有意识地引导后,要让学生触类旁通,在语言运用上对原文本的内容作迁移创造,这样做,可保证教学主题的统一性和教学过程的流畅性。如苏教版六年级下册《夹竹桃》中有两个双重否定句"无……不……,无不……",这个句型比较特殊,很多老师都抓住这个点进行读写结合。A老师在引领学生感受到夹竹桃的韧性之后,让学生用上"无……不……,无不……"围绕以下两个情景,练习说话。"爷爷天天锻炼身体,因此他虽然年过七十,但身体仍很硬朗。""王小利很喜欢读书,每一本都细细品读。"而B老师则在学完夹竹桃的韧性之后,这样教学"同学们,《夹竹桃》的作者季羡林被称为"夹竹桃先生",那是因为季老具有夹竹桃一样可贵的品质——韧性,速读有关季羡林的资料,完成下列题目:

按要求填一填。

季羡林_____,这样的韧性,同学们无不敬仰他。

季羡林_____,这样的韧性,无人不敬仰他。

在季老身上,韧性就是_____(用上'无……不……,''无不……'句式)。"

显然,A老师虽让学生掌握了双重否定句的运用,但两个情景的创设冲淡了学生与文本建立的感情,破坏了学生学习文章的情感基调,教学过程不够流畅。而B老师则让学生通过自己阅读资料,运用句式说话,边读边悟出"物""文""人"的相似之处。学生既明白了季羡林苦难时不屈服,顺境时不张扬的品质与夹竹桃十分相似,又掌握了双重否定句式的运用。

2. 形式契合　融会贯通

形式契合即范式延伸或范式拓展。范式是文本功能概念的一种。正如叶圣陶所言,课本就是给了一个例子。如苏教版六年级上册《安塞腰鼓》教学时,可设计"_____一样,是喧腾的鼓声;_____一样,是飞扬的尘土;_____一样,是跃动的身影;_____一样,是激情的笑容……"拓展练习,运用文中句式的训练,既引导学生研读课文,理解课文的内容,又带领学生超越文本,发挥想象,从而更好地感悟安塞腰鼓的力量之美。又如苏教版二年级上册《云房子》中,同样写云房子的姿态,前两种作者用"有的像(　　)那样(　　)地(　　)"的句式来介绍,后两种则才用"有(　　)的(　　)"的句式,这样写不但让学生感受到了云房子的姿态美,更感受到使用不同句式介绍的灵动美。教学中就可以抓住这两个句式来强化练习运用。再如苏教版五年级上册《黄山奇松》,文章重点描写了"送客松、迎客松、陪客松"三大名松。写法奇特,可以让学生感悟作者对每棵松树都是先描写后想象,然后迁移模仿学写孔雀松、连理松……

  3. 过程融合 无师自通

  苏教版六年级上册第六单元是一组写人的文章。这个单元作为写人类记叙文习作,是模仿学习最为合适的资源。但如何运用调度这些资源,在读写教学的整体设计中具有不可替代的作用。我们在单元设计的过程中,注重整体性、系统性、科学性,注重调动学生的思维,其目标达成就是叶圣陶所言,教是为不了教,也就是我们读写整体设计中的过程融合,并通过过程融合,让学生做到无师自通。无师自通也是叶圣陶语文教学思想中"自得"的最高境界。

  单元教学本身就有整体融合,纵横贯通的要求。如在第一课时单元预习,我们增加了预习单的设计,把相关检索、重难点要求一并列清,帮助学生预习时更加有的放矢。将第二课时设计为单元整体导读课,围绕着"名人——人生目标——恰当事例"的板书,构建围绕中心选择材料的框架,为接下来的精读、群读,以及最后的写作做好铺垫。在阅读方法上,强调"速读"的运用。

  单元整体导读之后,紧接着就是精读课的呈现。这节课的教学目标是站在整个单元读写一体化的高度去整体思考之后的艰难选择,毅然决然地放下了诸多常理难以割舍的牵挂。精准地选择了经典课文《詹天佑》作为精读重点,并且把"定篇"进行合理的改造,即抓住"勘测线路"中的人物语言、动作及心理,品词析句,煽情朗读。接着,利用多媒体技术,把开凿隧道和设计人字形线路的做法,进行教学过程最优化的处理,又很好地突出了詹天佑的杰出才干。在阅读方法上,是对"精读"的再一次运用。超越了经典之后,又带领学生马不停蹄瞻前顾后,"略读"了《钱学森》和《鞋匠的儿子》。重点关注到了几篇文章的同与不同。

  接下来是群文阅读。我们为每个孩子精心准备了一组写名人的文章,定成册子,大大地开拓了教学内容,把"泛读"的训练落到了实处。每篇文章上都有重点画线做上记号,提请学生注意的段落或者句子。在组织学生群文研读的过程中,教学对话就是围绕这些重点关注的内容而有序展开的。经过探究,学生明白了在写名人的文章中,可以适当地采用一些写作上的小策略来丰富人物的表现形式。这些小策略有评价、抒情、议论、外貌描写等,目的就是为学生本次习作"布云施雨",供其灵活调用,同教科书上的课文内容是遥相呼应的。为何补充这些课外文章,还有一个目的,让教学内容更加贴近学生的生活。你看,课文上的名人如巴金、钱学森、詹天佑、林肯,都是世界名人,是大师级人物。这些名人离我们当下的时代早已久远。因此如何缩小名人与现实生活的距离,更多地聚焦当代名人或是生活中的草根名人,更有习作指导的价值。因此,这节群文阅读课,不仅丰富了习作策略,而且拉近了名人与学生的心理距离。是对语文教材中那些属于高大上内容的一次很有意义的改造或者叫有益的补充。

最后我们就地取材,瞄准学校的教师、身边的家长,鼓励学生灵活调用刚刚学到的多种写作策略完成一篇习作。

站在单元的角度来设计读写结合,更需要老师从单元整体上把握教材,处理教材,关注每一篇文章之间的融通点,进行读写结合训练点的设计,注意读写方法的整合及教学过程的融合,这样做,不但能提高学生在读写教学中的学习效率,而且真正让学生做到了学习上的自主自悟自得。过程融合的结果是无师也能自通。至此,语文能力的形成也就自然体现于其中了。

第二节 个体与整体共赢

语文教学需要有整体意识

著名特级教师武凤霞说过:"语文课上,教师要让孩子的发言成'森林'。"武凤霞老师主要针对的是教师的理答艺术,婉转地指出当学生发言不够完整和全面时,教师应当及时引导,让学生的语言摆脱片面和零碎,长成"森林"。

亟须长成"森林"的,远不只有课堂上的倾听与表达。长期以来,在很多语文课上,段落篇章的整体把握、教材的单元意识等方面都存在着"只见树木、不见森林"的现象,或如盲人摸象般以偏概全,或因一叶障目而不见泰山,或似坐井观天而不识庐山真面目。语文课,期待从"独木"到"森林"的华丽转身。

一、在听说训练中长成的森林

基本版课例

——苏教版四下《小儿垂钓》

学生正就"遥招手"不能理解成"遥摇手"谈自己的理由。以下是三名学生的陈述。

生A:招手和摇手的动作是不一样的。(分别做动作)

生B:摇手表示不让路人过去,怕吓跑了鱼。而招手是让人过去,轻声地告诉他。

生C：从"遥招手"中我们可以看出这个小孩子的机灵和有礼貌。

教师：很好，"遥招手"看来不能理解成"遥摇手"。我们再来读读这句诗。

这几乎是一段完美的课堂演绎。A、B、C三生，由浅至深地说出了"遥招手"的妙处。绝大部分情况下，这一环节到此可以完美收官，因为三生已经呈现了教师想要的全部答案。然而，真的可以到此为止了吗？

首先，从知识的角度来看，三位学生的回答都只谈到了问题的一个方面。A生是从动作上进行区分的，B生紧接着谈到了动作的目的，C同学的回答是建立在前两者的基础上，提升到了品质特点的高度。任何一条答案独立出现都是片面的，只有结合在一起才是完整的回答。这种回答问题的思路与方式都是需要我们清晰地呈现并合理地引导的。大量课外阅读测试卷中学生回答问题时不全面、不严谨的现状，与我们平时课堂关注的缺失不无关系。其次，从习惯的角度来看，认真倾听、合理吸纳、及时调整、完整总结，是我们必须关注与培养的一种能力。A生在表述完自己的理由之后，能否认真倾听B、C的回答呢？倾听之后，能够在自己原先的答案上迅速地做出调整和补充，并且清晰地表达吗？这应该也是一个不容忽视的问题。

然而，在我们的语文课堂上，这至关重要的一步似乎一直是缺失的。我们向来只是一厢情愿地认为：学生们七嘴八舌地把该说的都说到了，就意味着我们的教学目标达成了。可是，我们没有想过，其实，学生看到的都是"独木"而已。

我们的课堂，应该更进一步。

升级版课例

——苏教版四下《小儿垂钓》

A、B、C三生陈述完理由之后。

师：哪位同学可以总结一下"招"不能换成"摇"的理由？

生D："招"和"摇"是两个不同的动作，"摇手"表示不让路人过来，怕打搅了他钓鱼，显得很没礼貌。而"招手"的目的是让路人过来，自己轻声告诉他怎么走，这样就表现出了这个孩子的礼貌，而且感觉他很机灵。

师：你很完整地总结了大家的意见，而且条理很清晰。像他这样，同桌两人轻声说一说。

学生练说。

师：请大家圈出"遥招手"这个词，一旁批注"机灵、有礼貌"。

我们可以想象，坐在"升级版"课堂里的学生，无论是知识的习得还是听说能力的培养,都不再会片面与零碎,他们的思维和语言,会变得丰富、完整、有序,富有生长性。

这才是我们要的"森林"。

二、在文本品读中长成的森林

基本版课例

——苏教版四下《燕子》

第二小节描绘了一幅妙不可言的春光图,展现了小燕子生活的美好环境。以下是品读、积累语言的过程。

师:读读这一自然段,有什么感受?

生:美不胜收。生机勃勃。春意盎然……

师:作者写了哪些景物? 又是通过怎样的字眼让我们感受到春光之美的呢? 请同学们品一品、读一读,然后要交流一下你最喜欢的景物。

生A:我最喜欢草、花、芽,因为它们的颜色特别美,"青的草,绿的芽,各色鲜艳的花"。而且,作者用了"赶集"这个词,写出了春天的热闹与生机。

生B:我喜欢春天的雨,因为是毛毛细雨,而且是"洒落下来",轻轻柔柔的,润物细无声。

生C:我喜欢春天的风,"吹拂"这个词让我感受到母亲的温暖。

生D:我最喜欢柔柳,一个"柔"字,写出了柳条的美。嫩叶是鹅黄色的,充满生命力。

师:作者就是抓住了这些极富春天特色的景物,用传神的动词"洒落""吹拂""展开""赶集似的聚拢来",勾勒出一个生机勃勃的春天。我们来美美地读一读、背一背。

在教学中,这样的例子比比皆是。写景的文章,教师会问:"你最喜欢哪一种景物?"学生分别找出来热热闹闹地谈一谈、读一读;写人的文章,教师会问:"你从哪里读到了人物的某种品质?"学生分别找出来热热闹闹地谈一谈、读一读;写事的文章,教师会问:"哪些词句最令你感动?"学生分别找出来热热闹闹地谈一谈、读一读……我们往往会在一个词、一个句的表达上下大力气,反复地读、反复地品,却最终忽视了构段的方式、条理的安排、篇章的布局……而这种所谓的"段感"和"篇感",正是中、高年级阅读教学的重点。

因此,品读《雾凇》的形成过程,可以把"弥漫""飘荡""涌向""笼罩""淹没""蒸腾""镀上"这些词儿拿出来排序,雾气的变化、文章的思路便一目了然。品读

《爱因斯坦和小女孩》中爱因斯坦的外貌描写,除了让学生感受人物的不讲穿戴、不拘小节之外,更要问一问:作者将他的外貌写得这么具体,还有什么用意呢?联系后面的文章想一想。学生于是会发现:下文写到后来爱因斯坦穿戴得整整齐齐,两相对比,可以表现出爱因斯坦善于学习、喜欢孩子、虚心可爱;学生说不定还会发现:爱因斯坦工作室乱得一塌糊涂,却到处堆满了书架和书,他是把所有时间都花在科学研究上了,当然没有时间来打扮自己。品读《三顾茅庐》,可以提醒学生关注写到关羽和张飞的三个地方。这两个人物在这个事件中并不重要,却屡屡提到,每次究竟是何用意……

总之,教师要带着学生,站在一个新的高度,跳出品词析句的泥沼,寻觅播种森林的良机。

升级版课例
——苏教版四下《燕子》

当A、B、C、D四生品完、读完他们最喜欢的景物并且连起来美美地读了这一段后,精彩仍在继续。

师:请同学们再仔细读读这一段,思考:可不可以像我们刚刚交流的顺序来表达呢?

生E:不可以。作者虽然写了很多春天的景物,其实是按照从上到下的顺序的。

师:很好。读文章时,我们不光要关注写了什么、用了怎样的字词,还要关注表达的顺序。同样,我们写文章时,不光要选好材料、锤炼语言,还要思考按照什么顺序来写。让我们再一次读读这一自然段,试着按照从上到下的顺序,背一背,把这幅美好的春光图记在心里。

我们有理由相信,坐在"升级版"课堂里的学生,对文本的感受和品悟都会更加完整。他们积累的,不会只是漂亮的词藻、美丽的修辞,那些精巧的构思、独特的布局、新颖的章法……都会渐渐走进他们的心底。因为视野的开阔,阅读会变得更加有效;因为阅读的有效,表达会变得更加自如。

这才是我们要的"森林"。

三、在单元建构中长成的森林

语文教学中有一个奇怪的现象:无视单元的整体性,将一篇课文看成一个完全独立的个体。尤其在公开教学时,常常把前面的文章留到后面去教,把后面的文章调到前面来上,甚至还会出现将后一册、甚至后两册的文章提前上的现象。

对于一些需要传播教学理念的名家大师来说,这样的做法未尝不可,但却给广大一线教师造成了一个错觉:单元各课文之间似乎没什么联系,"独木成林",各自为政。因此在日常的教学中,除了一些专门进行课题研究的学校,很少有人从单元整体入手进行教学设计。

每篇课文真是"独木"吗?

不然。

同一单元的文章主题相关,内容互为参照,注重篇与篇之间的联系,有利于学生更好地把握文本内涵,构建周密的认知体系。如苏教版六下第二单元"烽火岁月",以《卢沟桥烽火》开篇,并通过《半截蜡烛》,学生得以较为全局地了解二战,感受各国人民为自由与和平付出的努力;在这样的基础上,《聂将军和日本小姑娘》中聂荣臻将军写给日军的书信中那些深刻的含义,学生的理解会更加水到渠成。这三篇课文互相参照与补充,展现了一个立体的历史场面。同时,按照进度,授课时间大致为"九一八"至国庆期间,这是任意前后置换没有办法体现的优势。

同一单元的文章在学法和写法上也往往有千丝万缕的联系。比如苏教版四上第三单元"风景的记忆"《泉城》《九寨沟》《田园诗情》三篇课文在写法上非常接近:开篇总写该地的特点;接着分别选用最典型的景物,用生动的修辞手法写出特点;最后总结全文,有力地收尾。在教学这组文章时,可以采用"由扶到放"的策略,重点引导学生赏读《泉城》,另外两篇课文可以迁移学法,并且将其与"泉城"的写法进行比较。这样一来,学生会更多地关注到课文与课文之间的联系,走出"不识庐山真面目,只缘身在此山中"的狭隘。

我们可以预见,能够前后联系、对照着来学习的学生,对文本内涵的理解、对语文知识的建构定会更加全面而系统。在更开阔的课外阅读中,他们也定能不知不觉地关注到这篇与那篇、这本与那本之间的关联,他们看到的,将不再会是一枝、一叶、一木,而是一丛、一片、一座。

这才是我们要的"森林"。

静思默想,让每一个孩子都到场

在课堂教学中,很多老师都为不能关照到"每一个孩子"而烦恼。讨论、发言、朗读、作业……总有很多孩子思维缺席。也许接下来的文字,可以给你一点点的启发性的建议。

一、对"静思默想"的理解

"朗读"作为语言训练的重要形式和方法已经引起了广大教师的重视,读的时间安排、形式选取、功能发挥诸多方面比过去均有较强合理性的显现。但是我们也不无忧虑地看到众多教师误以为阅读课就是"朗读"指导课,只要学生读好了,什么问题都解决了,于是"动笔"被取消了,"默读"被封杀了,"讲解"也被称为无视学生主动性等。在不同层次的公开课教学中,执教者或在朗读技巧语音、语气、语调、语速等指导上下功夫,或在"感受言语形象读出形""感受言语情感读出情""感受言语蕴含读出形神"上倾注精力,满足于营造书声琅琅、热烈活跃的课堂气氛,给听课者或愉悦轻松或激昂振奋的好感。诚然,"朗读"的确是感悟课文、培养语感、积累语言的重要手段。但是,新的问题与困惑又呈现在我们面前:一遍又一遍地读书,真的就是学生与文本对话的有效形式吗?个人读、集体读、分组读,真的就能构建文本的"个人意义"吗?不过,静静想来,我们对《语文课程标准》表述的"加强对阅读方法的指导"理解得并不全面和深刻,而我们也没有具体弄清阅读的真正内涵。从而导致教师在语文学习中把"阅读"割裂开来,只注重读的声音、读的形式、读的技巧。一句话,强调的是学生的嘴巴,没有重视学生的内心,把"阅"字几乎扔掉了。"阅"就是用眼看,就是用心想,就是理解、揣摩的过程。只有在这样的前提下,才会有"读"。"读"并不是表现为抑扬顿挫的声音,也有沉思静想的默读。因此,我们应该思考一个我们忽视的问题,那就是课堂要给学生一个默默读书的"场",一个默默品味的"场",也就是营造一个"静静地学习的场"。

二、对"静思默想"的实践

以下是执教《"你必须把这条鱼放掉!"》的教学片段。

(一)思考读,感悟文本

师:读书贵有疑。再次默读课文,把不懂的地方划出来。(教室内静悄悄的,学生边默读边思考,老师仿佛一位意念引领大师,时不时与学生用眼神、用手势交流。)

师:读得很投入,有问题的请自由发言。

生:汤姆明明是在离规定钓鱼还有两小时的时候钓到鱼的,爸爸为什么一定要让他把鱼放了呢?

师:这些问题该问谁呢?

生:问老师。

生:问同学。

生:问课文。

师:让我们带着这些问题再来静心读书,也许你们自己就能解决这些问题。

(教室内再次静悄悄的,学生又一次埋头书中,时不时传来书写的声音,同桌间的窃窃私语,师生间的双向交流。)

(一)探究读,赏析文本

师:同学们把课文读得正确流利,我们的教室里已是书声朗朗。读书就是"煮书"。接下去,如果你们能够潜心地读读课文,那么就一定会有更大的收获。你可以在感受最深的地方,写得精彩的地方圈点批注,写上你最想说的话。

(教室内又一次静悄悄的,学生又一次埋头书中,有的边圈点批注,有的与前后桌轻声交谈,有的与老师交换意见。)

(二)无声读,超越文本

师:有声的读书是一种对话交流,无声的读书更是一种凝神思考。最后,请同学们默默地读读课文,与书中的人物静静地对话吧!

(教室内再一次静悄悄的,学生仿佛和书本进行精神上的对话,他们时而对着书本微笑,时而对着书本蹙眉,时而读出了声音却不自觉)

生:不管有没有人看见,我们都应该遵守规定。

生:只有自觉遵守规定,我们的社会才会变得更美好。

生:有素质的人一定会自觉遵守规定的。

三、对"静思默想"的思考

分析上面的案例,我们不难发现,在课堂中,执教老师不怕"课堂气氛沉闷",敢"冒天下之大不韪",居然安排学生四次默读课文达18分钟之多,着实让人敬佩。老师注重让学生参与阅读实践,让所有的人在积极主动的思维和情感活动中,加深对文本的理解和感悟。从学生的阅读中可以发现,学生通过探究得到的体验、感受是多元的,是鲜活的,是有生命力的!这是一种无声的超越,是"此时无声胜有声",这样的课堂教学才是有效的。

1."静思默想"有利于理解感悟。

《语文课程标准》指出:"阅读教学的重点是培养学生更具感受、理解、欣赏和评价的能力。"《你必须把这条鱼放掉!》全文字面浅显,似乎没有有太大的理解障碍,加入确定为诵读课型,让学生读得书声琅琅也未尝不可。但就是这简单的一篇文章,要真正走入学生的心灵,在人生哲理的层面上展开精神对话,还的确不是一件容易的事,因为小学生的人生阅历和情感体验与课文相去甚远。同时。朗读如果缺少了对文本起码的理解和感悟,一味读读背背,除了那慷慨激昂的固定腔调之外,能读出什么真情,悟出什么意义来呢?没有潜心地默读,就不会有边读边想,就不会发现疑问,就不会有归纳总结,也就不会有自得自悟。给时间让学生自己去读书、去思考、去推敲、去体会,去揣摩,可以自由地停顿下来重复看,反复想,从而促进思考,促进理解的深入,做到一节课有静有动,动静结合。先静默读思,再书声琅琅以至议论纷纷。

再者,出声阅读往往是由视觉中心传至说话中心,经发音器官发出声音传至听觉中心,再由听觉中心传到阅读中心,最后才理解文字的意义。这样曲折迂回的路线太长,不仅费精力、易疲劳,而且影响到理解和记忆的效果。默读则要培养学生直接把视觉器官感知的文字符号转换成意义,消除头脑中潜在的发声现象,从而实现阅读速度的飞跃。其过程简略为:视觉器官感知的文字符号——意义。在这一过程中,学生从感知文字到理解内容,除眼睛和神经系统外,一般不需要其他感觉器官参与,这在心理学上称为"眼脑直映"。而且,我们的阅读教学过程中的主要人物是理解,即掌握文中表达的观点、要旨、意图、情趣等。每个读者对每一段文字的感悟是不同的,他们可以根据自己的阅读经验,可以忽略次要的内容,抓住某些与阅读目的相关的关键字、关键词、关键段,按预定的程序去思考,使大脑即刻做出相应的反应,瞬间形成自己的概念,从而高速有效地完成阅读理解任务。由此可见,有效默读的实质是快速的思维活动。

2. "静思默想"体现多元化、个性化阅读

难道学生个个都喜欢高声朗读?仔细想想,不排除以下两方面原因:(1)受人众心理趋使。部分同学的放声朗读使其他同学身不由己,为给老师传达"我读得很投入"这一信息,就不惜扯着嗓门,摇头晃脑。在这热热闹闹的场面中,学生的从众浮夸心理日益膨胀,多元个性阅读日渐磨灭,其阅读能力却一直在原地踏步。(2)朗读已成了学生固定的阅读思维程序。他们对课堂上的默读太陌生了,更不知浏览什么,以至于学生到了高年级,在考试时还要出声读卷。试想,这样的学生如何上网浏览,如何看书阅报,如何适应未来学习、生活的需要?

《语文课程标准》指出:"阅读是学生的个性化行为,应让学生在主动积极的思维和情感活动中,加深理解和体验,有所感悟和思考,受到情感熏陶,获得思想启迪,享受审美乐趣。要珍视学生独特的感受、体验和理解。"阅读教学是学生、教师和文本之间对话的过程,应该让学生亲近文本,走入文本,让学生把文本与直接、间接的生活经验联系起来,进而对文本产生富有"跟人意义"的理解感悟,这样才

会"一个世界,多种声音"。如果我们过多地用一个声音去框定文本的价值,那只是使学生的审美感受和联想变得日趋封闭和狭小。而这样的阅读教学,也只能培养出一些奴性思想的人。

3."静思默想"营造着有精神底气的"读书人"

我们应该培养学生热爱读书,让读书成为他们生活的一部分,作为自己自觉的行为,让读书成为一种习惯,营造一个爱读书的班级氛围、校园氛围。而读书需要心静,心静方能细细读书,读书使人更加心静,恍如雨后的青山,自有一种澄清、清明。在我们语文课堂上,不仅要让学生与文本进行深层的对话,还要让孩子们学会倾听,学会接纳,学会提升自己的认识,纠正自己的认识。而这一切,往往必须有一个平心静气的学习氛围。苏霍姆林斯基说过:"在少年时期,默读具有头等重要的作用,缺乏默读能力,将会阻碍和抑制脑的极其细微的连接性纤维的可塑性,使它们不能顺利地保证神经元之间的联系。谁不善于阅读,他就不善于思维。"鉴于此,这位执教老师才让学生坐"冷板凳",才让学生不厌其烦地"静思默想"。

4."静思默想"为每一个学生读书奠基

首先,在现实生活中,每一个更多的是"默读品味",很少看到一个人读书时放声有语气地朗读。现在的学生朗读技巧掌握了,似乎读得很动听,但也许他的心灵依旧空无。其次,从社会发展的需要看,默读的作用已经越来越显著。社会节奏越来越快,信息量在迅速扩大,因此对人的默读能力的要求也越来越高。一个现代人,必须善于阅读,善于广泛吸收知识,善于捕捉各种信息,善于在默读中思考、比较、跳读、扫读。缺乏默读能力的人,是不符合时代发展的要求的。而"静思默想"要求阅读主体的注意力高度集中,是培养速读、扫读等能力的中介和过渡。

其实,我们完全不应该从学生外在行为方式(如诵读、默读之类)的角度,评价哪种读法优劣,关键是看教学环节的展开是否构成了"习得"的过程,是否注重学生的理解、体验与感悟,看作为学习主体的学生是否出于积极、主动的思维、情感活动状态中。作为一线教师,应认真研读《语文课程标准》,并用来指导自己的教学实践。少一点哗众取宠,多一份生本思想,真正从学生出发,立足于学生发展,让学生学会潜心默读,学会快速浏览,让学生拥有选择的余地,从而实现让每一个孩子都到场的理想。

语文合作学习的几点教学建议

合作学习是当前很受研究者重视的一种学习形式。它以尊重学生为前提,力图使独立、竞争与合作在教学中平衡分布,进而激发学生兴趣、发展学生思维、培养师生学习力。合作学习提倡的是将传统教学中师生之间单向或双向交流转变为师生、生生之间的多向合作互动,强调的是学习即师生交往,和谐及共同发展的过程。可以说,"不求人人成功,但求人人进步",是这种学习形式追求的一种境界。

《全国义务教育语文课程标准(2011年版)》积极倡导自主、合作、探究的学习方式。在小学语文课堂上,我们亦经常能看到"合作学习"或热烈、或生动、或有趣的身影。然而透过热闹、繁华的表象,静心观瞻,目前一些小学语文"合作学习"的"树"上并没有结出合作学习的"果"。

究其缘由,笔者认为,是在把握"合作学习的前提""合作学习的基础""合作学习的关键""合作学习的保证"上有了偏差。现结合多年语文合作学习的研究实践,提请同伴在进行合作学习时关注以下四个方面:

一、明确学习目标——"合作学习"的前提

学习目标是教学活动的出发点和最终归宿。恰当的学习目标,不仅可以激发学生学习的动力,培养学习兴趣,更可为学生的学习找到有效的突破口和合理的评价依据,进而提升教学的有效性。因此,在制定小学语文合作学习目标时,教师要根据课程目标与学生学习实际,科学地设计语文基础知识目标、读书方法训练目标与相关情感、态度、价值观的培养目标等。

期间,要注意思考并处理好两大关系。一是学生自主与教师主导的关系。在合作学习过程中,充分发挥学生的主体性固然重要,但一定要以人为本,注意学生现在的年龄特点和认知结构水平。一般而言,在小学合作学习中如果忽视教师的引导、组织和帮助作用,小组各成员的学习过程实际上会变得十分盲目,并呈现散漫的状态,不利于学生系统的认知结构建立与学习能力的培养;二是基础知识与人文素养发展的关系。在合作学习的过程中,我们一定要关注课程对培养学生人文素养的积极作用。可以说,关注学生人文素养的发展是对过去只注重基础知识掌握的传统应试教学观念的矫正。在小学语文教学中,如果没有打下坚实的听说读写基础,学生语文学习的自主性、创造性也不会有更高的发展。

苏教版国标本小学语文第四册《真想变成大大的荷叶》是一首儿童诗,全文结构相似,读来琅琅上口,展现的是孩子们在夏天美丽的遐想,洋溢着浓浓的童真童趣。教学时,可帮助学生提出这样的学习目标:

学习卡

1. 我会读:大声、响亮、美美地朗读课文。
2. 我会说:夏姐姐来了,大自然有些什么变化呢?
3. 我会想:在这美丽的夏天,你想变点什么?你是怎么想到变这些的呢?
4. 我能读:找出你最喜欢的句子有感情地读给同伴听一听。
5. 我能帮:伙伴有问题,我去帮一帮。

合作学习的目标与要求不能定得过多过高。过多,学生在有限的时间里不能完成任务;过高,学生达不到学习的要求。二者都影响合作学习的效益。如上述《真想变成大大的荷叶》的第4项合作学习目标,要求学生只要能找到一个自己认为好的句子,并能比较有感情地朗读出来就行了,至于重点词语与句子的理解等较高要求,可放在交流汇报时由老师引导帮助学生完成。

二、精选合作内容——"合作学习"的基础

要使合作学习取得最大的效益,教师把握合作学习内容的能力非常重要。实践告诉我们,教师要在全面而深入了解学生的基础上,精心挑选出适合学生合作学习的内容。这内容既要让学生产生心灵的交汇、思维的碰撞、情感的交融,又要让学生有知识的积累、方法的沉淀、能力的培养。以下内容,经实践证明,比较适合小学语文合作学习:

一是单项基础知识的归纳与检测。如期末复习时,对整册教材生字词的归类,古诗文的背诵与默写等基础知识点进行合作学习,既能发挥学生主动学习的积极性,又落实了知识点。二是课文的重点理解内容。围绕课文重点内容组织合作学习,能给学生留下深刻的印象,促进学生的思维发展,增加他们探讨问题、研究问题的能力。三是学生理解的疑难内容。小学生年龄小,对一些抽象概念的认识,易有不同的见解,或容易出现理解的错误。进行合作学习,引导他们探究、讨论、辨析,既能提高学生的学习主动性,又培养了学生的创新意识。四是综合性活动中的专项内容。围绕"综合性活动"内容组织合作学习,真正尝试在"做中学",最能激发学生的主动性,锻炼他们的合作能力,激活他们的创新意识,培养他们的语文综合素养。五是教师为扩大学生的语文视野而设计的专题内容。此类专题内容目标明确,内容丰富。通过合作学习,可陶冶学生的情操,丰富他们的精神世界,从而培养他们对语文学习的热度。如:我为四年级学生设计"触摸唐诗的温度"专题活动,让学生更丰富而深刻地体悟了唐诗之美。

三、适时适度指导——"合作学习"的关键

合作学习的成功与否,同教师的引导与参与是分不开的。教学中,教师不是更清闲了,而是担负起了更大的管理和调控职责。在合作学习中,教师工作的重点是如何精心设计过程,并全程把握学生分析、目标设置、任务选择、策略匹配、教学过程展开与评估等要素。但是,要使合作学习能始终卓有成效,仅仅依靠教师事先的设计是远远不够的。在合作学习开展的这个动态过程中,随时都会生成新的问题,如果这些问题得不到及时的有效的解决,往往会阻碍合作学习的顺利开展。因此,除了事先宣布合作规则外,在很多情况下,教师必须对各个小组的学习进行了现场的观察和介入,为他们提供及时有效的指导。

比如说:

1. 小组活动开展得顺利时,教师应给予及时的表扬;

2. 对小组的任务还不清楚时,教师要有耐心,向学生反复说明任务的内容及操作程序;

3. 小组活动出现问题时,教师应及时进行干预和指导;

4. 小组提前完成任务时,教师要检验他们是否正确完成了任务。如果是真正完成了任务,教师可以开展一些备用活动,帮助其他组完成任务或可以自由活动,前提是不影响他人;

5. 如果学生的交流偏离预设的目标,教师则要巧妙引导;如果学生的交流始终难以达到目标,教师则要反思自己的教学行为,或将目标化整为零,使之具体化,或围绕目标铺设几级学生奋力可攀的台阶。此时,切不可放任自流,或无所适从,匆匆作结。

除了这些,还可能出现别的情况,比如说学生不愿意参加小组活动、学生缺席等等。当然,这些头疼的问题也不是一朝一夕能解决的。只要教师充满耐心和爱心,经常鼓励和帮助这些学生,让他们充分体会到合作学习的乐趣、被人尊重的滋味,孩子们一定乐于加入其中。

四、进行科学管理——"合作学习"的保证

科学的组织管理是合作学习成功的保证。在教学中,教师应结合学生的年龄、学科特点,尝试设计几种规范合作学习、调动学生积极性的方法。

比如说:

1. 角色定位

首先,我们可请每组同学为自己小组设计名字,如小精灵队、勇者队、雏鹰队

……一个个闪烁着智慧光芒、充满个性的名字会激励学生在组内积极思考,团结协作。

在平时的教学中,我们还发现合作学习时,学生会因为角色的选择而争论不休,浪费了大量宝贵的时间。为了使每一位学生在合作学习中积极参与,提高学习效率,我们可给每一位孩子一个特定的角色。

主持人	负责管理,协调工作。
汇报员	小组讨论时,负责汇报本小组讨论的结果。
记录员	讨论时,负责记录大家的观点。
教练员	作业时,小组里的第一名先给老师批,正确后就可以成为教练员,再去批其他同学的作业

学生在学习时具体分工如何,要根据实际情况而定,而且应该轮流担任,实现小组角色的互换,增进生生互动的有效性。

此外,教师还要加强对每一位角色的指导,教会学生如何发言、如何交流、如何讨论、如何归纳、如何相互评估、如何参与集体竞争、如何处理合作学习中出现的矛盾等,这也是实现学生有效合作学习的一项重要内容。

2. 围圈作业

比如低年级的写话,先让小组里的一个同学写,然后其余学生轮流着读一读,再写一句话,但要求不能和前面的同学写的一样,要鼓励学生大胆创新,说出自己心中的话。又如每一课的识字学习,请每位同学依次写出自己认为最难记或最容易错的三个字或三个词,让小组的同学都写一写,然后请小组里的其他人看看是否都写对了,当他人取得进步时,每个成员可用自己的方式向他祝贺,这样,学生完成作业的兴趣就会特别浓。

3. 发言卡

笔者在听课过程中,曾发现合作学习时常出现"搭车"现象,即小组中个别成员承担大部分甚至所有的作业,而某些小组成员则无所事事。对于任何一个小组来说,忽视小组中任何一名成员的做法,都是得不偿失的。所以,学习时应使学生各自为他们的学习和角色负责。如对于小组奖励应以个人的得分总和作为评选优秀小组的根据。为此,针对学生发言环节,我设计了"发言卡"。小组里的学生,每人拥有 5-6 张不同颜色的卡,上课时,每人每发言一次,就要投卡一张,以表示自己的发言数量,直到这些卡用完为止。这样一来,学生就会珍惜每一次发言的机会,能说会道的同学还会帮助组内学习有困难的同伴。小组内没有了逃避责任的人,也就没有了"自由乘客"。

4. 超音卡

小学生生性活泼好动,上课时会因为过分地投入而"失控"。如:声音太大,影响他人;动作太猛,发生意外……这时,教师如果大声训斥,既降低了学生的学习积极性又破坏了自身良好的形象,效果适得其反。于是悄悄地递上超音卡,受到红色箭头的暗示,学生自觉控制了自己的一言一行,产生了意想不到的效果。

总之,小学语文教学中,恰当开展合作学习是构建高效小学语文课堂,提高教学效益的重要途径。而要走好这条路,需要我们静心相向,撩开"表象",关注"真淳"。

语文课,多一点生命的关照

语文的内涵是丰富的,它蕴藏着人类社会的事、情、理,负载着古今中外积淀的多彩文化。教学语文,不仅仅是对语文教材的分析和提示,知识的梳理和识记,更应该站在生命的高度,带领学生走进作家、作品的内在世界,去体悟其真切广阔的思想感情和精神境界,获得人生发展道路上必须的生命养分。呼吁语文课堂教学中的"生命性"价值,就是要让每一位教师都强烈地意识到:我们直接面对的是生命,这关系到人类最宝贵的财富——生命的成长。所以,我们迫切需要在语文课堂上,在与孩子相处的分分秒秒里,切切实实付出我们的努力,给孩子们一个真正鲜活的世界和生命。

一、关注生活世界,让经历成为学生心灵的活水

苏霍姆林斯基曾说过:"不要让学校的大门把儿童的意识跟周围世界隔绝开来,这一点很重要。"的确,要让学生与人、与世界、与文本产生精神的交流和共鸣,我们需要竭尽全力,尽可能多的创造条件,给予他们真实的世界和生活,让孩子的心灵世界丰富起来。与生活为伍,让经历成为学生成长历程中的一池活水,使学生周围的世界、周遭的生活、身边的自然、个人的感悟不断地滋养他们的意识,塑造完善他们的人格,是语文教育应该努力追求的。

在《寻找春天》一课教学时,我选择一个春光明媚的日子,在学校花园里开始了下面的教学:

师:请大家坐的草地上,闭起眼睛,静静地听——你们能听到小草在说话吗?

生:能!

师:那你们都听到些什么呢?

生:我听到小草说:"哇,春姑娘来了,我该起床了。"

生:我听到小草说:"外面这么热闹,我可要钻出碧绿的小脑袋来玩一玩喽!"

生:我听到小草"咕咚""咕咚"地,好像在喝什么东西?

师:你们知道了小草在喝什么呢?

生:我知道,小草在喝昨天夜里下的春雨。

生:是的,小草还会喝那亮晶晶的露珠呢!

师:说得真好,我想,小草一定会边喝边说呢,他会说什么?

生:真甜,真甜!

生:甜滋滋,凉丝丝,美味极了!

师:大家听得真用心,嘘(师作不出声状),我好像听到了小草在和他的好朋友们说悄悄话呢? 你们听见了吗?

生:小草对蚂蚁说:"蚂蚁,蚂蚁,我们来做游戏吧!"蚂蚁说:"好的,好的。"

生:一只青蛙跳过来,对小草说:"瞧,我们长得多像,都是碧绿碧绿的。"

生:小蜜蜂飞到小草的身旁,和小草比美呢! 小草说:"美不美不光看外表,还要看他能不能为人们做事,你看,我把大地打扮得多美呀?"蜜蜂听了,拍了翅膀飞走了。

生:我听到小草在"咯咯咯"地笑。

师:小草为什么要笑呢?

生:因为蚯蚓在小草的脚底饶痒痒呢!

……

在这个课堂实录中,孩子们在形式上融入了大自然的怀抱,在心灵上触摸到了原味的生活,他们嗅出了生活的味道,读出了生活的美丽,品尝了生活的快乐。在自然的怀抱中,接受着不期而至的馈赠,享受着语文世界里难以穷尽的乐趣。作为一名语文老师,我们要给学生的绝不是几个字的写法、几个句子的读法和几篇课文的分析,我们应该在课堂和平时活动的时间里,让他们真正地生活,真正地经历一些事情。下雪的时候,让他们打雪仗、堆雪人,感受雪带给我们的快乐。初秋的时候,带他们躺在草地上看蓝天、白云,看火红枫叶,闻桂花清香,赏菊花姿态……去感受一个有色彩的季节。这所有的一切都会给孩子留下一种独特的经历,孩子的心灵和精神世界才会因此而真正的丰富起来,他们也才能在接下来的阅读与写作中,调动自己的主观能动性,运用自己的已有经验,深入文本,与文本对话,真正的精神和情感的共鸣由此才会产生。

二、走入文本深处,让想象成为学生共鸣的源泉

在小学语文教材中,有许多文质兼美的文章,作者用极富灵性的语言,用饱含深情的笔墨,构筑了一个个精致、完整、丰富、生动的美妙世界。其间不乏优美的人性和风景,不乏崇高的志趣和意境,也不乏心灵的洞察和哲思,这些文章给人以语言文字、智慧情感、心灵德行等浑然一体的美感。阅读欣赏这样的文章,教师应努力引导学生走近文本,进入角色,移情体验,让学生在"身临其境"之中进行推测、想象,探索文中人物的情感变化的轨迹,在角色参与、角色转换中与文本灵犀相通,产生共鸣。

1. 抓教材"空白处"想象,丰富文本

这里所说的空白,是指在阅读教学实践中,把与课文内容有关,但课文又没有直接表达出来的部分进行合理的补充、解释和说明,从而不仅有利于加深学生对课文思想内容的感悟,也有利于加深学生对语言文字的感悟。

苏教版第四册《会走路的树》一课第3自然段中有这样一句话:"小鸟跟着他去了很多地方,看见了许多有趣的东西。"两个"许多"是小鸟与驯鹿纯真友谊的再现,是他们在一起其乐融融的情景组线条的勾画;两个"许多"也引起了我们无限的"遐想"。教学时,我是这样设计的:

师:小朋友,小鸟会跟着驯鹿去了哪些地方?看见哪些有趣的东西呢?

生1:小鸟会跟着驯鹿去了茂密的树林,看到树木是绿油油的。

生2:小鸟会跟着驯鹿去了一望无边的大海,在软绵绵的沙滩上散步,舒服极了。

生3:小鸟会跟着驯鹿去了开满鲜花的草地,看到了五彩缤纷的花儿。

……

师:小朋友,你们用想象把大家带入了一个奇妙的境界,让我们在诵读中再次走进这个美好的境界。

为了让孩子在阅读中感受小鸟与驯鹿和谐相处的生活场景,心灵获得一种向善精神的积淀,教学中,我紧紧抓住教材"空白处":许多地方、许多有趣的事情进行拓展,为孩子描绘了一个绚丽多彩的童话世界,在这样诗意化的情境中,孩子就更能深刻感受到小鸟与驯鹿的深情,使文本在孩子的脑海中丰厚起来。正应了这样一句话:"阅读,不只是语言的习得,更是精神生活的享受。"

2. 抓教材"矛盾处"想象,升华文本

苏教版第二册《放小鸟》教学片段:

师:可是小鸟为什么不吃不喝呢?现在你就是那只笼子里的小鸟,你能告诉我为什么不吃不喝吗?

生:我被关在笼子里,看不见妈妈,我想妈妈。

师:听!外面也有鸟叫声,是怎么回事?是谁在叫?它在说什么呢?

生:鸟妈妈焦急地说:"孩子,妈妈可找到你了,你怎么在这儿?"

师:你听到鸟儿的叫声了吗?你心里是怎么想的?

生:我觉得小鸟真可怜,离开了妈妈,心理一定很难过,我要让他们团圆。

生:我觉得小鸟的妈妈一定担心极了,如果我不见了,我妈妈一定会急死的。我想把小鸟放回去。

生:孩子是不能离开妈妈的,我也想把小鸟放回去。

师:既然喜欢小鸟,为什么还要把它放回去呢?难道你不喜欢小鸟了吗?

生:不!正是因为喜欢才要放它回家,不然他和妈妈都会伤心死的。

生:小鸟的家在蓝天,不是在笼子里,喜欢它就要给它自由,让它快乐。

……

本课教学,要让学生明白什么样的爱才是真正的爱这个道理,必须化解"看到喜欢的就想据为己有与文本中小男孩放鸟的举动"这样一对矛盾。教学中,我让学生置于矛盾的情境中,引导学生体会小鸟在笼中生活的可怜以及小鸟妈妈面对自己孩子被关在笼子里的焦急之情,学生通过他们自己的思考与体悟,进一步明白了小作者放掉小鸟正是爱小鸟的表现,更明白了什么样的爱才是真正的爱,体会到文本中所包含的真善美。

在教学过程中,我始终认为,阅读教学拓展训练的目的,应该是帮助学生进一步理解教学内容、积累语言、内化语言,注重学生语文素养的提升。而这些拓展平台的创设应建立在教师对文本深入钻研的基础上,不急于完成教学任务,以课文里的言语运用实例为基点,延伸扩散到现实生活之中,激发学生的联想与想象,给孩子一定的时间和空间,让自己在细心聆听、善于欣赏中看到孩子生命的成长。

三、倡导多元解读,让课堂彰显学生灵动的个性

每个学生有着不同的知识经验、思维方式、性格特点、情趣爱好,它们在思考同一个问题的时候自然也会有着不同的假设和推论。所以,在教学中,我们要创设个性化阅读的平台,支持文本的多元解读,要培养学生用自己的头脑去思考,去

判别,去表达。在我们的教学中,要引导孩子养成这样的思考习惯:"我不必揣摩老师的标准答案是什么,我不必因大多数人的想法而改变自己的想法,我要勇敢地说出自己的真实看法、想法。"

听过美国一所普通小学的一堂阅读课《灰姑娘》。课中没有多媒体,没有精彩的电影片段,只有平实的开场。课中教师提出了一系列问题,其中一个是这样的:

"如果你是辛黛瑞拉的后母,你会不会阻止她去参加舞会?一定要诚实地回答这个问题。"过了一会儿,有学生举手回答:"是的,如果我是那个后母,我也会阻止她参加舞会。"

"为什么?"

"因为我爱自己的女儿,当然希望自己的女儿能当上皇后。"

"是的,所以我们看到的后母好像都不是好人,他们只是对别人不够好,但是对自己的孩子很好,他们只是还不能够像爱自己的孩子一样爱其他的孩子。其实,爱本来就是一种自私极端的感情。"

这是另一种价值观,一种对爱的真实而另类的诠释,一种不矫情的演绎,没有对爱的批评,没有对爱的曲解,一切在平淡中升华。人文的阳光洒满每一个学生的心灵。

当然,在阅读教学中,在鼓励学生"多元"解读时,老师必须加以科学的引导,引导学生必须站在自己阅读的基础上,有理有据、合情合理地深入体会作者的写作意图。这样,我们才能真正使语文课堂成为彰显学生个性的天地,成为学生吸收有价值的精神食粮的摇篮,成为培养他们阅读兴趣和审美心理、提高他们认识水平的成长源泉。

语文教学的尴尬与突围——以低年级为例

目前,低年级的语文教学中存在的主要问题是:语文教学阶段目标的错位、内容理解的越位、识字写字的缺位、资料拓展的出位等现象。我想这些错误倾向认识得越到位,就越能纠正我们实际低段语文教学中的偏差,就能让我们找到一条正确的语文教学突围之路。

一、阶段目标的错位与归位

当前,小学语文教学的一个普遍问题是对于教学目标把握不准确,存在教学目标越位、缺位、不到位现象。这一点,我感觉在低年级的阅读教学课上尤为明显,听低年级的课,我们常感到"低段教学高段化",低年级向中年级靠。

如一位教师教学苏教版教材二年级上册《美丽的丹顶鹤》，执教老师对学段目标、重点不是很明确的，前十几分钟在进行字词教学，抓得很好，但在学生初读课文以后，老师仍提出了中、高学段才常提的"谁能告诉老师，这句话你读懂了丹顶鹤什么？这段话你读懂了丹顶鹤什么"等问题，有的段落还要求学生进行默读回答。从中可以看出教师对年段目标要求不清晰，目标错位。课堂上没有把识字学词放在首位，没有把精力用在指导学生读书上，用在语言的积累上。训练要求前置，默读训练应从二年级下学期开始，老师提前了一学期。

那么，低段教学我们到底应该做什么？课标中关于低段的识字与阅读有13条目标，而以下七条我认为尤为重要：1.喜欢学习汉字，有主动识字的愿望；2.认识常用汉字1600个左右，其中800个左右会写；3.掌握汉字的基本笔画和常用的偏旁部首，能按笔顺规则用硬笔写字，注意间架结构。初步感受汉字形体美；4.喜欢阅读，感受阅读的乐趣；5.学习用普通话正确、流利、有感情地朗读课文；6.借助读物中的图画阅读；7.结合上下文和生活实际了解课文中词句的意思，在阅读中积累词语。

教学中，我们要把握低年级阅读教学的四个重点：

1.诵读感受：确保人人都能用普通话正确、流利地（不错字、不添字、不掉字、不重复、不破句）朗读（诵读）课文；

2.识字写字：识字写字是低年级课课都要落实到位的教学重点；

3.理解应用：了解词句的意思，能读懂童话、寓言、故事，对感兴趣的人和事有自己的感受和想法，乐于与人交流；

4.熟读背诵：注意词语、句式、篇章的背诵，丰富原始积累；背诵优秀诗文50篇；课外阅读总量不少于5万字。

以上目标既是教学的导向，也是教师解读教材的导向。基于这样一种认识，对低年级课文的解读，要特别关注以下三条：

1.注意课文中生字、多音字和易受方言影响错读的字及轻声的读法；注意易错字和易混字写法；注意标点符号的用法，为确保正确流利地朗读课文，认识、把握本课的生字词的落实做好准备。

2.明确课文中要了解的词句。

这类词句大体有三类：一是新词或新句式；二是关乎课文中心意思的词句；三是拥有引申含义的词句。

比如《家》一课：

蓝天是白云的家,
树林是小鸟的家,
小河是鱼儿的家,
泥土是种子的家。
我们是祖国的花朵,
祖国就是我们的家。

就这一课来看,需要理解的词句一是新词"祖国";二是关乎课文中心意思的词"家";三是有引申含义的词"花朵";四是比较难以理解的句子"我们是祖国的花朵,祖国就是我们的家"。特别是对课文中有引申含义的词语和句子,不但要搞清楚它的字面意思,还要引导学生探究词句在特定的语言环境中的引申含义。比如《雨点》一课:

雨点落进池塘里,
在池塘里睡觉。
雨点落进小溪里,
在小溪里散步。
雨点落进江河里,
在江河里奔跑。
雨点落进海洋里,
在海洋里跳跃。

对其中的"睡觉"(水波不兴)、"散步"(水流潺潺)、"奔跑"(奔腾不息)、"跳跃"(巨浪翻滚)不但要引导学生弄清楚这些词语的字面意思,还要引导学生搞清楚它们在课文中所拥有的引申含义。

3. 明确课文表达的思想感情:一是要抓课文内容;二是要抓重点词句。

比如《秋游》一课,这一课写了秋天,同学们去郊外游玩,看到的景色,参与的活动以及自己的感受。所以,这一课一是要抓重点词句:首先是描写天空的词句。如"蓝蓝""一望无边""有时……有时……";再就是描写农田的句子,比如"稻子黄了,高粱红了,棉花白了。"三是描写同学们参与各种活动的句子,比如"有的……有的……有的……";还有就是表达情感的句子。比如"多开心哪!"

我们只有准确地把握年段目标,针对年段目标一一归位,才能环环相扣,螺旋上升,最终实现小学阶段的各项目标。因此,我们只有细心研读课程阶段目标才能深入领会其中的要义,只有领会了其中的要义,在教学实践中对教学目标的定位才能准确,才能有效地落实阶段目标。

二、内容分析的越位与退位

崔峦老师在阅读研讨会上说:"阶段性不清,各年段阅读教学都在分析内容上用力,教学目标越位与不到位的问题同时存在。""拿低年级来说,阅读教学花很多精力进行频繁地问答,去分析课文内容,这就是越位。"崔老师的话虽说过多年了,但在我们低年级课堂教学中,注重课文内容分析的越位现象比比皆是。

如一位老师教学苏教版教材二年级上册《狼和小羊》,设计了这样的几个教学环节:第一步,揭题,复习导入;第二步,精读感悟;第三步,明理深化;第四步,拓展阅读。单看这四个环节就是高年级"教课文"的阅读教学流程。其中,有这样的问题或引导语:1. 请小朋友轻声读课文第2自然段,边读边想狼想干什么? 2. 你瞧小羊说得多清楚,他共说了两句话,先用一个反问句很有力地把狼的话驳倒,然后讲自己的根据,理由十分充足。让我们感觉羊很讲道理,(板书:讲道理)我们再来把小羊说的两句话连起来读一读,从小羊的话中你感觉他怎么样?(很有礼貌)我们再来有礼貌地读一读,还感觉他怎么样?(很温和)我请女小朋友温和地读一读。(板书:温和)3. (指板书)面对不断找碴儿的狼,小羊一次又一次跟它讲道理,但狼还是往小羊身上扑去了! 学了这个故事,你们懂了什么?(因为狼的本性是凶恶的,所以跟他讲道理是没有用的。)

从上面的问题和引导语可以看出,注重的是课文内容的分析,最后给学生留下的是:狼很凶恶,羊很温和,跟像狼这样的坏蛋是没道理可讲的。我们知道低段目标应该是把识字学词放在首位;其次是朗读,以及对少量重点词语的理解;再次是语言的积累。像这样的低年级阅读教学是一种严重的越位现象,没有找准年段目标要求,是"乱耕别人的田,荒了自己的园";像这样的阅读教学应退出低段教学的历史舞台。

低年级,像这样的故事有很多,我在想,阅读这类故事的意义和价值在哪里?一个文本,孩子自己阅读和在教师指导下的阅读有何区别?每篇课文都蕴含着思想,蕴含着价值观念,语文教学在促进学生语文能力发展的同时,也需要擦亮学生的精神世界,在他们的心里从小种下"价值"的种子。也许,一个故事中隐含的价值观念会在不知不觉中影响一个人的一生! 语文学科的人文性正在于此吧!

三、教材解读的越位与归位

经常听到语文老师说:"现在语文难教啊!""我都不知道怎样教语文了!""语文到底怎么教呀?"……老师们有如此感慨,并不是空穴来风、无病呻吟,为什么呢?假如来个同课异构,也许教学设计大相径庭的,究其原因,就是大家对文本的解读不到位,有的深,有的浅,有的甚至是偏离了主题。解读教材,或者说阅读文本,我想应该有一个基本的来回——也就是一个完整的过程,那就是走进去,再走出来。所谓走进去,也就是要理解文本的原始本意,结合历史背景,走进文字背后,感悟价值;然后又要能够走出来,结合时代特点,联系现实生活,感悟文本的跨时代价值。走进去,出不来,这是死读书;走不进,在文本外转悠,那是瞎读书;走进去是理解,走出来是发展。解读教材,说得简单一点,就是深入和浅出的问题。

(一)转换角色,多维对话。在进行文本解读时,教师首先要从三个不同的角度去阅读文本。

1. 作为一名普通读者去读文本。走马观花、囫囵吞枣、风卷残云、蜻蜓点水,是读不好文本的。在进行文本解读时,我们要学习朱光潜先生在《谈美》一书中所倡导的思想——"慢慢走,欣赏啊!"暂时忘却教师的身份和教学的任务,以从容的心态,以一个普通读者的放松心态来"慢慢读,欣赏啊!"慢慢读、慢慢品、慢慢嚼、慢慢赏,读出味道,获得自然的阅读体验和真实的审美直觉。学会很随意、很闲适地在作者的文字海洋里徜徉、欣赏。这是一种非功利的阅读,是一种以感性为主的阅读。用悠然的心与作者对话,在一次又一次与作者的心灵碰撞后,产生来自心灵的独到见解。你全身心地投入到阅读之中,你的生命、你的灵魂与作者碰撞、对话,你在文本阅读中脱胎换骨,从文本中出来的时候,你将成为一个新的自我!

2. 作为教师去读文本。这时候的解读教材,要四读:读文字,读内容(写了什么),读思想(为什么写),读表达(怎么写)。带着教学的目标去潜心会文,去感受语言的魅力,去捕捉作者的写作意图,去把握文本的主要倾向。①深入领会文本思想,准确洞察作者写作的背景和寄托的主旨;②深入把握文本特征,即对文本的结构、语言、文脉了然于心;③深入理解文本内涵,即对重点、难点、疑点心中有数;④深入揣摩编者意图,充分设想文本应着力发挥哪一方面的"例子功能",以便使教学有的放矢。

3. 作为一名学生去读文本。①了解学生学习已有的基础;②找准学生阅读文本时的兴奋点;③分析学生学习的疑难点。④充分考虑儿童学习的困难,深入浅出地帮助学生在阅读文本中学会阅读,掌握阅读的方法。

(二)突出重点,扣词析句。文本解读要避免"浅读""泛读",须采取"大火煮沸小火慢熬"的办法,即在整体把握文本内容的基础上,抓住教学的重点,抓住一个个细节,抓住一个个关键性的词语,"千百次地读""千百次地问"。只有在重点处细细品味,细细琢磨,才能品出语言的味道,才可能避免蜻蜓点水,走马观花,语文教学才不会变成一个空洞的、说教的东西。

《台湾的蝴蝶谷》二年级上册:第二段讲蝴蝶们峰拥而至的景象。第三段讲山谷中的两种景象。第四段讲了游人进入蝴蝶谷的情景。如果仅仅解读到这儿,还不行,其实,在细细读下去,你会发现,这三段就是作者从不同的角度观看蝴蝶谷的景象,先是远看,然后是近看,最后才进入蝴蝶谷,弄清了这点,带领孩子们走进文本时你就知道该让他们去感悟什么了,比如,提醒学生:一群群蝴蝶是怎么来的呢?他们是从同一个地方,同一条线路来的吗?理解:越过,穿过,飞过,感受到蝴蝶从四面八方来的壮观景象。作者近看蝴蝶谷,发现了几种景象?美吗?第四段,进入山谷又是一副怎样的情景呢?这样一来,还让学生明白了文章的写作顺序,对于他们背诵也起到了很好的作用。

(三)视野开放,多元解读

语文课程标准》(实验稿)在"课程的基本理念"第二条中明确指出:"语文课程丰富的人文内涵对学生精神领域的影响是深广的,学生对语文材料的反应又往往是多元的。因此,应该重视语文的熏陶感染作用,注意教学内容的价值取向,同时也应尊重学生在学习中的独特感受。"这一理念的阐述,有三个关键点需引起我们重视:一是学生是阅读教学活动中的主体,要让学生潜心会文自主阅读,自行建构阅读的意义,在阅读实践中学会阅读。二是要尊重学生阅读中的独特感受和体验,教师不能将个人的主观感受、思想意志强加于学生。三是教师是阅读教学活动中的组织者、学生阅读的促进者,是"平等中的首席"。这就要求教师在文本解读上要有开放的视野,要积极提倡"多元解读",既不能强行灌输,搞"话语霸权",也不能放任自流,听之任之,要结合具体情况灵活机智地进行引导。但,老师们,多元解读并不代表我们可以把文本所要表达的主流价值观去颠覆,引导学生想怎么理解都行。对文本主旨的把握,我们必须要到位,这样,我们才不会瞎忙活。

如《青蛙看海》这则故事,教参上是说只要脚踏实地,一步一个脚印,坚持不懈地刻苦努力,就一定能达到理想的顶点。我们教学时应该让孩子明白什么道理:选择正确的方法,再坚持不懈才能获得成功。而《蚂蚁和蝈蝈》教参上:只有辛勤劳动,才能换来幸福的生活。我们应该让学生明白:只有早作准备,才能幸福生活。《蜗牛的奖杯》教参上:在荣誉面前骄傲自满,就会阻碍自己进步。学完该课让学生知道:正确对待成绩,取得了成绩还要继续努力。

其实,小学低段教材中主体内容(拼音除外)是两类课文——识字课文和阅读课文。教材编者将这两类课文交替编排,其宗旨就是为了增强字词教学的灵活性和趣味性,让小学生在规范的书面语言环境中认字、学词、学句,发展书面语言能力,从某种意义上说,低段的课文阅读,只是为识字提供了更为广阔的语言环境,以便学生随着语境的变化进行立体识字。阅读教学的主要任务就是识字写字,学词学句,发展书面语言,培养阅读兴趣。所以,教师在小学低段教学中,一定要遵循孩子语言发展的规律,准确把握教材编写的真正意图,不管是教授哪类课文,都必须紧紧扣住识字写字和学习规范的书面语言,培养语感,大量积累语言材料这个重点不放松;要把注意力放在指导学生正确认读,读得连贯,形成顺畅的语流上;要注意培养学生认真的阅读态度和优良的注意品质。这是小学阶段,尤其是低段语文教学的根本所在,绝不能马虎,绝不能忽视或偏离。

四、识字写字的缺位与补位

在教学中,识字、写字没有摆在突出位置,缺少时间保证、指导保证、练习保证,已成为大家的共识。尤其是公开课识字、写字成了"聋子的耳朵——摆设",临近下课时,匆匆学一两个字走一下过场,目的是免得人家说不重视识字写字。有的课就是有了识字写字教学环节,但也显得机械呆板。比如说教"主"这个字,让学生记笔顺说一笔点、二笔横、三笔横、四笔竖、五笔横;再如教"蜜"字:蜜蜜蜜,上中下结构,上边是个宝盖头,中间是个必,下边是个虫,合起来就是蜜,蜜蜂的蜜。试想每个字都这样教,一节课下来,学生口干舌燥,学生还能对我们的汉字感兴趣吗?这不能不令我们要反思识字写字教学了。一些教师为了应付考试,根本不按教材编写意图去教,而是违反儿童认读识字规律,脱离孩子生活实际,死记硬背,导致教学效果越来越差,学生的个性得不到充分的施展,学习语文的内在潜力得不到发挥。汉字是中华文化的重要组成部分,每个汉字都有自己的源头,展现的或是一段历史,或是个故事,或是一幅画,或是一个梦想等等。然而,在实际的识字写字教学中淡化了汉字的文化含量,有严重的缺位现象。作为肩负传承祖国文化重任的教师,应该赋予识字写字教学厚重的文化含量,要让学生在一个个故事、一幅幅画面、一个个谜语等中形成对汉字学习的期待。

例如,教苏教版第一册《识字2》这一课,一位教师像讲故事似的,边讲边演示,把字形与字义的感知结合在一起。教学"日",先画一轮红日,然后讲解:我们的祖先就是根据太阳的模样,创造了表示太阳的这个字,起初写作"☉",后来慢慢变成今天的"日"字。然后再教学"日"的笔画笔顺。这样追根溯源进行识字教学,抽象的文字符号变得形象了,字形可以理解了,字义也可以捉摸了,同时,儿童对汉字创造的情结和表意的特点,也有了初步的认识。

再如教"坐"字,引导学生联想到电视剧《三国演义》中表现古人席地而坐的风俗,他们很快懂得"坐"表示两人坐在土堆上谈心。这样既理解了字义又记住了字形,提高记忆效果。激发学生联想,使抽象汉字变得具体而生动,传递了汉字的情愫,有效减轻了学生记忆负担。

还例如教"看"字时,我把左手搭在眼睛让学生猜动作,课堂立刻活跃起来,他们纷纷讲出这是孙悟空手搭在眼前看妖怪。紧接着让学生分析这个字上部表示手,下部表示眼睛,然后让全班学生做一做用手遮挡眼睛看远处的动作。这样,通过实践和练写,一个笔画较多的字,学生在轻松活泼的气氛中学会了,当堂听写无错写现象。

汉字是我们祖先在劳动、生活中创造的,是中华民族灿烂文化的结晶。事实证明,教师如能把汉字文化知识自觉地引入识字教学,把以象形符号为基本特征的表意汉字的源流知识有意识地引入课堂,学生不仅会受到直观视觉的熏陶,而且能激发识字的兴趣,从而加深对汉字的理解和记忆,激发起学生对中华母语的热爱之情。

另外,要提高学生写字的质量,首先教师必须始终把识字写字作为低段语文教学的重点,必须保证课堂识字教学充分的时间。写字是一种技能,必须花时间练习。学生没有自己比较充分的写字实践的时间,提高识字写字的质量就是空谈。落实课标每节课写字时间要保证10分钟。其次要努力激发学生自主写字的兴趣。低段小学生写字需要模仿。要让学生在分析、描绘字形的过程中,感悟汉字的形体美,诱发学生对字形美的需求,激发学生写好字的欲望。再次要十分重视培养正确的写字姿势。一年级时,教师可先用多媒体出示一组静态的、错误的写字姿势,如,斜肩、驼背、脊柱弯曲的画面;接着出示一组动态的画面,如戴眼镜的近视患者打球时的不便,球落下时的危险等。再出示正确姿势并详尽讲解,让学生对照画面中的正确姿势反复练习。教师要加强巡视,逐个检查。从某种意义上说,良好习惯的培养才是教育的真正成功,好习惯将受益终身。

五、资料拓展的出位与定位

随着新课程理念的深入学习,语文课更关注学生的视野,一般的教学中都有文本拓展这样一个环节。但在具体的实践中,我们也发现,由于各种原因,目前的文本拓展在开展过程中还存在一些问题,有时会让人感到这种活跃背后隐含着贫乏和肤浅,缺乏内涵与深度,远离了年段目标,脱离了文本内容,导致语文课的浮躁和低效。

如一位老师教学苏教版教材二年级下册古诗两首《春雨》和《春晓》,课文才象征性地读了两遍,学生还未进入诗人创设的意境,还未领悟文本的大意,还没有让学生把这两首诗背起来,老师就忙着拓展课前搜集的诗文。古代的,现代的,诗歌,散文,一首接一首,一篇接一篇,一堂课就这样在资料的目不暇接中过去了。这种过于"浮肿"、不切实际、不讲实效的语文课除了让学生养成蜻蜓点水、不求甚解的不良学习习惯,对于学生感悟、鉴赏语言,增加文化积淀有何益处?

再如一位老师教学苏教版教材二年级上册《美丽的丹顶鹤》时,师生一起欣赏了丹顶鹤的颜色美、形体美、姿态美,在品读中学生把描写丹顶鹤的语言也内化成自己的语言,丹顶鹤的高雅、美丽深深地印在了学生的心里,学生沉浸在对丹顶鹤的喜爱之中。然而,在将要结课时,老师拓展讲了一个故事,课件出示图画,配乐,声情并茂讲起《女孩与丹顶鹤的故事》,故事讲完了又重新放了一遍为纪念故事中的主人公徐秀娟的歌曲《一个真实的故事》,一曲听完学生眼里已盈满了泪水。课后我问上课的老师,为什么要拓展讲《女孩与丹顶鹤的故事》,她说为了渗透学生保护动物的意识。显然,老师想升华本课主题,教育学生保护鸟类,但这不是本课文本教学的主旨。这样的拓展没有把握好课堂的情感基调,本来学生心情是喜悦的,被丹顶鹤这种美所感染。而老师的故事讲完,学生的情感急转而下,由喜转悲。这种拓展是不顾文本内涵,不顾学生情感的出位拓展,教学中要不得。

第三节　习作教学,我要这样爱你

习作,向生命更深处漫溯

古往今来,写作一直是人类精神生活的一部分,正如结构主义文论家罗伯特·肖尔斯所说:"我写,故我在。"写作跟生命的存在、发展、实现是水乳交融、息息相关的。而习作——作为写作童年状态的"习作",如果只关注语言的习得与操练、高分的获取和保证,充其量只是机械的文字游戏。只有站在生命的高度,习作的过程才是活着的,习作才是有根的。

一、习作,让生命刻画自己的轨迹

"小学三年级时,我开始习作,然后是中学、大学——尽管每学期的课本、笔记都送给了邻家的妹妹或者换成了妈妈打热水的零票,但每学期的习作都会小心珍藏。闲暇时,我常会翻阅它们,就像延着生命的轨迹再走一次。去年邂逅初中时的恩师,她告诉我依然保存着我初三时练笔的小册。当时心头一阵温暖,因为我发现自己的脚印还不经意间留在他人的心田里!"

每接一个新班,笔者都会把这些说给学生听,请他们也能够在行走的过程中留下这些温暖的、新鲜的故事,那些细碎的、微妙的情思。由此,笔者取消了"练笔本""大作本"的说法,每本习作都有属于它们自己的名字,甚至允许他们同时准备多本本子,每本都是不同类的文集。画上封面,写上前言。

有个孩子在他的文集——《启程》的前言中这样写:"还未曾动笔,就开始期待若干年后翻开它来的样子……每一次抬笔都意味着一个结局,也都意味着新的继续……"

习作有了生命的意义,就像心灵有了归属。因为执着于刻画轨迹,每次的习作,都像是一次浪漫的远足,让我们都充满希冀。"今天我在校园里发现了找到了第一朵桃花——我要写下来,珍藏它的香气!""哈哈,看你刚才狼狈的样子!20年后我会把它告诉你的儿子!"……生命在左,习作在右,习作是一架测绘仪,制出我们生命的轨迹。

有一个女孩子,准备了四种颜色的活页纸,根据她故事的心情选择:粉色代表温暖,绿色代表快乐,蓝色代表忧伤、紫色代表痛苦。

后来,她把这些装订成一本,取名为"多色生活"。

二、习作,让生命拥有怒放的力量

《多色生活》的作者是一个安徽女孩,跟着父母来到锡城。父母很辛苦地赚钱养家,因此无论在生活还是学习上,尤其是她的父亲,对她都比较"苛刻"——跟一般的父母来讲,的确可以用这个词语,但是我们能够知道,这一切的出发点都是:希望能用这种特别的方式帮助她快快成长。可是女孩儿不懂,她总觉得阳光找不到自己。因此,她终日皱着眉头,很多时候交上来的,都是蓝色和紫色。

有一天,她和一帮孩子放学被留下来出黑板报。不知不觉间,时间走到了四点四十五——比她平时到家的时间晚了5分钟。这时,笔者的手机响了,是她严厉的父亲……

第二天,她交来一张粉色的纸——真的很难得看到——写的是父亲藏起的爱。于是,笔者把她的这片粉色的心情塑封起来,放在她书包里,每次写文章之前,请她把这个故事拿出来读一读。

就像春天突然降临了似的:暖色越来越多了!

"习作陪伴着我微笑着走进青春,她将永远是我的良师和益友。"毕业留言的时候,她这样写道。

是的,习作,是生命即将拔节时候的春雨、怒放时候的阳光。习作,是一种力量,因为做人和作文从来都是分不开的。成功时,习作帮你储存快乐、提取经验;失败时,习作和你分担痛楚、总结教训;困惑时,习作陪你遣散烦闷、理清思绪;顿悟时,习作为你见证成长、放大灵感。生命在左、习作在右,它还是一张地图、一个指南针,引领你走向梦想的地方。

篮球赛得奖了,让我们写写吧——把提到运动员的语言作为礼物送给这些当事人,欣喜和满足是不言而喻的——于是,习作代替了表扬喝彩,却更震撼人心;

教室门被挤坏了,让我们写写吧——第二天把选录的一些片段贴在"聊聊家务事"的公告栏里——于是,习作代替了批评指责,却更发人深省;

班级里流行起了收集"神奇宝贝",让我们写写吧——写着写着就发现这些东西实在是空洞无物、枯燥乏味,这一阵收集之风再也没有声息——于是,习作代替了三令五申,却更快意人生;

孩子们长了个子,也长了棱角,言语冲撞、烽火不断。好,我们写写吧,轮着写,写我们迄今为止听过的最温暖的话。每天读读这些话,心里飘满宁静和幸福的芳香——于是,习作代替了苦口婆心,却更直达灵魂。

……

习作,静静地聆听生命怒放的声音。

三、习作,让生命建立独特的存在

除却这些,写作更是每一条柔软生命的需要,我们的价值取向、认知方式、思维习惯、表达方法,我们内心的隐忍与爆发、铭记和遗忘,都是通过写作来得到调节和明晰。习作,能够帮助我们创生和建构自己的精神秩序。对于成长中的孩子,习作的意义更是不同凡响,它是情感从模糊走向清晰、空洞走向充实,思想从肤浅走向深刻、杂乱走向有序的独创的过程。每一次动用心力让文章的胚胎发育成型,都是在我们裸露的心头栽树的过程,它避免了太阳的直射、暴雨的冲刷、荒凉的煎熬,让心灵成为一个鸟语花香、生机盎然的所在;让心灵的天空、绿地的界限格外的分明与无限扩张。生命于是更加流畅而且充实。

就比如说我们班级的"飘窗作文"。在这样一个空间越来越狭小、身心越来越拘束的时代,它让我们看到了作文世界的无尽话题,更让我们看到了生命世界里的长空万里。

让孩子们来去飘窗驻足,看碧草青青、听鸣虫嘤嘤,曳地的窗帘、彩色的地毯、零落摆放的瓶瓶罐罐,再加上主人的情思与匠心,花草相伴、鱼虫长随,小小的飘窗俨然一个浓缩了的大千世界。请孩子们把目光投到飘窗之外,身心便可以不囿于这狭小的空间,与大千世界息息相通。常常站到窗前去吧,孩子们,在百鸟刚刚醒转的清晨,在暮色笼罩的黄昏,在起风的时候,在花开的时节……窗里窗外,永远是个写不完的新鲜话题。于是,我们的笔下情思五彩斑斓、灵感汩汩流淌;我们的心里,也因而有了更为细腻的情怀、独特的视角、敏锐的洞察……而更加丰盈、饱满、灵动。既然现代性在不断压缩着人的自由空间,我们就更有责任赋予孩子拓展心性自由的能力。而这,有比习作更好的方式吗?

生命在左,习作在右——哦,不,习作,原本就是一种生命的方式,它是生命的连体,悲欢与共、生死不离。

昨日在左、明朝在右,走在今天的路上;笔在左、纸在右,走在生命的路上——走吧,走吧,一路播种,一路开花,一直诗意地抵达我们柔软心灵的深处吧。

习作,从关注我们的生活开始

常能听到学生的抱怨:"我们的头顶是四角的天空,我们的脚下是三点一线……"

常能听到同行的感叹:"一方小小的教室,能翻出多少常新的花样?作文,实在无文可作……"

幸好,我们的心头没有笼上这样的阴云,每次铺开纸笔,都如同铺开满天三月的阳光。

作文即做人,做人也同样影响着作文。一个乐观的、敏感的、感恩的人,他的笔下一定能够流淌出积极的、细腻的、至爱的文,而引领孩子写文做人的语文老师,更首先得是一个热爱生活、视野开阔、感情丰富、富有创造力的人。这样的师与生,他们的内心饱胀着生命的热情与创造的欲望,他们的笔尖一定永远绽放着像春花一样润泽丰盈的情思,他们的心灵永远鲜活,眼睛永远明亮,文字也永远灵动。

一、影视放出文百篇

在这样一个喧嚣的媒体时代,电影电视已经不可回避。在感慨它们对我们的侵袭和干扰的同时,我们也惊喜地发现,影视也为习作推开了一扇崭新的窗。

1. 小银幕,大追求。优秀的影视作品往往都是人类文明成果的精华,歌颂大爱至情、表现人性本善。把世界上最好的影片献给孩子,无疑是对孩子进行了一次精神洗礼。好的影视作品是孩子知识结构、价值观念、行为方式、人格修养、审美情趣的加油站。当这些冲入我们胸口的时候,我们的笔也将拥有释放的激情,习作也一定吞吐着生命的温度。

2. 小银幕,大世界。一块小小的银幕,展现出来的可以是上下五千年的活色生香、纵横全宇宙的荡气回肠。有了它,我们不再为时间、精力所制约,我们将通过这方银幕,穿越时空,幻化万物,以任何我们期待的姿态进入任何我们渴望涉及的领域。生活,无限扩张;想象,不断穷尽。记叙影视片断、改写影视作品、续写影视故事、撰写影评、创作剧本……只要你能想到。

3. 小银幕,大艺术。电影是集绘画、戏剧、音乐等多种表现形式为一体的综合艺术,它艺术化地表现生活的手法与文字表现形式有许多相同之处,又有其值得借鉴的独特性。因此,我们不妨在欣赏的同时将影视的表现手法迁移到习作中去,让习作也充满艺术的灵气。

▲小案例

电影《马达加斯加2》

习作设计:

《我给大明星拍张照》——关注几位主人公的造型,学习抓住动物的外形、性格特征并充分夸大从而塑造卡通化的鲜活的人物形象的方法。

《精彩大回放》——影片中祖巴追汽车救儿子、梅尔曼向歌利亚表达爱意、阿历克斯千钧一发之下劲歌热舞脱险……这些片段都非常的精彩,无论是镜头的剪辑、场面描写、特写的使用还是其他表现手法都非常值得借鉴。请孩子选择自己最喜欢的一个片段,反复欣赏,用记叙文的方式描述下来,学习电影化叙述的方法。

《我来讲故事》——将电影全剧改写成故事,力求抓住主线,突显精彩,并讲给低年级结对班级的手拉手小伙伴听。

《电影观后感》——引导孩子们关注电影中传递的亲情、友情,感受爱的力量、自信的力量,直达影片主题,获得人生启示。

《我的马达加斯加》——依然用阿历克斯、马蒂、歌利亚、梅尔曼为主人公,人物性格特点不改变,放飞想象力,写自己的马达加斯加故事。

……

一部好的影视作品,能使我们的文字和情思成为一个魔方,随着灵感的来临自由组合,幻化为无数种精彩的呈现,更能使我们的情智得到滋补,生命得到充实。

二、飘窗飘来梦万里

城市在不断膨胀,属于我们的空间却在日益缩减。当我们越来越多地被禁锢于我们小小的公寓、小小的教室的时候,我们如何擦亮心中的明镜,寻找自己的快意、开拓属于自己的乐土呢?

寻觅并思索着,我们看到了眼前的飘窗。

许多公寓都渐渐流行起了飘窗,这种敞亮、时尚、经济的建筑样式因为它最大程度地利用了空间而受到人们的青睐。跟孩子们商量,与家长们联系,我们终于在各自的一道飘窗(有阳台的更好)找到了我们心灵的家园。

1. 草青青、虫嘤嘤,飘窗里的迷你天堂。飘窗采光好,光照足,是种植植物、饲养小动物的最佳场所,曳地的窗帘、彩色的地毯、零落摆放的瓶瓶罐罐,再加上主人的情思与匠心——春日里养几条蝌蚪、喂一只春蚕,夏日里圈一只蝈蝈、抓几只龙虾,秋日里栽一盆菊花、晒一把桂子,冬日里看那棵蜡梅、赏那盆水仙,加之文竹吊兰金鱼乌龟始终不离不弃的陪伴,小小的飘窗俨然一个浓缩了的大千世界。一盆大蒜也有一个美丽的故事:从埋下蒜头到嫩芽爆青,再到最后亭亭长成葱翠的一道风景,这里面倾注了孩子多少关注的目光,也必能流淌出篇篇美文;待到剪下这些蒜叶,与金色的鸡蛋一起炒了,那更是一种前所未有的品尝:耕耘的快乐,生活的情调。观察、实践、体悟、表达,孩子们的习作世界怎能不斑斓多姿?

2. 你在桥上看风景,看风景的人在窗口看你。我们感谢有窗,不仅是因为它带来了阳光与空气,更因为它延伸了我们的视线,让我们的身心可以不囿于这狭小的居室,与大千世界息息相通。常常站到窗前,在百鸟刚刚醒转的清晨,看辛勤的清洁女工已经挥舞起了扫把,看辛苦的上班族邻居正啃着干粮匆匆离家,看鹤发的老人相约着开始新的晨练;在暮色笼罩的黄昏,闻到邻居家的阿婆为小孙子精心熬煮的肉香,听到对楼的一对父母为了孩子兴起的争吵,收到一片落叶带来的秋的讯息;起风了,看楼下的小树苗正在风中艰难地挺直起身子,学习着成长;下雨了,看雨点儿打在玻璃上绘成的一幅又一幅别致的画儿……窗外,永远是个写不完的新鲜话题,因为我们的眼睛里有窗,更因为我们的心,早已飘到窗外。

▲小案例

《心窗》

母亲节前夕,请孩子们站在家中的飘窗前,观察路过的每一对母子,看看这些素不相识的母亲们。其实,世界上的母亲都是一样的:他们和孩子在一起,眼睛里始终只有自己的孩子。她们会牵着孩子的手叮嘱着小心车辆,尽管他们自己站在靠车辆的那一边;她们会帮孩子背起书包,尽管她们的手里已经提满了大包小包;她们会给孩子一次又一次擦掉头上的汗水,尽管她们早已头涔涔、汗津津……

请孩子们在放学回家的时候,走到楼下,抬头看一眼那扇窗。窗口,是否亮着一盏温暖的灯,是否飘出了饭菜的香气,是否有母亲慈祥的笑脸和注视的眼睛?

那扇窗,孩子们看了良久,笔尖也在纸上飞舞了很久。

三、彩笔绘成诗千行

教了一批又一批学生,美术课总是孩子们最欢迎的科目之一。想来也是,美术课几乎是唯一一个没有对与错之分、绝对自由的科目,点线面、黑白与色彩、写实或抽象……没有标准答案,就怕你不敢出奇翻新。

如果有一天,美术邂逅了习作,结果会是怎样?

——充满快乐和想象。

学习了冷暖色调,让孩子们用彩笔来写文章,选择可以表现你情绪的彩笔,甚至是彩纸,挥洒、倾泻。

学习了想象画——仿生学的妙用,让孩子们给自己的作品写上文字说明"我给人类做老师"。

学习了手工——有趣的纸面具,让孩子们根据面具创编剧本,戴着面具演一演童话剧。

要学泥塑了,先请合作小组构思好主题和情节,然后再捏制。一组组泥塑作品,一个个妙趣横生的故事,一个个享受成功和快乐的创作家!

……

▲小案例

美术课内容:蔬菜娃娃——采用萝卜、茄子等蔬菜为原料,利用雕刻、拼接等手法制作人像。

系列作文:蔬菜娃娃总动员

第一课时:《蔬菜娃娃诞生记》。写下你制作蔬菜娃娃的全过程,将步骤交代清楚;同时关注周围同学的进度,注意描写制作过程中的感受。

第二课时:《蔬菜娃娃选美记》。给蔬菜娃娃取个名字,设计一份参选演讲词,评选出冠亚季军。理清比赛的各环节,注意选择印象最深的选手仔细描写,同时关注比赛场面。

第三课时:《蔬菜娃娃历险记》。根据自己蔬菜娃娃的外貌、性格特点,发挥想象,写一篇童话。

于是,美术课被赋予了灵魂,习作课拥有了无穷的乐趣。

"生活就如泉涌,文章犹如溪水,泉涌丰而不枯竭,溪水自然活泼地流不歇。"除却丰厚的理论储备、深刻的文学素养、炽热的教育激情,多一些生活的情趣、多一些灵动的创意、多一些细心的体察——无论是老师还是学生——四角的天空也会有阴晴雨雪,小小的教室也能变万千玄机。

想象类习作课程开发的路径

在习作教学方面,《语文课程标准》一个显著的特点是对想象力的强调,如第一学段"要求写想象的事物",第二学段"要求能不拘形式地写下见闻、感受和想象",第三学段"要求能写简单的记实作文和想象作文"。我们非常欢迎这样的改变,因为儿童是用想象来认识和理解这个世界的。儿童与想象,是一对双生子。想象是儿童最大的天赋和权利。因此,我们可以顺理成章地认为,想象类习作必定已经迎来一个春天。

真是这样吗?

翻开学生作业本,我们会发现,现实并不乐观。大部分想象类习作内容雷同,情节相似:男生版通常是打怪兽、星级战斗,女生版则是公主故事的各种套用;语言生硬,文字粗糙,只有泛泛而谈的流水式叙述,没有让人印象深刻的情节和语言;人物角色单一,缺乏个性,二元对立,非黑即白;立意低下,主题老旧,"骄兵必败""保护环境"等主题轮番上场,或者就是纯粹的争霸、打杀,缺乏情感的流露与审美的情趣。

一、审视:想象类习作为何遭遇尴尬

1. 指导,热闹却低效

这是五年级一堂想象类习作公开课《图形的联想》中的片断:老师请学生将三角形和圆形自由组合,并添上几笔,说说这是什么。数分钟后,有的学生将它们组合成帽子和脸庞,说这是一名女巫;有的组合成山尖和太阳,说是日出或者夕阳;有的说这是小鸡的脑袋,它有尖尖的嘴巴;有的把圆圈画在三角形中间,解释说这是城堡中的迷宫……学生在老师的启发下,变化出了很多造型,思维好像被充分激活。可是,当老师布置完任务:根据自己绘制的图形继续展开想象,编写一个故事,大部分学生表现出茫然的神色,他们皱起眉头,咬着笔杆,重新开始苦苦构思,随后呈现的习作也依然是这堂课之前的原有水平。显然,刚才的头脑风暴,并没有真正作用于学生的写。作前的指导,并没有踩准学生的穴位。

这样的课堂屡见不鲜。教师在课堂中主要关注的方向是如何打开思路,好像对于"想象类习作"来说,只要让学生大胆想象了,便是有效指导了。而实际上,学生并没有收获任何"表达"方面的技巧,习作中可供迁移的方法、可以为下一次想象类习作做铺垫的窍门,更是遍寻不着。

2. 训练,量少且无序

教材中想象类习作所占的比例不高。平时的练笔,又大多以记事、写人、状物类的记实性文章为主。即便偶尔安排有想象类习作,也很少关注到前后的衔接与承启,每次习作,单独成木,构不成言语发展的森林。

情理中的膏腴与现实中的贫瘠之间的部分,便是我们可以思考和行动的广阔空间。

二、思考:行动前必须厘清的观念

行动之前,我们必须对以下问题有清醒的认识:

1. 习作指导,应不偏不倚

想象类习作教什么?这是我们首先要明确的。教会学生想象,培养他们丰富的想象力——是我们的教学目标,但绝不是全部。想象类习作的成功首先要借助于想象力的培养,然而,培养想象力是其他各门学科的共同任务。换言之,对于语文学科来说,想象力的培养属于一般任务,并不是"独当之任"。写作教学随时随地都要把"教表达"作为自己的核心任务。而对于后者的偏废,是许多热闹的想象习作课堂最终无法作用于学生的"写"的根本原因。想象类习作,必须有"一双"完整的翅膀,教想象、教表达,缺一不可。

2. 习作安排,当有序有据

跟所有的能力一样,学生想象能力的训练,应有一个较为科学、合理的整体设计,有先后,有序列。虽然在实际应用中,各种能力之间总是不可避免地相互交叉作用,但是各年级的训练依然应有所侧重,各个击破,螺旋上升。根据学生身心发展的特点,立足于《语文课程标准》的要求,以写实类习作训练体系为参照,我们可以大致做这样的整体设想:三年级,培养学生想象的自信与热情,鼓励他们进行不拘一格地表达;四年级,引导学生细化自己的想象,能比较具体地描述某个想象中的场景;五年级,教会学生构思完整的故事,并在情节的安排上下功夫;六年级,有创意地想象和表达并进行立意上的考量是本阶段的训练重心。

3. 习作支持,求同心同力

想象类习作呼唤各种强有力的保障和支持。

它呼唤阅读,呼唤活动。想象,是在头脑中对已有表象进行加工改造、重新组合成新形象的心理过程。没有丰富的表象的积累,想象就变成了无源之水,无本之木。所以,必须要将学生扔进丰富的生活体验中去。活动和阅读,是达成这一目的的两座桥梁。

它呼唤与各学科之间的奇妙融合。在各学科、各教学过程中,都请把儿童当作儿童,让他们可以舒展自己的童心,放飞自己的想象。比如台湾的李玉贵老师,就经常布置这样的作业:讲故事给小猫小狗听,唱歌给小猫小狗听,请它们在本子上印上一个爪印,表示它听过了。

…………

厘清了这些概念,让我们行动吧,以"童心"作密钥,按照一定的序列慢慢进行,把所有的课程都做得有情、有趣。

三、行动:想象类习作,把童心带回家

1. 三年级:突破思维定式,拒做"标签党"

"请为我代言"——优化想象类习作人物的选择。由于受低幼童话故事的影响,学生在故事人物的选择上很容易拘泥于小白兔、小乌龟等常规形象。从习作起始阶段的三年级,我们就要帮助学生挣脱这种惯性的束缚。日本动画片《哆基朴的天空》有一位让人意想不到的主人公:一堆看似毫无用处的狗大便。然而,它最终却经历了各种考验,找到了自己的价值。经典儿童歌曲《雨花石》之所以如此动人,就因为它唱出了一颗普通小石子的心声:"我愿铺一条五彩的路,让人们迎接黎明迎接欢乐。"请学生选择生活中的种种事物——窗前的一棵小树、路边的一株小草、天上的一朵白云、角落里的一只纸篓、抽屉里的一个布偶、垃圾桶旁的一双球鞋……站在它的角度,为它代言,撰写自我介绍;也许很快,它就能成为某个童话故事中真正的"主角"。

"我是多面人"——创新想象类习作人物形象。狐狸=狡猾,老虎=贪婪,小兔=机灵,小羊=温顺……这些惯性思维,限定了想象力的发展。《小狐狸阿权》《蓝手指》之所以让人过目不忘,就是因为它们冲破窠臼,刻画了不一样的狐狸形象。可以和学生一起选取一种动物(比如蜗牛),赋予它们各种不同的特点(慢性子、能坚持、好心肠、懒家伙……),在此基础上构思五花八门的故事,体现想象的丰富性。

幻想的王国没有边界。请学生给家里所有的玩具取上名字,给教室里养殖的植物、动物取上名字,给上学途中经常看到的树、狗、电线杆取上名字。它们和我们,便组成了一个奇妙的小世界。把现实世界纳入想象王国的版图,这是儿童想象类习作的"根据地"。在"想象王国"中选择一个或者一组事物,大胆想象他们之间的故事。电线杆会跟树聊点什么?路边的垃圾桶会有什么奇遇?生物角的小乌龟最想给谁写信……不拘形式地写下来,可以写故事,写诗歌,写信,写一切想得到的形式,让想象成为一种自然的习惯,一种美好的享受。

2. 四年级:学习具体想象,拒写"流水账"

四年级习作训练的重点是段落,在三年级的基础上,他们已经逐渐能够把一个片段、一个场景用文字比较具体生动地还原出来,已经初步掌握了用动作、语言等手法刻画人物的方法。然而,对于想象习作,由于没有亲历现场,由于一切仅存在想象之中,写具体就变得很困难,习作表现为流水账,大量概括性、记叙性描述,缺少感人的细节。因此,四年级要将训练学生具体描述想象内容的能力作为重点。

推荐一款简单易操作的"想象智力操"。

此操可以根据需要分为眼操、耳操、心操等若干节。每节五到十分钟。

例如,教师描述:"大树下站着一只饿坏了的小狐狸。请你睁大想象的眼睛,仔细'看'这只狐狸,描述它的样子,越细致越好。把看到的写下来。""眼力好"的孩子可以看到它黑黑的鼻尖因为饥饿而微微抽搐,可以看到它双手抱着自己的身子瑟瑟发抖,蜷成一团……

第二天,老师又可以接着描述:"此时,小狐狸发现,前面的草丛里,好像有一只苹果。它会怎么做?继续用力'看',写下它的动作。"于是就有了各种细致地描述:它如何两眼发光,不敢相信自己的揉了揉眼睛;如何连蹦带跳地跑过去,如何弯下腰捡起那个苹果,宝贝似的捧在手心里;如何擦也来不及擦,张大嘴巴嘎嘣嘎嘣地嚼;如何大口大口地咽下肚,甚至吃噎到了,只好拼命伸自己的脖子……

第三天,改做"耳操":"这时,一只小刺猬走过来,问:'您好,我是丁丁,请问,您在附近看到一个苹果了吗?那是我刚刚不小心丢掉的苹果。'竖起耳朵,仔细听,狐狸会怎么说?写下来。"……

这样的游戏,非常容易操作。学生喜欢,因为这是他们一起参与编织的故事;同时,量小,无压力;延时,便充满了期待。如何具体细致地进行想象和描写的能力,却在不知不觉中得到增长。

3. 五年级:感受情节的力量,拒当"直肠子"

五年级,应该把重点开始从段落迁移到篇章上来,在继续学习具体描写的基础上,学习谋篇布局。在想象类习作中,则主要体现为安排情节的能力。

首先,可以让学生积累一些经典童话的模式。经典的童话,往往有清晰明确的模式。如"对比突出"式:用同样处境下另外一个或者两个形象来突出主人公的美好,比如课本中的《三袋麦子》与经典童话《三只小猪》;"正义 VS 邪恶"式,最经典的就是《白雪公主》;"分分合合"式,代表性的就是《老虎与猫》;"历险记"模式,外出探险——遇到危险——平安度过(可以重复 N 次)……指导学生在阅读时发现、积累这些模式,就等于积累了大量的模板,写作时可以化用、可以组合、可以创新。

其次,在阅读教学中,也不妨教给学生一些关于情节的具体知识,比如情节的六要素,比如叙述的顺序——顺叙、倒叙、插叙,比如欲扬先抑的方法……拥有了这些写作知识,学生在安排行文结构的时候就会懂得谋篇布局,懂得把故事说得更吸引读者的兴趣。这是无论在课内阅读教学还是课外拓展阅读的时候都要提醒学生注意的。

4. 六年级:重视情感表达,拒现"主题荒"

想象类习作的创作,不仅仅是为了展现由学生丰富想象力而构建的异彩纷呈的"虚构世界",炫耀他们想象的丰富与神奇;也是为了表现精神世界的奇观,和纪实类的习作一样,是借由想象帮助他们在习作中发现自己。片面地追求想象的离奇,是误读了想象,也必然导致想象的无聊。这可以回答为什么许多想象类习作情节复杂、故事曲折、场面宏阔,却最终无法征服读者的原因了:一篇描述星际争霸的长篇习作,哪怕叙述具体、生动,也终将让人心生倦意,那是因为"无聊的奇特是一种深刻的乏味"。因此,在高年级,尤其是在六年级,应该要引领学生去探寻"我为什么要想象""我为什么要写作"的精神动机,去发现"我的想象是为了表现什么""我的写作是为了获得什么"的写作追求,和他们一起,经由想象,经由我们的笔端,最终发现我们自己。

习作,不能忽视思维品质的培养

语言是交际的工具,同时,它更是思维的工具。德国科学家洪堡德说:"语言是构成思想的工具。"瑞士语言学家索绪尔说:"语言是表达思想的符号系统。"语言和思维,从来都是密不可分的。

写作,作为一种以思维的智力活动为中心的特殊的信息传递过程,是作者将自己对世界的认识、体验通过书面语言表现出来的过程,无论从形式还是本质上讲,大脑的思维活动都贯穿始终。"文章写作是思维的艺术,文章本体是思维的结晶"。可见,学生的思维品质与学生习作能力是息息相关的。

　　然而,通常情况下,作文教学侧重遣词造句的修改推敲、段落层次的调整完善、篇章结构的指点修正等等,单单忽视了学生思维品质的训练和培养。实际上,学生思维品质上的缺陷和障碍正是他们感到作文难写的症结所在。学生思路闭塞,使文章意境不开;思路不广,使文章选材单薄;思绪模糊,使文章表达不清;思考不周,使文章逻辑混乱;思想不新,使文章陈旧老套……一般来说,思维的深刻性关乎着习作的立意是否高远,完整性关乎着习作的结构是否严密,精细性关乎着习作的描述是否具体,发散性关乎着习作的材料是否丰富,创造性关乎着习作是否新颖独特。

　　思维、习作息息相关。思维品质,影响着习作质量;习作,也促进了思维品质的提升,因为习作本身就是一个让思维不断清晰、明朗、完善、深刻的过程。在习作过程中训练思维,让思维品质和习作能力共同成长,是客观规律向我们发出的强烈呼唤。

　　一、提纲,让思维更周全

　　习作,是一件大工程,犹如造楼,首先就要求对高楼有一个整体的设计与把握,落实到习作上,则要求学生会写提纲。写提纲的过程,是作者组织材料、谋篇布局的过程,是让思维趋于完整、缜密的过程。所以,教师决不能忽视对学生列提纲的能力和习惯的培养。

　　根据不同的文体和要求,提纲有很多种另类的设计。看到这些打破常规形态各异的纸片,学生的兴致立刻高涨。更重要的是这些独特的设计能充分凸显训练重点,起到更好的效果。

　　比如:小鱼提纲。

　　对于初学习作的学生来说,文章主次详略的安排是个很大的难点,他们常常会把故事的开头写得冗长复杂,而精彩的过程则草草了事,小鱼提纲就可以有效地纠正学生的这种问题。将提纲列在鱼头、鱼身、鱼尾的相应位置,在比对着提纲

写作时,学生就很自然而然地注意到每个部位相应的篇幅,而思维的方向也更明确、更集中。

再比如:花朵提纲

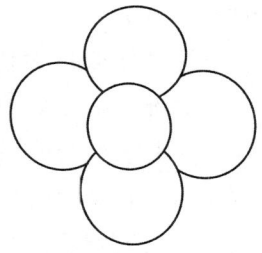

这个提纲对那些写作时材料零散、主题不集中的学生很有帮助。将要表达的中心写在"花蕊"部分,围绕中心选择的材料写在"花瓣"上(花瓣的片数可以因实际需要改变),学生就可以很直观地由"片片花瓣向花蕊"感受到写作时也应"件件小事扣中心",从而帮助他学会择事例、选材料,培养其思维的缜密性。

二、重放,让思维更精细

学生不会描写,叙述粗陋大概是让教师觉得最头疼的问题。往往教师苦心经营的一项有趣的活动,尽管操作时学生兴致盎然,但写时依旧被概括为聊聊百来字;甚至有的学生为了追求字数,不惜在简单的句子上大量堆砌形容词。"观察、观察、再观察"——老师将巴甫洛夫的名言进行到底。可是,对于很多学生来讲,"看"和"写"依旧是风马牛不相及的两件事。归根结底,教师没有从学生思维中找到问题的症结所在:学生的思维缺乏精细度。

动笔写作之前,学生应该有一项非常重要的思维活动:重放。如果写的是一棵树,那么这棵树树干的粗细、颜色、质感,树叶的色泽、颤动、声响,每一片落叶从空中飘飞下来的情状……都要尽可能细致地在作者眼前浮现;如果写的是一个人,那么这个人说话时候的表情、明显的手势、语气的高低起伏,哪怕是风吹过来扬起的发丝,都要清清楚楚地出现在你的脑海里……让学生闭上眼睛去"重放",集中全部精神意念用心去"看",一遍又一遍,直到你要描述的所有一切在脑海里都像看电影一般清晰明了了,才是真正到了该动笔的时候。

我们可以抓住生活中偶发的小故事、出现的小人物、来临的小景致进行重放的训练,重放时下足工夫了,习作时就事半功倍了,学生细致思考的能力和习惯也就慢慢养成了。

三、追问,让思维更深刻

思维的深刻性是思维品质中非常重要的一个方面。有的学生能透过现象看本质,文章立意高远;有的学生却只能停留在肤浅的表面。追问,是让思维趋向深刻、促进学生养成深入思考的习惯的好方法。

老师要善于追问。面对生活中的偶发事件,大到国计民生,小至零碎琐事,教师都要经常组织学生思考、辩析。"大难兴邦",汶川地震是否就是它最好的诠释?如果是,中国之"兴"又体现在何处?日全食为什么能吸引这么多人关注的目光?从古到今对日全食认识的变更又反映了什么问题?一张纸片,拿在手中写字,很快就戳了一个洞,而放在桌子上则不然,这背后折射了什么道理?班干部管理班级时为什么不用记名字的方法就不管用?同学的哪些观念需要增强……事无巨细,只要有进一步深入思考的价值,老师都要追问,并用自己的追问,带动学生去"问",去思索。

学生要勤于追问。培养学生善于发现问题、敢于提出问题的个性,比教会学生解决问题更有价值,因为提问往往是思考的开始。所以,要鼓励学生之间互相追问,鼓励学生不断地对自己进行发问。可以给学生准备一本本子:"今天你问了没有",在"我的提问"中写下他的问题,在"我的思考"中写下他的看法。对时尚的追求、对老师的评价、对时局的关注、对班务的见解、对科学的探索、对学习的认识、对生活点滴的观察透视、对成长方向的把握思考……在点点滴滴的追问与思考中,学生就拥有了一颗敏锐的眼睛,无论对于他的思维、习作还是人生,都有非比寻常的意义。

四、联想,让思维更发散

这是一个陶瓷水杯,这是一双老师刚买的"安踏"的运动鞋,看着它们,你想到了什么?——装满清水、然后加入了蜂蜜、一只蚂蚁闻着甜味爬来了。攀缘、掉了进去。被倒进了下水道,里面住着忍者神龟,爱吃意大利馅饼。其实披萨味道也不错。不过垃圾食品不能多吃,发胖。班级里的LC是个胖子,跑步很喘。特喜欢今年的体育老师,总是穿安踏。"追求,永不止步"。很多广告其实都不错……

这是一个学生在做联想训练时写下的思维"流",记录他联想的全过程——虽然凌乱,但他快速流畅的思路依然令人赞叹。后来,在进一步梳理和思考的基础上,他整理了他的思绪,创作了一篇童话:《加油,蚂蚁!》,写一只蚂蚁为了找寻"甜湖"的坎坷经历,结尾用的是安踏的广告:"追求,永不止步!"我在阅读时甚至觉得这已经像一个精彩的广告策划了。

学生思维的发散性决定着文章思路的开阔、意境的深远、内容的充实。联想，是训练思维发散性的最好办法。清代张潮说："因雪想高士，因花想美人，因酒想侠客，因月想好友，因山水而想得意诗文"，因时因地因人因事因情因景不断地进各种行联想训练，能刺激学生思维的灵敏度，更能使思维的触手向古今中外四面八方无限延伸。

五、求异，让思维更新颖

在阅读教学中，我们虽讲"个性化"的理解和感悟，但这里的"个性化"是有很大的约束力的，它不能偏离大多数人认定的所谓文章的"中心"，所以，更多的都是在进行一种"求同"思维的训练。而习作，作为一种个体利用个性化的语言符号个性化地表达个性化的内心世界的形式，必然允许有更多的个性化的创造，而此时，就是求异思维大行其道的时候。

著名儿童文学作家郑渊洁老师说过，他儿童时代写作文之前有一个怪习惯：总要先想想别的同学会写什么，怎么写，然后自己就偏不跟别人一样。这就是一种典型的求异思维。习作，尤其是"大作文"，往往会因为指导过细而出现千篇一律的情况。如果能注重学生求异思维的培植就能明显减少这样的情况，学生习作就能百花齐放，各有所长。以写"暑假趣事"为例，首先在选择事例的时候就要让孩子避开"学游泳""学做饭"等高频题材，细细筛查，尽量找到"独此一家"的有趣故事。然后向学生出示各种新颖的题材，指导学生在形式上也比赛创新，让其他人难以雷同。于是，老题新作，题材和体裁一下子都五彩斑斓了：日记体的《捉鬼记》、剧本版的《呀，冰激凌！》、叙事诗体的《我有一顶瓜皮帽》、"三部曲"式的《PK》、有小标题的《走近"日全食"》、书信体的《重回故乡》、广告版的《胃，你好吗？》……长此以往，学生的思维一定更具创新能力，习作也一定更加个性十足、精彩纷呈。

习作，育心育情方为贵

写作文，很多学生会感到"头疼"。"冥思苦想""无从着笔"，而后"东拼西凑""胡说八道"，这些都是许多孩子在写作中表现出来的不良状态。

在我国漫长的封建社会里，文章异化为科举考试的"敲门砖"，文人写文章，学生读文章，当官凭文章……使文章产生了一种病态的畸形价值，也给当今作文教学投下了浓重的阴影，并且难以彻底消除。于是，在小学作文中，我们也很难看见飞扬的童真，无邪的童趣了。面对"假话""空话""套话"、我们这些"育人者"又怎能走进孩子的内心,如何去关注写作者的生命状态和精神世界呢?

《语文课程标准》指出:要让学生能不拘形式地写下见闻、感受和想象,注意表达自己觉得新奇有趣或印象深刻、最受感动的内容。这些作文教学的新理念引领着我们构筑新的作文教学体系,探索新的作文教学思路。

在长期的作文教学实践中,我发现个性化作文,让学生受益颇丰。"鼓励学生把生活中印象最深,心里最有触动的事情及时地写下来"是我坚持的举措。在频频的鼓励中,很多学生能领悟到"生活无处不飞花",越来越多的孩子能坚持"每天写一点",有时是一两句,有时长一些。每天用时不多,但可以激发学生去留意感知生活,训练学生用文字表现生活的能力。

日积月累,学生的笔端丰满起来了,在不知不觉中,篇幅从原来的"兔子尾巴"到一大段话。描写越来越细腻,表达也越来越生动了。我还欣喜地发现,"每天写一点"不仅没有加重学生的课业负担,反而为教师走进学生内心打开了大门,为教师培育学生健康的情感提供了更多可能。

一、真实地抒写,"认识一个真实的你"

亚里士多德曾说:"儿童可以做成人的老师!"为什么呢?那是因为儿童比成人更多地保留着人性中的真、善、美。童心、童话、童真则是真、善、美的源泉。自从"日记"成为孩子的一种习惯以来,就很少再看到单调乏味、千篇一律的内容、成人化的语言、矫揉造作的情感了。在大多数孩子的文章里,已流淌着孩子真实的生活和真实的想法:

"……没想到,同桌竟真的动手撕了我的本子,看着一地的碎纸片,我气得浑身发抖,攥紧了拳头。要不是老师说过不能打架,我非揍他一顿不可……"

"好不容易我把轮滑的装备带到学校,想在轮滑课上好好表现一下,谁知,刚一进校门,我就摔了一跤,新买的轮滑鞋摔出很远,好心痛……"

"当小组长向我走过来的时候,我把作业本递给他,心里祈祷着:别翻!不然,我做了一半的作业就露馅了!但组长这里蒙混过关了,又怎能逃得过老师的法眼呢?真后悔,昨天贪玩了……"

"毽子正在我脚上飞舞,突然,老师大喊一声,回教室了!我只好匆匆忙忙地收起了毽子。"

这些文字,有的是孩子们做错事情后内心的自我反省,有的是对自己的认识评价,有的还是对老师教育行为的生动刻画呢。从这些让人忍俊不禁的文字里,我们读到了真实的孩子和真实的老师。在这些真实和真诚里,也可能夹杂着孩子幼稚的观点和不正确的想法,我认为我们非但不应该惊惶,反过来应该庆幸,因为它为我们的教育提供了难得的"真实",我们应该在呵护中因势利导,在引领中循循善诱,于是,我写下了如下的评语:

"你没有动手打他,及时地控制了自己的情绪,真棒!"

"老师欣赏到了你轮滑时的风采,真佩服你……"

"是啊!早知现在,何必当初呢?以后,相信你不会再犯这样的错误了!"

"老师喊得太大声了,吓着你了吧?对不起哟!"

……

写作是生命个体情感活动的表达,这样的写作为教师提供了宝贵的教育资源,让心育更生动,更有活力。所以,朱自清曾说:"写作是做人的训练也无不可。"

二、丰富地体验,"展现一个丰满的你"

当孩子能记录生活真实以后,我进一步建议他们要善于刻画人物的内心,展现丰富的情感体验。因为,写作是一种心理体验、一种生命活动、一种与生命同步成长的精神旅行。一次,我让学生谈谈对"每天写一点"的看法,试图了解一下这一尝试对学生的影响。很多学生都说这样写作,没有负担,很快乐。有一个孩子说,当她翻阅以前的日记本时,就像是和原来的自己交谈,以前的生活点滴历历在目。她很喜欢这种记录自己成长经历的方式。我听了很感动,我告诉孩子们,我们可以用照相机、摄影机拍下生活片段,但不能留下内心世界的丰富体验,而写作却可以做到。

"那个汉堡音乐盒,真像是真的!每次看见它,我总想凑上前去闻闻那味,有时还忍不住伸出舌头去舔一舔。"

"走出食堂,我开始吃橘子,我把橘子皮捏在手里,感到特别难受,我就趁人不备,把它扔在了地上。当我回头一看那干净的水泥操场上有那一抹橘黄时,我的脸红了……"

这是一个调皮男生的文章选段。也许,他的作文没什么技巧、章法,但他对生活的体验是多么丰富和精彩。"个性化作文"为孩子解放了束缚的羽翼,让孩子大胆甚至是放纵地抒写内心独白,释放着自己的情感。如此的写作,正是"我手写我心",是真正的表达的需要。人的一生,没有第二个"儿童时期",这样无拘无束地写作,可以为孩子留存一个丰满而真实的童年,留下一道儿童认知发展的真实轨迹,这是多么珍贵呀!

很多技能、方法等方面的知识都是隐性知识,只能通过意会的方式进行传递,习作技巧的掌握就是如此。因此,我们的教师不应当急于求成,硬要把写作的技巧塞给学生。我们应该相信孩子"写得多了,喜欢写了,自然也会写得好。"个性化写作可能肤浅,但这种肤浅的认识是建立在生命原生态基础之上的。引导儿童及时地将认知发展过程中遇到的一些事情写下来,不仅使得写作的语言文字镀上了最本色的生命底色,厚重了作文的分量,还可以让成人洞察到孩子们心灵深处的所思所想……教师,应做一个漫步在学生心海的"拾贝"者,去发掘那些最美丽,最纯真的东西。这样,才能使我们的作文教学流淌着生命的灵动。

三、与师生共写,"架设一道心灵彩虹"

在我班孩子的日记本里,不难发现有很多大人的笔迹。有的是家长的感言,有的是教师的寄语。是的,孩子写的东西很多涉及到与师长的相处和沟通,如果我们不对他们做出回应,那就不能满足他们的情感需求。相反,如果能在这个平台上与他们平等对话,那么孩子一定会雀跃,并欣然接受大人的建议。更何况孩子毕竟是孩子,他们认识世界还有很大的局限性,而大人就应该做好引领工作,为这一叶叶小舟导航。

感恩节,我建议孩子为父母做一件事,写下来,并提议让父母也写写自己的感受。

有一个孩子写道:"自从我考了个不好的成绩,妈妈很久没笑了,我很讨厌我自己!我想在感恩节,让妈妈开心地笑。早上,妈妈要帮我穿衣服,我说'我自己穿。'妈妈笑了。晚上,妈妈要帮我整理书包,我说:'我自己来,我会干。'妈妈笑了。"再看那母亲写的:"孩子,今天妈妈发现你长大了,妈妈真的很开心。妈妈懂得了,成绩也并不是最重要的,你还是妈妈的乖女儿!谢谢你给妈妈的礼物!"没有这样的母女沟通,那母亲一定不知道自己的行为对孩子心灵的挫伤。这样互说心语,对彼此的心灵是多大的抚慰呀!

还有这样一段师生对白:

"我爸爸昨天晚上很晚回家,他回家时,我已经睡着了。我有些作业不会,又没有人教我。爸爸还喝醉了,大喊大叫的,我真害怕!我恨我的爸爸……"

"孩子,别怕,有老师在!爸爸这样一定有他的苦衷,你原谅他吧。老师有机会找他谈一谈。你以后有什么困难,就找爷爷奶奶和老师。你不会孤独的!"

看这个孩子的文章和写下这些话的时候,我流泪了。这个孩子平时特别惹人烦,原来他小小的心灵正经受着这样的折磨。感谢"写作",让老师摸到了孩子的伤口,并能及时地去安抚。后来,我找到了他的父亲,并把孩子的作文给他看。这个离异的父亲,也落泪了。他在孩子的日记里写下了这样的话:"孩子,爸爸错了!以后,爸爸会多抽时间来陪你!对不起!"

这样的交流,在孩子的日记本里还有很多。有老师与学生之间的"推心置腹",有家长与孩子之间的"频频交流"。有了这样一道心灵彩虹,孩子的心灵天空一定会更宽广,更美丽。

所以,每周批阅孩子们的"日记"成了最开心的事情,因为那里展现的是每个孩子丰富自由的心灵世界。正如他们给自己的本子取的名字那样:"心海泛舟""星空""心灵之约"……在这个时间段里,我就仿佛是一个驾着轻舟,畅游在孩子心湖的人;或是夜晚,托着下巴,仰望点点繁星的人;或是带着无比的虔诚,去赴心灵之约的人……

让我们用宽容之心去呵护每个学生的个性写作,用充满感动的心去与学生的心灵碰撞。还"写作"一个自由真实,给学生的作文生涯一片美丽晴空!

习作教学,用真情和技巧两条腿走路

在习作披卷现场,常常会有"重磅炸弹"爆炸。一些一眼就能看出是胡编乱造的虚假习作,往往让人无力吐槽。比如习作试题为"帮助,一个美丽的字眼。在你的学习和生活中,一定得到过别人的帮助;或者,在别人遇到困难的时候,你帮助过别人。选择一个帮助的故事写下来。题目自己定。"除了大量的"让座""送伞",更有一篇篇雷人之作依次登场,令人瞠目。

——汶川地震那会儿,小作者奔赴灾区,从废墟中挖出灾民,磨破了双手也在所不惜。

——路过小河,见有人落水,小作者纵身跃入,救人后不发一言,潇洒地离开。

——因为制止小偷行窃被擒,当刀架在脖子上之时,小作者灵机一动,提议与小偷叔叔赛跑。单纯的小偷答应了,于是被诱进了派出所。

……

这样的卷子怎么批?老师们的意见很不统一。

愤怒的激进派认为应判不及格,公然作假,公然粉饰自己,严重违背教人求真的教育初衷,也严重违背新课标关于习作要"说真话、实话、心里话,不说假话,空话、套话"的要旨。

温和的保守派认为虽然内容是虚假的,但从表达上来看,习作结构完整、语言流畅。习作是对语文能力的考核,并不是诚信测试,不应过分地强调真实。

圆滑的中立派的论调像极了黑色幽默：你能保证你看上去真实的文章都是真实的吗？换言之，文章的真假本无从考证，只要写得像，就是真的；写得不像，他们也是走在从"赤裸的虚假"到"伪饰的真实"的路上。

…………

争论的最终结果是疲惫的，是一种无奈的折中：反对作假，习作应写真事，抒真情，不可因为真实的不可认定以及现实的种种无奈而放弃在习作中应承担的育人职责；但习作更侧重对语文能力的考核，文字表达的能力不应受到其他因素的牵连。因此，老师们商定，凡确认为虚假的文章，在原来的基础上加扣3分，即习作成绩下调一个档次。

试卷呈现的情状是教师的教和学生的学两方面情况的客观反映，我们没有理由将责任一股脑儿推到学生身上。冷静地面壁思过，从教学实际中寻找原因，从习作教学的全过程中，揪出滋生习作造假的温床。

一、是技巧，还是真情——学生对习作的意义理解多少？

三年级学生入学，几乎所有的家长都会向孩子唠叨："三年级了，要写作文了。作文要好好写啊，考试的时候要占40分呢！"常有家长央着老师帮助补习作文，为的就是在语文考试中有个好分数。因此，在绝大多数学生的理解中，习作与抄写生词、背诵课文、做练习题等作业一样，只是学习任务，是谋取考分的工具。

在这样的认识背景下，"造假"又有什么关系？在学生看来，习作与造句一样，只要文从字顺，只要能保证得分，什么好写写什么。至于习作中的"情"，那也是为了增强习作感染性的调料，是保证高分的利器。因此，那些从不乘公交车却大写让座的、那些勇救遇难者勇斗歹徒的"少年英雄们"，并不是诚心欺骗，他们只是表错了情、煽过了火候。他们的初衷，只是为了"炫技"，为了能写一篇感人至深、荡气回肠的好习作，让批卷老师"龙颜大悦"，朱笔一挥，给个好分数。

不可否认，习作是语文能力的体现，"技巧"是考量的一个重要方面，但究其本质，习作的意义远不如此。《语文课程标准》中指出："写作是运用语言文字进行表达和交流的重要方式，是认识世界、认识自我、进行创造性表述的过程。"习作，是为表情达意而写。"此人皆意有所郁结，不得通其道，故述往事，思来者。"（司马迁《报任安书》）所以，写作是一种因情造文的实践过程，是一种交流，为了更好地理解沟通；更是一种记录，童年时代那些难忘的事件与情思，认知、能力的增长与改变都储藏和体现在字里行间。

理解以上观点并不难，这些观点充斥于各级各类的教师论文，也充斥于教师们各种各样的汇报交流,但可惜的是,对于学生和家长而言,"星星还是那颗星星"。如何将教师对习作的科学认识传递给学生,如何渐次扭转学生对习作的消极与片面的认识,从而激发起积极的写作动机,这是亟待我们解决的难题。

有一些老师进行了有益的尝试:

1. 笔者会用心保存每一届学生的一些习作。接新班后,会用相当的时间跟学生讨论习作的意义,并将往届学生的习作读给他们,一起分享这些难忘的记忆,并希望他们也能够在行走的过程中留下这些温暖、新鲜的故事,那些细碎、微妙的情思。同时取消了"练笔本""习作本"的说法,每本习作都有自己的名字,甚至允许学生同时准备多本本子,每本都是不同类型的文集,画上封面,写上前言。习作有了生命的意义,就像心灵有了归属。学生每次习作,都带着这样的正能量,因而真情涌动。

2. 我校三年级语文老师在组长的带领下,开展了为有效提高学生自理能力的"我是生活小能人"系列竞赛,每两周有一次专项竞赛:叠衣服、穿鞋带、钉纽扣、系红领巾、梳头、整理课桌、剥蚕豆……同时配备了专项习作本:"我成长,我快乐",用习作记录每一次活动。记录开始前,老师诚恳地向学生说明:这不只是一篇篇习作,更是你们成长的一步步脚印,是童年的难忘回忆,希望你用心地记录自己参与的每一次活动,并珍藏这本本子。学生认识到了习作的不同寻常,写的积极性空前高涨。

3. 江苏通州市葛玲芳老师提倡每篇习作都应该明确倾吐对象,她提出写美景、写特产的文章应指向游客,编童话、讲道理的故事应面向儿童,话真情、抒胸臆的倾诉文章应让师长阅读,记事类文章应让"演员"(由班级同学担任)阅读。处理好作者和读者的关系,也是从另一个角度让学生认识习作的交流、沟通的价值,激发深层次的写作动机。

4. 在那么多习作公开教学中,久久不能忘记的是华中师大附小陶佳喜老师的一堂《奇怪的气球》,因为她在结尾的时候这样对学生说:"今天是星期六,你们还来学校上学,爸爸妈妈一定很奇怪吧。回家的时候,他们一定会问,今天老师给你们上了一堂怎样的课?这样吧,我们把刚才的实验过程写下来,让爸爸妈妈也了解了解今天上课的精彩。"习作成了人与人之间交流的需要,不再是教师硬生生压下的任务了。

二、习作教学,还要在技术派的路上走多远?

这是小学单元习作教学中常见的课堂模式:

习作内容:"观察并描写一种你喜欢的小动物"

教学流程:

1. 教师出示谜语,学生猜出答案——乌龟。教师随即将装有乌龟的玻璃缸放置在实物投影上。

2. 小乌龟给你留下怎样的印象?(提示:总起句)

3. 观察小乌龟的头。(提示:注意观察顺序)

4. 观察小乌龟的壳。(提示:可以运用打比方或者拟人的修辞手法)

5. 观察小乌龟的四肢和尾巴。(提示:同上)

6. 你喜欢这只小乌龟吗?(提示:表达感情)

在学生观察交流的同时,教师板书提纲,并在黑板另一侧写上学生交流中提到的优美词语以及老师事先准备的好词好句。

这样的习作教学课堂,不能不说扎扎实实、卓有成效,指导过后,学生在习作本上的反应非常好。可是,如果这样的教学模式长期垄断课堂,会是怎样的结果?

作文题为《心目中的小能人》,全班统一写爱读书的大班长;要求写一个科学实验,全班统一做"竖鸡蛋";轮到写一件难忘的事了,教师又组织一个课堂游戏,全班又一次统一……翻开小学生的习作本,可以看到,从题材到表达,几乎大同小异。没错,学生的表达能力是实实在在提升了,掌握了大量的谋篇布局、遣词造句、篇章修辞的方法,可是,这样的"技术派"的习作课堂教学,将本应培养的审美能力、感悟能力、思辨能力几近丢弃了。"技术"并不是坏事,在习作教学中,技巧的渗透同样很重要,但强调过重,顾此失彼,学生的习作就会患上严重的"失魂落魄症",当他们遇到比较开放的习作题时,就接不到生活的地气了。

管建刚老师非常反对这种"统一动作",尤其反对那种先搞活动再写作文的教学模式,他认为这是"基于一个悲观的假设:学生是没有写作材料的,需要教师去'制造'。这种教学的最大弊端在于,学生一旦离开教师,离开作文课堂还是无奈的'无米之妇'"。他甚至认为长此以往,学生会患上"视觉瘫痪症"(朱光潜教授语)。

因此,习作教学,除了"技术指导"之外,更应该有选材的训练,更应有感悟生活的训练,从而让学生练就一双慧眼,从平凡的日常生活中,获得真实的审美体验、强烈的表达冲动,这不光是培养习作的能力,更是培养一种积极、细腻、真实的生活态度。

一些有益的尝试:

1. 管建刚老师的班级中，每个学生都有一个本子，称为"每日简评"，三言两语记录一天内难忘的事件、情绪。其实是为自己建立了一个强大的素材库，为在习作中抒真情、写真事提供了素材保障。

2. 我校一位优秀的语文老师，她的"一周新闻"已经坚持了近十年，对学生习作素材的积累、习作品味的提升、习作积极性的促进起到了巨大的作用。她要求学生每周记4条新闻，包括班内、校园新闻一条，国内和国外重大时事、文体新闻各一条，选自己感兴趣的一条发表评论。每周进行一次新闻发布会，评选出"每周十佳新闻"晒在班级的墙报专栏里；每学期邀请家长参与评选"学期十大新闻"。这样通过"看（读）——每天的新闻联播、报纸，记——一周国内外的重大新闻，写——校园、家庭内的新闻，评——做关心时事的小评论员"，让学生从自己看（读）新闻、自己写新闻、自己评论新闻，在这个过程中有效地培养了学生"发现"的习惯，操练了学生"发现"的眼力。

3. 笔者这样操作"小乌龟"的课例——一题三练。第一课：范文引路，形式同前，让学生掌握观察、描写的一般方法。第二课，自由习作，用同样的方法观察、描写一种自己喜欢的小动物，把它介绍给大家，这样既尊重学生真正的喜好，又对习作方法进行了巩固。第三课，交流评价。事先把学生第二篇习作张贴在教室里，通过朗读作品、自我推荐、互相评价等方式，评选"动物明星"。这样，学生之间彼此丰富了习作内容，也因为交流，进一步增进了习作兴趣。

三、习作评价，酒和瓶都该换一换！

每次习作批改中，老师都为评语的撰写而头疼，学校教导处一般会要求评语写满多少字、旁批多少处。于是，老师们极尽能事，将"结构完整、条理清晰、语句通顺、文笔优美、重点突出、描写生动"等词语颠来倒去地使用，关注的几乎仍都是"习作技巧"的层面。学生到底看了没有，看懂了没有，是否爱看，统统都不计较。也有学校索性刻制了形象丰富的印章，根据习作的实际灵活搭配，貌似比较新鲜，但充其量仍只是"新瓶装旧酒"。

新课标针对以上问题提出了以下建议：一、写作评价要"重视对写作的过程与方法、情感与态度的评价，如是否有写作的兴趣和良好的习惯，是否表达了真情实感，对有创意的表达应予鼓励"，要"重视写作材料的准备过程。要用积极的评价，引导和促使学生通过观察、调查、访谈、阅读、思考等多种途径，运用各种方法搜集生活中的材料"，还要"重视对作文修改的评价"。

二、在方法上，新课标指出要"采用多种评价方式"，"对学生作文评价结果的呈现方式,根据实际需要,可以是书面的,可以是口头的;可以用等第表示,也可以用评语表示;还可以综合采用多种形式评价。"——这些都在提示我们,习作评价要关注全局,将学生习作的全过程纳入评价内容;还要关注形式的多样,可以简单地说,习作评价的"瓶"和"酒"都需要有适当的改变。

一些有益的尝试:

1. 上海松江区的谈永康老师在《让量规引领学生跨进习作的"大门"》一文中提到,标准失之片面是目前习作评价的主要问题之一,与全面的知识技能要求相比,教师对习作兴趣、态度,习作教学中的交流、分享以及修改习惯等,不是轻描淡写就是放手不管。因此,谈老师在三年级开展了实验研究,用量规指导习作教学。实验班师生共同起草了两份量规:《三年级习作过程评价标准》《三年级习作评价标准》,将习作过程单独列开来予以关注,"留心观察周围事物""愿意讲自己的习作读给别人听""平时能写日记"等习作的习惯都是考评内容之一。在《三年级习作评价标准》中,"内容真实,是自己的见闻、感受或想象"也被视作一个重要的内容。短短一年,实验班学生的习作素养与能力全面达标。

2. 盐城市迎宾路小学的宋玲老师同样将评价的内容关注到了习作的全过程,尤其注重素材积累的过程,跟学生一起制定了《素材积累评价表》。评价形式氛围"自评"和"他评"(他评包括家长、教师、同学互评等)两种,力图形成多方配合,引导学生注意观察生活,在习作中表达自己对生活的真实感悟。

3. 笔者在所任教的班级中创立了"萌芽"小报,以此来引导习作的方向。除了登载优秀习作、优美词句之外,还有"好题材榜"和"真情留言台"专栏。"好题材榜"专门针对习作中的选材,那些真实、细微、有趣的题材,都会在榜单中一一晾晒,让学生在阅读中感悟从生活中发觉习作材料、抒发真情实感的方法;"真情留言台"专门登载家长、伙伴阅读习作之后的精彩留言,尤其是一些有特定对象的习作,如"我想对你说""忘不了,那一声叮咛"等。《萌芽》小报,一周一期,对习作中不可偏废的两大问题都予以了关注,起到了良好的导向作用。

习作教学,必须用真情和技巧两条腿走路,不偏不废、不离不弃,方能走出一个大写的人,方能走向一片开阔的世界。

习作,先写后教也不错

【课例实录】

内容:苏教版六下习作四"记一次科学小实验"

课前谈话:

一番闲聊之后。

师:今天,我们算是相识了。看,或者猜:我是一个怎样的人?

生:你很爱笑,非常和蔼可亲。

师:嗯。甚至有人形容我"慈眉善目",说得跟老和尚似的。

生:你有一颗童心。

师:对,所以我就爱跟你们在一起。

生:你非常幽默、风趣。

师:其实,我还非常糊涂,丢三落四是常有的事儿。瞧,和善、风趣、糊涂、有童心,这些特点决定了我是＊＊,而不是张三或者李四。这是我的个性。

板书:个性。

师:人有个性,文章也是这样,好文章也需要有"个性"。一会儿我们会聊到。认识一下我的助手"小龟",他的个性有点严肃和古板,说话很犀利,却很有眼光。准备准备,上课吧。

一、唠唠"读后感"

师:读过了咱们班同学36篇习作,感觉很棒。大家的习作有以下几个优点:1. 结构非常完整,从实验前的准备,到实验的过程,以及实验后对原理的揭示,很完整。2. 绝大部分同学语句很通顺,甚至都把实验过程写得很具体,35篇文章写到了三页以上。3. 最令我印象深刻的是,我们六2班有一个非常好的小组互助批改方式。更牛的是,小组长不但能修改病句、错别字,还会发现文章中的一些大问题。

PPT:有趣的实验

1. 刘老师带我们去做实验。

2. 抓蚂蚁。(18行)

3. 做实验。(11行)

4. 得出结论。

师:看出什么问题来了?

生:抓蚂蚁不重要,他写得太多了。

师:俗话说,钱要花在刀刃上。同样,笔墨也要花在关键处,花对了地方,叫"具体";花在了无所谓的地方,叫"啰唆"。

二、说说语言

上:关于"啰啰唆唆综合症"

(一)

PPT:我用老师发的樟脑球在地上画了一条线。

这时刘老师让我们排队,我们赶紧排好队,出发了。

刘老师说:"整队!"我们小组的成员就匆匆排进队伍,回到了教室。

师:看出问题来了吗?

生:"老师发的"这几个字不用写,应该去掉。

生:"老师让我们整队"也不用写,就写我们整队出发就可以了。

生:我认为,后面两句句子都不用写,因为重点是去做实验,整队出发、整队回去这本身就是废话。

师:你说到点子上了。

小龟语录:"无关内容不须写!Who cares!"

(二)

PPT:今天,刘老师让我们做了一个小实验。这个小实验是一个关于蚂蚁的小实验。这个实验需要准备一颗樟脑丸,再找一只匆忙行进的小蚂蚁。这样,实验就可以进行了。

生:这句也很啰唆。说了好多个"实验"。

师:已经说过这是一个关于蚂蚁的实验,后面又说要准备一只蚂蚁。其实可以结合进一个句子里。

讨论修改方法。

PPT:今天,刘老师带我们做了一个小实验。准备一颗樟脑丸,再找一只匆忙行进的小蚂蚁,实验就可以开始了。

小龟语录:不要老重复说过的话!耳朵都出茧子了!

师:咱们来练习一下,看你能不能发现这种前后重复的啰唆病。

PPT:做完这个实验,我一直都在思考一个问题:蚂蚁为什么对樟脑球过敏呢?我回到家放下书包就立刻问在看电视的妈妈:"妈妈,你能不能告诉我蚂蚁为什么对樟脑球过敏?"妈妈告诉我……

　　生:前面说过他的问题是什么,后面问妈妈的时候又重复了,可以去掉。

　　PPT:做完这个实验,我一直都在思考一个问题:蚂蚁为什么对樟脑球过敏呢?回到家我立刻问妈妈。妈妈告诉我……

(三)

　　PPT:……实验的道具是一个樟脑球和一只小蚂蚁。你听了以后一定会感到好奇:这两者之间有什么关系?又怎么能成为一个实验呢?想知道的话就和我一起去看看吧!

　　……你知道这只蚂蚁后来怎么了吗?告诉你吧,它晕过去了……

　　你一定很想知道为什么蚂蚁会怕樟脑吧?告诉你吧,我上网查找了资料……

　　生:一直在用问句,而且是设问句。

　　师:读者读的时候心中自然会有问题,但这是读者的事儿,你写下来反而会断掉叙述的流畅性。

　　小龟语录:设问让我很无语呐!

(四)

　　PPT:只见它一接触到地面,便开始四处逃窜。我拿起樟脑球开始在它前面画线。我画了第一条线,它就开始掉头,往另一个方向逃走了……

　　师:读读看,哪个词一直在被重复?

　　生读不出来。

　　师:所以,这个毛病很严重,我们已经熟视无睹了。"开始病"!

　　生笑:很多个"开始"!

　　师:除了"开始病",你可以回忆,在我们平时的写作中,还会有什么"病"?

　　生:"然后病""接下来病""最后病""就病""又病"

　　PPT随即一一出示,略。

　　师:其实,除了写之前注意语言外,写完习作只要做一件事情就可以有效避免"犯病"。

　　生:读!

　　小龟语录:拜托,写完后要读耶!受不了你!

　　师:总结一下"小龟语录"。

　　PPT逐条出示,学生读。"无关内容不须讲""不要老重复相同的内容""设问让我很无语呐""拜托,写完后要读耶"。

师:其中,你认为哪条是关键?

生:最后一条。只要做到了写完后多读、多修改自己的文章,就可以有效避免这些毛病。

师:非常好!写完后要反复读自己的文章,减少、甚至拒绝"啰唆综合症"!

板书:语言　读

下:那些不能忽视的精彩

PPT:蚂蚁不甘心,继续发扬着它坚持不懈的伟大精神,在一号和二号白线之间来回奔波。终于,它找到了出路,正乐颠颠地准备逃跑时,第三条白线华丽地出现在它面前。于是乎,我们的蚂蚁小朋友悲剧了……当蚂蚁小朋友终于察觉到自己的活动范围正一点一点缩小时,素来好脾气的它愤怒了!它决定突围了!

——顾岚

师:哪些词句你最欣赏?

生:我喜欢"伟大精神""乐颠颠""华丽""悲剧""愤怒了"。这些词很特别。

小龟语录:我貌似闻到了一点点"个性"的味道!

师:如果说这种味道带着一点网络语言的俏皮的话,再看看下面这位同学的语言,又带有怎样的味道呢?

PPT:这只蚂蚁真可谓是英勇无敌!五道"防线"都被它一一击垮!苏语樱惊讶地说:"天!这还是蚂蚁吗?"我们没有任其逃脱,而是用合围战术将其团团围住。我们有"张良计",连蚂蚁也有"过桥梯"……我们对这位蚂蚁中的"勇士"赞叹了一阵。是啊,都是蚂蚁,怎么差别就这么大呢?

——梁浩

生:有一种"战争"的感觉。

生:跟"军事"很有关系,而且古兮兮的。

师:哪些词语给你这样的感觉?

生:合围战术、团团围住、张良计、过桥梯。

师:有没有发现,他用了一个代词来称呼蚂蚁,不是"它",而是"其"。任其逃脱、将其团团围住。是不是也很有"古兮兮"的感觉?采访一下梁浩,你怎么能用上这样的语言?

梁浩:我很喜欢看古典的作品,尤其是兵法,比如《三十六计》《三国演义》《史记》《资治通鉴》。

师:为梁浩喝彩!

小龟语录:这位书虫,小龟这厢有礼了!

师:把小龟这次说的两句话结合起来,你明白了什么?

生:多读书,语言才会鲜活、生动、有个性!

师:还有一些精彩的语言,我把它们打印出来了,给课代表,回头张贴在教室里,欢迎关注和跟帖!

师:总结一下这部分的内容,关于语言,我们不但要多读书,积累语言,让自己的语言个性起来;写完后,还要多读自己的文章,让它避免患上"啰唆综合症"。

三、讲讲结构

上:你捧出了一个怎样的题目呢?

PPT:单一的题目:

《有趣的实验》《一个有趣的实验》(30人)

比较特别的题目:

《蚂蚁逃亡记》钱彦杰

《蚂蚁大逃亡》梁浩

《蚁族大冲锋》杨鸿宇

《突出重围》尹舒婷

《疯狂的蚂蚁》孙浩(没写出疯狂来)

《精英小蚂蚁》陈玉香

师:我们讨论讨论,可以用怎样的方法拟题呢?

生:可以用主角的名字来拟题。比如蚂蚁和樟脑球。

师:建议换一个动词。

生:蚂蚁大战樟脑球。

师:或者,蚂蚁VS樟脑球,这样比较夺人眼球。

师:还记得以前学过"你必须把这条鱼放掉!"这篇课文吗?

生:可以用说的话作题目。

师:好多同学在习作中为蚂蚁加油,或者让蚂蚁快跑。

生:题目可以叫"加油啊!蚂蚁!""蚂蚁,快跑!"

师:在阅读中,大家可以多关注一下好文章的题目,这是文章的眼睛,相信大家可以捧出更好的题目来。

下:一成不变的构思,写腻了吧?

师:我要说的是文章的构思。在写之前,同学们都会想一想:我打算怎么写,从什么角度写、按什么顺序写,对吧?这就是构思,题目也属于构思的一部分。

板:构思。

师:看,这是大家的构思,可能和你的稍微有点出入,但大致不差。

PPT:1. 今天,我们去做实验。

2. 我们在蚂蚁前后画线,观察反应。

3. 用圆圈困住蚂蚁,观察反应。

4. 得出结论,揭示科学原理。

师:我们似乎从一开始写作文就这么写,写到了六年级应该有几百篇类似的记叙文了吧?腻不腻?

小龟语录:我读着只想打哈欠!就不能来个新鲜的?

师:今天,我们就一起来聊一聊:换个新的构思,你有什么想法?

(一)

生:可以倒叙!先写实验的结果,再写我们是怎么做的!

师:好主意!《钱学森》就是这么写的,对吧?有没有尝试着用过倒叙手法呢?

生:没有!

师:光学不用等于零。

PPT:"它冲出去了!冲出去了!原来不是所有的蚂蚁都是懦夫!"我们望着这些蚁国英雄,个个目瞪口呆。头顶,太阳傻愣愣地照着,鸟扑棱棱地飞着。

把时钟往前拨三十分钟,我们在刘老师的带领下……

(二)

师:再想想!提示一下:"你"就一定得是"你"吗?

生:我可以是那只被用来做实验的蚂蚁!

师:好极了!"这天,我正舒舒服服地散着步,突然,一只巨手从天而降……"

生:我还可以是那只用来做实验的樟脑球!

师:对呀!这天晚上,这颗樟脑球在衣柜里向它的同伴们吹嘘它白天的丰功伟绩。

生:我还可以假装是那棵树。

师:完全从一个局外人的角度来写。

生：还可以是刘老师！
师：不错！这样一来，写文章是不是变得有挑战、有意思了？
生：恩！

（三）

师：你们平时爱不爱读杂志？这是我们班同学最爱的《小哥白尼野生动物》。（翻开）你瞧，绝大部分的文章都用这样的方法一部分一部分来写。

生：小标题。

师：对，我们来看其中的一篇《河马狮子生死战》。

PPT：危机、突袭、僵持、冒险、绝境

师：有了小标题，是不是基本就搞清了来龙去脉？也很吸引人？咱们也来试着给这么一篇普通的文章拟小标题。开头不用，"我们在蚂蚁前后画线，观察反应"这一部分可以叫什么？

生：两面夹击！

师：好极了。"用圆圈困住蚂蚁，观察反应"这部分呢？

生：十面埋伏。

生：十月围城。

生：瓮中捉鳖。

师："得出结论，揭示科学原理"这部分可以叫？

生：水落石出。

生：真相大白。

师：文章的构思很重要，好的构思肯定不止这么几种，我们甚至还可以结合在一起用。这需要我们平时阅读的时候更用心地去琢磨、去学习。每次都有新感觉，这样写文章才不会腻味。

四、聊聊内容

师：现在，我们假设，每个人都用了非常精炼有个性的语言、用了丰富有个性的构思，写了36篇"蚂蚁实验"，你是不是很想去读？

生：是的。

师：好吧。那么，假设你很花心思地也跟同学一起写了"蚂蚁实验"，你是不是很迫切地想跟他们分享？

生：是的。

师:哈哈,你们都是善良的人!换作我,也许还成,但至少不是那么迫切。

生:因为大家写的都是一样的。

师:对!所以,我今天重点想说的是文章的内容,它永远比形式更重要!

板:内容

师:之前,我跟你们刘老师间接交流过,问刘老师为什么要带大家一起做书上的实验,不让大家各自去做、去写。刘老师说,同学们很怕自己去找内容,认为科学实验很少,不知道从哪里入手,是这样吗?

生:是的。

师:好。我们一起来想想,你可以从哪里找到有意思的小实验呢?

(一)

生:可以到科学课上去找,问科学老师,看科学书。

PPT:水的表面张力:硬币实验。

热空气运动:纸蛇与蜡烛实验。

声音的传播:制作土电话。

土壤的保护:沙土流失对比实验。

光的直线传播:小孔成像实验

光的折射:制作万花筒

光的折射:人造彩虹

乳酸菌发酵:做酸奶

物体的运动:制作小水轮

……

师:我特地请教了学校科学老师,他告诉我,科学课上讲过很多有趣的小实验,有些课堂上做了,有些请同学们回家做一做的。看一看,还有印象吗?比如"制作土电话"……(师生交流实验方法,略。)

生:此外,科学杂志上也有很多实验。

(二)

生:还可以从生活中获得。

师:对的,我很建议大家向父母请教,他们虽然不一定学历很高,但是都是拿到生活大学毕业证书的……(师生聊生活中可以做的科学小实验,比如最解辣的食物、怎样加速食物变质、怎样洗去衣服上的油漆等。)

（三）

生：可以到网上去找。

师：是的，百度一下，非常简单。（PPT 出示教师实现搜到的内容）这是我找到的一个科学老师的博客，五十五个趣味科学小实验，我们来读一读前面几个实验的名字，又简单又有趣……（读小实验名字，略）

（四）

师：你们喜欢看电视吧？（PPT 出示《快乐大本营》LOGO，学生欢呼。）《快乐大本营》有一个全新的单元——

生："啊啊啊啊"科学试验站。

师：看来很多同学是粉丝耶！怎么只看、只乐、不行动呢？请大家看一小节。（播放视频，师生交流，略）

（教师又推荐《生活帮》节目以及《1001 个真相》中的 3 个气球实验）

师：看来，只要有心，科学小实验无处不在。

师：接下来，我要说这堂课最重要的一段话了：写作就是把只属于你的独特体验用笔说给别人听。有心的人，才会永远有新鲜的故事，用好的语言、好的构思包装的故事，才有更多的人愿意听。

五、商商作业

师：咱们商量下，这个周末回家的习作是什么？

生：做一个自己感兴趣的科学小实验，写下来。

师：同意吗？那么，写前提醒大家什么？

生：写完后要读，避免"啰唆综合症"。

生：争取有一个独特的构思，包括题目。

师：好极了！这样写出来的文章，无论作者、还是读者，在创作和分享它的时候，都应该会有最美好的感受！

第四节　来点翻转又如何

翻转教学方式的认识与思考

一、翻转教学方式的研究背景

进入 21 世纪来，一场重大的变革正在悄然地向我们走来，西方发达国家都在采取措施应对这场变革。有人把这场新的变革命名为"第三次工业革命"。

何谓第三次工业革命？英国著名《经济学人》杂志是这样划分的,第一次工业革命是18世纪后半叶,以英国的纺织机械革命为标志。第二次工业革命是20世纪,以美国福特汽车工厂大规模的汽车生产流水线为标志。今天,第三次工业革命,则是以数字化制造为标志的工业革命,最具标志性的新生产工具是"3D(三维)打印机"。前两次工业革命都改变了社会,改变了历史,也改变了世界形态。第一次工业革命时期,我国正处康乾盛世后期,GDP占世界第一,但闭关锁国,没赶上。第二次工业革命时期,我国正处辛亥革命时期,大家都是闹革命,我国是推翻帝制,军阀混战,又没赶上。第三次工业革命来临,它是以新能源、新材料、新技术和互联网的创新、融合与应用,导致工业、产业乃至社会发生重大变革。尤其是3D打印机普及以后,颠覆性地改革制造业的生产方式,直接从事生产的劳动力会快速减少,劳动力成本越来越小。引发的社会变革,将显示四大特征,一是人的生活方式凸显个性化,人的个性化充分得到满足,且实现个性的最大化;二是新能源将呈现无污化,即开发、利用再生性能源,显示出无污的绿色特征;三是生产方式表现为分散化,分散的个性化生产,不需大规模厂房,大批量工人,实现家庭工厂化;四是制造业数字化,采用数字化叠加技术,打印出产品。面对这样的重大变革,我们的教育要思考些什么？前两次工业革命之所以没有抓住,根本原因之一就在于当时的人没有及时抓住变革契机,未能培养出适应第一、第二次工业革命需要的人才。如今,第三次工业革命将给人类社会带来全方位的冲击,这种冲击集中反映在"如何培养出适应第三次工业革命需要的高素质劳动者和创新性人才"上。我们必须从人才培养的观念、人才培养的目标、人才培养的方法和途径等方面去认真反思剖析。现行教育与未来人才素质不相适应地方,积极探索推进教育教学方式变革的做法,迎接由社会的变革而带给教育领域裂变性的革命的挑战。翻转教学方式就是研究教学方式转变的探索,它对于促进教育教学的变革具有重大的意义。

二、翻转教学方式的研究要素

1. 翻转教学方式翻转了什么？

①翻转了传统的教学流程。过去学生在课堂上先是齐步走,学习新知识,然后自主学,运用学到的知识和技能。而翻转教学则是学生先自主学,然后教师因材施教,或开展活动帮助学生掌握和运用先前学到的新知和技能。

②翻转了传统的教学理念。目前不少课堂里依旧是"以教师为中心","以学

生为中心"很难落到实处,而翻转教学能做到真正的"以学生为中心",做到"因材施教"。

③翻转了教师和学生的角色。传统课堂里,教师是知识的拥有者和传授者,而学生总体上是被动地学习。但在翻转课堂里,学生是主动地自主学习,教师是组织者,是有针对性的个别指导。教师与学生的关系是学习伙伴,是协作者、服务者关系。

④翻转了传统的教学模式。传统教学往往是课前课后由学生自学,而学生有依赖心理,反正教师课堂上会讲。而翻转课堂则可以很好地利用混合学习模式,巧妙地将在线学习与面对面的教学,新知识与技能的学习,以及应用和迁移有机地结合起来。

2. 翻转教学方式的基本结构。

翻转的课堂有两部分组成,基于自主建构的在线学习和基于问题解决的合作探究学习。

①基于自主建构的在线学习。

在线学习是依托网络环境及所制作的视频课程资源包、课件等,能够让学生进行自学,且不亚于原本课堂讲授的质量。实现的是把原本课堂上的事情,移到在线学习去做,让有深度的学习能够发生于在线学习。

在线学习,它不同于预习,先教后学的方式,如,预习是浅层的,预习过后,课堂上依旧要花费大量时间用于知识的讲授。预习早就有,不能误以为预习先学后教等就是翻转课堂中的在线学习。它也不同于导学案的学习,导学案的课堂学习,是学生在导学案的引导下,在课堂上通过展示汇报来实现师生和生生互动的学习活动。

在线学习的时间安排。在线学习发生的时间一般可有三种方式,之一是可在当堂课上,从课始起,安排本课三分之一的时间用于在线学习,之二是可在两课时中,把有关重要内容安排在第一课时进行在线学习;之三是可安排在课前家庭作业时间完成。在实际中选取哪种方式,则要因班级、学科、内容、条件等情况制定落实。

基于自主建构的在线学习。在网络条件下,遵循小学生的认知规律,通过运用高度整合的电子教科书、教学视频、资源包等手段进行学习的方式,并在真实世界与虚拟世界中呈现分散合作学习。翻转教学方式则是将在线学习所有现代新型教学元素与传统教学元素进行整合,形成个性化、定制化、差异化的课程教学,从而让学生获取综合素质的提升。

②基于问题解决的探究学习

在线学习后,也需要组织教师、学生共同参与的课堂活动。由于所学的知识通过在线学习已深度解决。那么,以后课堂活动就更需要高质量的探究学习,让学生有机会在具体环境中应用所学内容。

一是要关注学生讨论学习内容的需求,重视学生发现问题,提出问题兴趣的激发和能力的培养。二是要构建学生有探索欲望的问题,作为探究学习的内容。三是要构建互动式、探讨式、小组合作式等以学生为主体的活动,以促进学生解决问题的能力提高。

三、"翻转课堂"的实践与关键

"翻转课堂"要在中国的教育热土上开花结果,要促进我国的课程教学改革向纵深的方向发展,需要做好以下几方面的准备。

第一,要树立教育变革的坚定信念。观念决定行为。有什么样的教育观念,就会有什么样的教育行为。很多教师在"分数至上"的教育环境中,已经锤炼出了一整套的看家本领,形成了一种固定的教学范式和习惯。实施"翻转课堂",必然要打破自己和教育环境之间的一种平衡态,让自己处于一个新的、自己内心没有确切把握的动荡状态之中。如果没有坚定的改革信念作为支撑,教师通常是不愿意"革"自己的命的。

第二,要有较高的教育信息化素养。当今学生,本身就生活在信息时代,对信息时代的电子产品和各类软件有着天生的亲近感。但今天的教师不同,他们的青少年时代基本上都没接触过电脑,缺少了与信息技术的一份亲近感。大多数的教师平时使用电脑就是上上网、编写一些文本和数据表格、制作PPT等,其他的软件和技术很少涉猎。虽然视频平台可以聘请人来进行制作,但如果教师不具备与教学视频编制相关的系列技能的话,要推动"翻转课堂"改革是很困难的。

第三,要抓住"翻转课堂"的关键点。为了实施"翻转课堂",很多人将主要的精力都放在了视频的制作上,这其实也是一个误区。视频自然重要,但比视频更加重要的是如何支配课堂上多出来的这些时间。课堂的对话和讨论,需要教师做出精心的准备和细致的观察,真正做到因材施教。"翻转课堂"之所以成功,是因为课堂讨论所带来的学生"吸收内化"学习过程效益的提升。

第四,做好角色转换。首先,教师的角色从传统的圣人角色转变成导师;其次,学生的角色更加突出学习的主体性和必要的主动性,因为如果没有一定的主动性,翻转课堂中的学习无法进行,必须需要学生的主动操作和主动思考;家长的角色转变,家长在传统的教育思想体系下很难接受新型学习模式,在此过程中,要加强翻转课堂学习的宣传工作,让家长也能够理解新型教育方式,从而营造良好的学习环境和氛围。

目前,国内微课还处于发展的初期,停留于资源的开发与探索阶段,大规模应用研究和成熟模式几乎没有。一线教师对微课的认识还需要进一步培训与学习。微课将革新传统的教学与教研方式,突破教师传统的听评课模式,教师的电子备课、课堂教学和课后反思的资源应用将更具有针对性和实效性,基于微课资源的校本研修、区域网络教研将大有作为,并成为教师专业成长的重要途径之一。

"翻转式教学"在小学语文阅读教学中的尝试

教学研究发现,在教学过程的动态生成中展开的师生互动、生生互动是促进教学取得教育效益的重要方式。而在传统课堂中,老师和学生最宝贵的时间大多都被讲授和传递信息占用了,互动的时间很少,这是极为可惜的。互联网的普及和计算机技术在教育领域的应用,使"翻转式教学"变得可行和现实。在这种教学模式下,学生在家完成知识的学习,课堂则成了老师学生之间和学生与学生之间互动的场所,学习的有效性得以提升。

下面,笔者结合苏教版第八册《苹果里的五角星》一文的教学,谈一谈"翻转式教学"在小学语文阅读教学中的应用实践。

一、任务驱动——让差异性教学落到实处

在实施"反转式教学"前,教师先要把要讲授的知识、文字图片做成视频,发布到网上,供学生自学。录制上课视频时,主要考虑以下几点:学生学习本文的困难点在哪里?这个教学内容以哪种形式呈现学生会更感兴趣?如何让学生充分自由地参与思考和探索?如何以教材为例子,有效拓展运用……

《苹果里的五角星》一文主要讲了邻居家的小男孩把他在幼儿园里学到的横切苹果的方法传给"我"的事,告诉人们:"创造力来源于打破常规的思维方式"。课文内容浅显,通俗易懂。根据新课标的要求,结合四年级学生的思维情感、认知发展的需要和教学实际情况,教学视频主要分以下几个板块:

视频内容	学生学习方式
教师范读课文,出示生字词,教师重点指导易错字"瞧、疏、循"的书写。	暂停视频,朗读词语,然后玩游戏:选择正确的读音,若选错,游戏将无法继续,直到选对为止。然后再次暂停视频,完成书上描红。
引导学生再读课文,想想课文主要讲了一件什么事情?	暂停视频,朗读课文,然后在"记录单"上写下主要内容。
引导学生和课文中的小男孩一样切苹果,会有什么发现?	暂停视频,切苹果,在"记录单"上记录自己的发现。
引导学生问一问:(1)至少询问两人平常是怎么切苹果的?(2)至少询问两人(没学过此篇课文的人)以前是否知道苹果里藏着什么?	暂停视频,询问后在"记录单"上记录调查结果。
引导学生想一想:你发现过苹果里的五角星吗?为什么以前吃过这么多苹果,你没有发现呢?从中你受到了什么启发?	暂停视频,在"记录单"上写下所思所感。
再读课文,想想对于这篇文章,你还有什么不明白的吗?	暂停视频,在"记录单"上写下困惑。

这段视频学生喜欢,较于传统课堂教学有四大优势:

一是符合学生注意力保持的特点。学习是人类最有价值的活动之一,时间是所有学习活动最基本的要素。充足的时间与高效率的学习是提高学习成绩的关键因素。根据学生注意力不够持久的心理特点,本视频时间控制在12分钟,让学生在最能集中注意的情况下学习,大大提高学习效率。

二是降低学习干扰。配合着老师声情并茂的讲述,画面呈现的是教学内容,只闻其声不见其人的教学视频大大减少了对学生学习的干扰。

三是学生自己掌控学习。在技术支持下的个性化学习中,学生成为自定步调的学习者,他们可以控制对学习时间、学习地点的选择,可以控制学习内容、学习量。因为学生观看视频的节奏快慢全在自己掌握,懂的快进跳过,没懂的倒退反复观看,也可停下来仔细思考或笔记,甚至还可以通过聊天软件向老师和同伴寻求帮助。

四是学习氛围融洽。学生在课外或回家看教师的视频讲解,完全可以在轻松的氛围中进行，而不必像在课堂上教师集体教学那样紧绷神经，担心遗漏什么，或因为分心而跟不上教学节奏。

为使视频学习更加有效，学生可边看教学视频边记录自己的收获和疑问，教师可结合教学视频为学生设计视频学习"记录单"。"记录单"一来可以督促学生有效学习，以加强对所学内容的巩固；二来可以反映学生在学习中存在的问题，为课堂教学的组织提供学情参考，让差异性教学落到实处。

当技术成熟后，对于学生课前的学习，教师还可以利用信息技术提供网络交流支持。如在看完视频后，学生在家就可以通过留言板、聊天室、微信等网络交流工具与同伴进行互动沟通，了解彼此之间的收获与疑问，同学之间能够进行互动解答，也可让老师进行在线解答。

二、问题引导——让个性化学习成为可能

"翻转课堂"最大的好处就是全面增强了课堂的互动性，具体表现在教师与学生之间，以及学生与学生之间。教师根据学生的"记录单"反馈，在课上开展师生互动、生生互动，答疑解惑。一般先将学生出现的问题分为三类：共性问题、协助问题、个性问题，然后再找寻各类问题的解决途径。

共性问题要讲透。如"和课文中的小男孩一样切苹果"这项任务，有三分之一的学生是切了两次才看到五角星的，究其原因是学生没有明白什么是"拦腰切"，大部分学生不能很好理解"横切面、清晰"等词语。对于这类共性问题，教师要舍得花时间，与学生对话，并在对话过程中抓住教育的核心本质，培养学生的独立思考、判断能力和表达能力。所以，在课堂上，我请几位学生一边给大家演示，一边给大家解说，特别要求学生切的时候要把"拦腰切下去""横切面""清晰"这几个词语给大家讲述明白。在切一切、议一议中，学生获得了直接的体验，理解了词语的内涵。

协助问题同伴帮。对于这类问题，教师应该发挥同伴学习的作用，不是急着回答学生的问题，而是让学生与学生之间进行相互学习，互问互答，把课堂的学习权真正还给学生，使深度学习、同伴学习成为一种可能，真正让师生成为一个"学习共同体"。如"对于这篇文章，你还有什么不明白的吗？""结合调查的结果，你能从故事中受到什么启发？"等问题，学生因认知不同，得到的感悟、产生的困惑也会不同，这时，就适合采用"同伴学习"，让对语言文字敏感、语文素养较高的学生先于解答，然后再进行同伴互助。通过协助，如果学生还不能解答的，老师可将其归入"共性问题"类解答。

个性问题单独讲。作业栏中最后一项"我还想",让学生从统一的指令中解脱出来,学生的答案真是多元至极,有的说"我还想用这种方法切一切其他的水果,看看会有什么发现。"有的说"其实创造很简单,改一改,更精彩。"还有的说"我觉得这篇文章选的很好,主编之所以选择这篇文章,是不是想让我们通过学习,在头脑中树立一种创造的思维,是否想告诉学生创造非常简单,告诉我们苹果星的五角星早就藏在那里,就等着我们用'拦腰切断'的方式来发现。我太受启发了,我想给编辑部的叔叔阿姨写封信,确认一下自己的想法是否正确?"……对于学生视觉独特,思维张扬的这类问题,老师留有充裕时间与学生一一进行个别交流,让每个学生都有切实的收获。

在我们"翻转式教学"的课堂上,教师真正走下了"圣坛",走进学生,由传统的讲授者,变成了学生学习的促进者和指导者,在"对话"和"协商"中完成了"意义建构"。

三、拓展应用——让"大语文"教学落到实处

在教学中,我们发现,很多时候,学生可以自己阅读教材、学习知识,并不需要教师在教室里给他们讲授和传递信息,而《语文课程标准》提出的"第一、二、三学段要在每天的语文课中安排10分钟写字,在教师指导下随堂练习,做到天天练。"这一要求由于课堂内的讲授占用了太多的课内宝贵时间,使得这一目标因为没有足够的时间,较难实现。"翻转式教学"课堂中,教学有效性大大提高,每节课在讨论完学生疑惑处之后,基本能有时间落实10分钟写字的要求。本课教学时,根据高年级"读写结合,随堂习作"的要求,教师在解决完学生的问题之后,设计当堂习作练习:"把你切苹果的过程和感受写下来,重点抓住自己的动作和心里活动来描写。"学生因为有了亲身体验和充裕时间,个个兴趣盎然,有话可写。

在语文教学中,注重读写结合训练,既是提升学生对语言的积累、感悟和运用的重要途径,又是注重开发学生创造性潜能,促进学生持续性发展的实质保障;既是语文各种能力的良好实践,又是语文素养的综合体现。"翻转式课堂"能让学生当堂完成这样的写话作业,让学生写在文本精妙处迁移运用,写在文本空白处丰富想象,写在文本延伸处积淀内化,长此以往,那我们还用担心学生的作文水平不会提高吗?

实践表明,"反转式教学"是一种值得大家均来尝试的新型教学模式,让个性化学习成为可能,让差异性学习落到实处,让互动性学习更加有效,在一定程度上,使得少教多学、因材施教成为真正的可能。

来一堂酣畅淋漓的翻转课吧

教学内容：

池上	小儿垂钓
唐　白居易	唐　胡令能
小娃撑小艇，	蓬头稚子学垂纶，
偷采白莲回。	侧坐莓苔草映身。
不解藏踪迹，	路人借问遥招手，
浮萍一道开。	怕得鱼惊不应人。

教学方式：

翻转教法：

制作视频短片，短片中帮学生纠正字音、捋清大意、提示字形，要求学生充分自学，争取提出问题、拥有发现。

课堂上，师生在明确本堂课教学目标的前提下，充分展开讨论，并在教师的引导下，让思维走向更深处。

极力体现：1. 儿童的自主学习。2. 个性化、定制化的学习。3. 质疑问难能力的提升。

以下为课堂实录。

课前谈话：

师：你们不认识我，但都已经认识了我的声音。说说看，根据声音想象中的我，和现实见到的我一样吗？

生：不一样。

师：为什么？

生：你没有我想象中那么漂亮，那么年轻。

生：还有，我想象中你是长头发。

师：为什么？

生：因为你的声音非常温柔。

师：我懂了，美少女变成男人婆。哈哈，后面的听课老师都在笑了，因为你们说出了他们不敢说的事情。所以，孩子就是孩子，就是那么不一样，那么令人喜欢。好巧，这也是两首关于儿童的诗歌。喜欢它们吗？

生：喜欢它们，因为这两个儿童都非常天真可爱。

师：嗯，就像你们一样。好的。准备准备，上课了。

一、明确课堂目标：

师：昨天，大家跟着视频已经自学过这两首古诗了。这堂课我们要来检查自己的自学情况。说说看，作为一首古诗的学习，我们需要检查些什么？

生：要检查朗读、背诵。

生：意思能不能理解了。

生：还要检查能不能默写。

师：这就是我们今天要检查的内容，此外我们还要来交流交流存在的问题，或者分享我们的收获。这就是本堂课的任务。

（相机板书）检查：读、解、背、写

交流：疑惑、发现

二、检查朗读、理解

师：我们先从检查朗读开始。打开语文书。谁愿意来读一读这两首诗？（一生读诗）评价一下她的朗读。

生：她读得很流利。

师：你可不可以跟她一样？

生：还不行。

师：好，那么各自再读读看，争取都能念得这么字正腔圆。

（生各自朗读）

师：两首古诗，其实写了两个故事。能不能看着诗歌、对照着图片大概来讲一讲？

（一生讲了《池上》大概的意思。）

师：白居易的诗真是"老妪能解"。你讲述得也很连贯。第二首诗有一些字词还是有难度的，自己先练一练。

（生练讲。指名一生讲了《小儿垂钓》的意思）

师：你真了不起！古诗中有省略的现象，他能够补充进去。路人借问，小孩儿招手，非常棒！你可以挑两首古诗中有难度的诗句，把意思再说一说。如果说好了，甚至可以背一背。这样自由支配的时间，一定要学会灵活的运用。（学生自主学习）

三、小组交流，互相答疑解惑

师：看来大部分同学都会读、会理解、会背了。接下来我们要挑战自己：能不能从貌似已经学会的诗中读出问题来。(有不少学生摇头)这样子吧,我们小组里先交流,建议大家不妨再读一读,说不定读着读着,就读出问题来了。简单的问题现场解决,解决不了的问题做好记号;厉害一点的小组,还会从疑惑中产生重大发现,一会儿也可以来交流。

(小组活动)

四、大堂交流,解决疑惑、分享发现

师:刚才我发现,很多小组读着读着,就读出问题来了,会提问、会发现的孩子最了不起! 就请你们小组来说。

(一)

生:稚子、小儿的意思是一样的,垂钓、垂纶意思是一样的。作者第一句诗为什么不写作"蓬头小儿学垂钓"?

师:"为什么用这个词不用哪个词",这是很好的思考方法。哪个组可以解决这个问题?

生:因为如果这样的话,第一句就跟诗题一样了。

师:你的意思是就——

生:冲突了。矛盾了。

师:这不叫矛盾。说了一遍再来一遍,这是——

生:重复了。

师:用不一样的词眼就显得很丰富。诗人很善于变化语言。还有没有原因?你们可以试着读一读。

生3:"蓬头稚子学垂纶"读起来非常通顺,而"蓬头小儿学垂钓"听着不舒服。

师:"学垂钓"和"草映身"听上去——

生:不押韵了。

师:所以,唐诗对于声韵是非常讲究的,很多唐诗是可以唱的。品味唐诗,也一定要大声朗读才行。(对提出问题的那个同学)现在,你是不是可以试着总结了:为什么作者用"稚子""垂纶"而不用"小儿垂钓"?

生:因为这样的话,既读着别扭,又跟课题重复,所以第一句用"稚子垂纶"而不用"小儿垂钓"。

师:很好。我们交流的时候,一定要注意倾听,同时及时总结。这个小姑娘做到了! 还有问题吗? 瞧,大家的眼睛现在一下子都亮了。

生:为什么这个小孩儿的头发乱蓬蓬的?

生:因为他是乡下的孩子。

生:这个孩子肯定很调皮。

师:是啊,一个"蓬头",可爱的样子立刻出来了。大家看看插图,有没有问题?

生:这个插图上的孩子头发只有几根是乱的。

师:他有没有你想象中的"蓬头稚子"的可爱劲儿?

生:没有。

师:我在备课的时候,发现几乎全国的小学语文教材都选了这首《小儿垂钓》。

生:因为它写得好。

师:是的。每个版本都有插图,可就咱们苏教版插图上的孩子,最干净!最不像"蓬头稚子"!所以,别以为书上的东西就是最好的。如果你愿意,给编辑写封信,说说你的看法,好不好?谢谢你的好问题。继续交流。

生:这个小孩儿为什么要坐在青苔上钓鱼

生:因为他是农村的孩子。

生:他不怕脏。

师:哦,这样,那你说说看,如果这里没有鱼,他愿不愿意坐下去?

生:因为那个地方清净,有鱼可以钓,所以就坐下去了,他喜欢钓鱼。

师:管它莓苔不莓苔呢,只要有鱼可钓,就算是泥潭也要坐下去。是吧?侧坐莓苔后面还有半句——

生:草映身。他就是喜欢躲在草丛中安安静静地钓鱼。

师:是啊,前两句诗这么一琢磨,这小孩儿的形象渐渐出来了。还有问题吗?

生:"路人借问遥招手"可不可以改成"遥摇手"?

师:辩论开始。

生:不可以。因为"遥招手"和"遥摇手"意思不一样。

师:你可以分别做一做吗?

生做"遥招手"的动作,但是请了几个孩子,都是摆手、摇手或者挥手。终于有一个孩子做对了。

师:这下对了。招手就是招财猫的动作。告诉大家,你为什么要对路人招手?

生:"遥招手"是让他过来(边做动作),"遥摇手"就是不要让他过来(做动作)。

师:叫路人过来干吗?

生:跟他轻轻地说该怎么走。

师:而"遥摇手"呢?

生:"遥摇手"就好像对他说:走开走开!显得这个小孩儿很没有礼貌。

师(转向提这个问题的同学):他的回答你满意吗?同学之间经常交流交流,会很有收获的。咦,小孩儿为什么不直接回答路人呢?

生:因为他害怕把鱼吓跑了。

师:哦,"怕得鱼惊",所以才"不应人"。读到这里,你对这个小孩儿的印象除了"天真可爱"还有没有其他?别着急说。我看到大家的语文书都特别干净,语文书是不能干净的,一定要及时地批注下你的看法和收获才好。我写在黑板上,你写在语文书上,看看咱们是不是不谋而合。(师生各自批注)

师:你跟我的看法是不是一样?

生:不一样。你写的是"机灵",我写的是"聪明"。

师:说法不一样,意思一样。我发现你写了"有礼貌"这个词,能不能说说你的看法?

生:因为这个孩子不是简单地摇手让路人离开,而是招手把他喊到身边,所以,这是一个有礼貌的孩子。

师:我被你说服了。所以,我赶紧也要批注下来。(转身写黑板)

生:我没有写"痴迷钓鱼"。

师:那么你认同我的看法吗?

生:认同。因为他怕得鱼惊所以才不应人。

师:如果你赞同别人的观点,不妨也批注上去。(学生完善自己的批注)。嗯,这叫作善于学习。以后咱们要经常在书上批注。

师:聊了这么多,你对这个小孩儿的印象是不是丰满起来了?现在我们可以把它读得更好了。

一生读。

师:你贵姓?

生:姓刘。

师:这是小刘的朗读。

另一生读。

生:我姓李。

师:哦,那你是小李。接下来听老李的朗读。你们来评判。

教师读。

师:小刘、小李、老李谁读得好？要理由。

生:老李读得好,因为你有感情。

师:我喜欢被表扬,但我不喜欢这个理由。怎么个"有感情"？哪儿"有感情"？

生:"路人借问遥招手"读得好,因为你读出了小孩儿不想路人惊扰到他钓鱼,心情很急切。

生:最后一句读得好,读得很轻,读出了那种小心翼翼。

师:现在,你愿不愿意再有滋有味地读一读,甚至背一背啦？

(生各自读、背。集体背诵。)

师:大进步！看到画面再背,感觉立刻不一样。好的,聊聊第一首诗吧。

生:作者写的"偷"和平时的"偷"意思一样吗？

师:哦,你看到了一个很特别的字,觉得这个字用得很"雷人",是吧？在你心里,小偷是怎样的？

生:偷偷摸摸。

生:贼眉鼠眼。

生:鬼鬼祟祟。

师:总之,不是好人。可这里的小偷有没有给你这样的感觉？

生:没有,我觉得这小孩儿是光明正大的。

师:哈哈,他也不是光明正大的,他也不想被发现来着。可是,我们怎么就觉得这小孩儿这么可爱呢？

生:因为他自己认为他隐藏得很好呢。

师:他以为自己在偷,可我们都看到了。所以你觉得——

生:这小孩儿太天真了。

师:天真得都有点——

生:傻乎乎的。

师:哟,这个词语有意思,赶紧把它批注下来,这是我们新的感觉。天真、可爱得都有点傻乎乎的了,是我们从"偷"这个字上感觉到的。我读到这里的时候,总会想起我的小外甥。他4岁,有次我在看电视,他偷了一块我手里的饼干然后就钻到茶几底下,屁股却全露在外面。于是,我一拍他的屁股,说——

生:小偷！

生:小坏蛋！

师:呵呵,你们都知道的?我是不是在骂他?

生:不是,你这样说是表示你喜欢他。

师:所以,生活中的我们也常会用这种很意外的、"重口味"的词,特别有趣。"偷",发现得很棒!我很喜欢。

生:这小孩儿偷了莲蓬,会不会挨揍呢?

师:你自己说呢?

生:我不会揍他,因为他只是摘着玩儿。

生:我也不会,因为我不忍心。

师:完全同意,你看,白居易不但不生气,反而还处处流露出喜欢的意思。还有没有问题?(生摇头)我提醒一下,大家看第一句:"小娃撑小艇"。

生:这一句有两个"小"字。刚刚说过,古诗要避免重复。

师:提得好。堂堂大诗人,怎么连用两个"小"字,是不是很失败?

生:我觉得小孩子很小,如果划大船的话划不动。

师:你真体贴!建议大家想象那幅画面。

生:我觉得又是小娃,又是小船,显得很可爱。

师:是啊,小小的孩儿,小小的船儿,像不像卡通片?反正我读到这里就想笑,就知道有幼稚的事情马上要发生了。所以,诗人重复是有道理的,不重复也是有道理的,就靠我们去琢磨啦。

生:小娃撑小艇为什么不用划?

师:那么你把这个字改过来,读。

生:小娃划小艇。(自个儿也笑了)

师:不舒服了是吧?所以,古诗是要读的。读吧。

(生有滋有味地背、读古诗)

师:现在我要提高难度了,两首诗放在一起,有什么问题或者发现?

生:这两首诗都写了小孩儿,而且都非常天真可爱。

生:这两个古诗都发生在池塘边。

师:好。所以编书的编者常常会把内容类似的文本放在一起,互相参照着读。再看看,着两首诗,当你读到哪两句的时候,会觉得峰回路转,很意外?

生:三四两句。

师:对,这就是绝句的特点,到第三、四句的时候常常会来一个大转弯,给我们一个惊喜。所以绝句中的名句一般都是三四两句,大家以后读绝句的时候可以更关注一下。今天学得开心吧?自己发现问题是不是一件很有意思的事情?

五、默写时间、自主作业

师:下面时间留给大家。整理板书、背诵古诗,或者默写古诗,根据自己的实际情况选择。如果你自学的时候已经默过,或者基础很好很自信的话,可以跳过这些步骤,自学《补充习题》上的《村晚》,这也是一首描写儿童生活的故事哦。只叮嘱一句:每个人的学习节奏都是不同的,自由支配的时间,请根据自己的实际情况灵活支配,做自己的主人。作业吧。

(巡视,批改默写,相机纠正"萍""莓"等字的写法)

板书设计:

古诗两首

检查:读、解、背、默

交流:问题、发现

池上	小儿垂钓
小娃撑小艇	稚子垂纶
偷(傻乎乎)	遥招手(机灵)
	侧坐莓苔(痴迷钓鱼)

翻转课《古诗两首》磨课故事

磨课的过程是漫长而艰辛的,上课的瞬间是酣畅而快意的,课后的反思是繁杂而充盈的——这几乎是不变的公开课三段论。但奇怪的是,这次是例外。

磨课的过程异常令人着迷。小学语文的翻转课堂——完全是未知的事物:学生喜欢这样的形式吗?他们能不能达到基本的自学要求呢?质疑问难的环节中又会蹦出怎样的幺蛾子呢……我的好奇心得到了大大的满足。在一片未知之中,我唯一可以确定的是:我在思考,而且第一次这样彻底地从孩子的角度思考。

一

思考的第一个问题是:我的课堂,起点究竟在哪里?

反思我一贯的备课,似乎都是从文本解读开始。套用王荣生先生极具讽刺意味的话:读完开头,"哦哟,开门见山!文章的主题就在这里!"读完第二小节,"哦哟,承上启下,层次分明!"第三小节,"哦哟,排比手法,强烈地表达了某种感情!"一路"哦哟"下去,然后想当然地列出甲乙丙丁若干个教学目标。为了表示"严谨"还要参考下"课标",为自己教学目标的确定找到盛况空前的理由。作为"学习的主体"的孩子们,似乎从一开始就被抛弃,他们被排斥在了教学设计之外。课堂的起点,从一开始便生长在离他们很远的高空。

当我想到这里,不仅如释重负,虽然晚了些,还好,我知道了它在哪里。

因此,我把教学设计构架在学情坚实的起点上,毫不犹豫地确定了自己教学的内容:学生一望即知的不讲,读两遍也能懂的不教,那些对于学生而言有疑惑、有争议的内容,才是我教学的指向。

二

问题二:我们的课堂,谁是掌握主动权的那一方?

"今天你有没有回答老师的问题?"这是全中国家长最关心的话题。"课改"十多年,"学习的主体"在课堂上依旧是"弱势群体",课堂中他们一直是"被动语态":被提问、被布置作业、被要求朗读或者讨论。长此以往,哪里会主动探究?仅以画生词为例,在接手本班学生语文教学之处,绝大部分学生不知道应该在老师统一画的生词基础上根据自己的情况进行调整,烂熟于胸的删去,生疏遗漏的补上——既是"不敢",也是"不会"。

教学不是应该给予一种习惯吗? 一种主动探究的习惯。不是应该给予一种方法吗? 一种怀疑与深究的方法。因此,凭什么是老师精心设计着丝丝入扣的线性教学流程,用一个个问题变成的圈儿诱导着学生往里头钻呢?

我得打破它!

我明确了本堂课的教学形式:必须掌握的语文知识,我要让学生读、背、说、默,基本动作人人过关;而那些语词的精妙个性的鲜明、情感的真诚,统统让他们自己去发现吧,读读、问问、聊聊、笑笑。我要做一个身怀绝世武功的游乐园的看门人,只提供场合、规则和自由:小组里交流,简单问题现场解决;大堂上再交流,搞不定的寻求帮助。关键时刻,看门人扔出一把钥匙,直击他的"任督"二脉,让他们开怀大乐!

三

问题三:每一个孩子都在场吗?

传统课堂的"一刀切""齐步走"曾令学生时代的我深恶痛疾。这厢张三正为老师布置的毫无挑战性的作业而反胃,那边李四正咬着铅笔痛苦地思考。每个孩子都不一样,教育的针对性在哪里?

大班授课制似乎扼杀光了这种可能性。同样的内容,张三只需要听一半,李四却需要反复数次才能听懂。如果放在课堂,喊着相同的口令。那么,饿死与撑死的都不乏其人。

因此，我对自己说：你课堂上的每一寸时间，都是拥有无限可能性的，张三、李四都可以领到不同的任务，贴近他们自己的"最近发展区"。我要有板块推进的意识，也要有足够多的温馨提示。

课前，我还为解决语文知识的教学制作了十多分钟的视频，有关于生字音、形、义的，有关于诗歌大体意思的、关于作者介绍的……通过互联网的终端技术让学生在家自学，按照自己的节奏来学。张三觉得简单，边看边大嚼着口香糖按"快进"；李四觉得辛苦，便定定心心地翻来覆去。（因为某些原因，回家去看的美好愿望落空，学生们改用电脑课时间在机房里看完。但相信随着信息技术的不断发展和完善，网络学习会是趋势和潮流。）

每个问题都像一支金刚钻，凿进去，便是一笔思想的富矿。虽然每个想法和做法的诞生都是经历着推翻、重建、再推翻的几度轮回，但这种"每天都有新感觉"的状态却足以令任何一个年轻人兴奋不已。也许，对于现在依然风行的精致课堂，这堂课，只是一个"例外"；更或许，它对于一心想改变课堂状态的我而言，也只是众多平庸的教学经历中的一次"例外"。但无论如何，她至少让我看到了一种可能性，一种坚实的扎根在学情之上的、让学生自己生长的、试图向每一个学生生命开放的课堂。这样的课堂，势必存在于某个时空之中，正像我们微笑。这一点，没有例外。

教学的结果是让我惊喜的，从实录中可以感受到，学生们的探究能力是一笔宝藏。在前后三个班教学的过程中，也冒出过无数个让我惊喜的瞬间。比如有一个学生针对"不解藏踪迹，浮萍一道开"提出了自己的看法："浮萍过后就会合拢的，小孩儿还是可以隐藏自己的踪迹的呀。"我当时让学生们讨论未果，自己也没有反应过来，事实上，作者之所以强调这么一个瞬间，只是因为他对这个"小娃"的喜爱，浮萍有没有合拢、小孩儿有没有被发现，谁在乎呢？但是，每当想到这样一个"遗憾"，我就为自己"HOLD"不住课堂而兴奋。学生的思维超出了我们的预料，这难道不足以令我们幸福而敬畏吗？

第五节　那些美丽的课堂

让教育自然地流淌
——苏教版一下《练习2》教学设计与评析

教学目标：

1. 创设情境,使学生知道春天来了,大自然发生的变化。

2. 学习四个成语"春暖花开、春色满园、春光明媚、春意盎然",感受春天的美丽景色。

3. 朗读描写春天的句子,帮助学生积累描写春天的词语、句子。

4. 使学生愿意把自己找到的春天讲给全班同学听,培养他们的口语交际能力。

教学背景：

1. 翻开我们的语文教材,发现所选的文章,大都是精选的名家作品,具有典范性、文质兼美的特点。教学中,如果我们能对教材进行人本化处理进行二度开发（遴选、调整,局部的改编、整合、补充、拓展等）,努力使教学内容贴近本地区、本学校、本班的教师与学生,贴近学生的生活经验和知识经验。那么,我们的语文课堂将成为师生个性发展的空间。

2.《美丽的春天》是苏教版国标本第二册练习中的：1. 春天多美呀！快把春天的美读出来。2. 读读背背：春暖花开、春色满园、春光明媚、春意盎然。3. 寻找春天,把找到的春天告诉周围的人这三个板块内容的重新糅合,充分体现了以儿童为本的理念。旨在通过让学生找春天和用不同的方式表达春天,来丰富见闻,增加感受,以激发学生热爱大自然的情感,提高学生的口语交际能力。同时,第二单元教材所编的课文《春笋》《小池塘》《春到梅花山》也都从不同的角度反映了春天的特点,为本次活动打下了良好的基础。

教学过程：

一、创设情境,感受春天的美

1. 小朋友,今天我们又把课堂搬到了花园里,你们高兴吗？

2. 学生在草地上自由活动。

3. 谁来说说你的感受呢？

（《课程标准》认为,学生学习任何知识都是一个自我建构的过程,而不是外部力量塑造而成的,老师在教学时,注意调动了学生的学习积极性、主动性,让学生进行自我体验,从而获得有关的知识和技能,本堂课教师把课堂搬到了室外,充分利用自然资源,带儿童投入生活的怀抱,让学生在蓝天白云下,在青青的草地上,尽情地享受,不知不觉地学习与周围环境相关的知识,创设了一种良好的氛围,使学生积极主动地走进了课堂,为本堂课的学习奠定了一个很好的基础。）

二、观察景物,说出春天的美

1. 这么美丽的景色是由谁带来的呢？

2. 春姑娘像一位神奇的魔术师,使我们身边的事物发生了很大的变化,你发现了吗？

3. 真好,小朋友把看到的、听到的、闻到的、想到的都说出来了！（教师根据当时实际情况让学生感受成语:春暖花开、春光明媚、春意盎然、春色满园）

4. 齐读成语。

5. 这是四个描写春天的成语。你知道还有哪些成语也是描写春天的呢？（学生交流）

6. 其实,我国古代许多大诗人也赞美过春天呢！课前,老师让大家搜集了,谁来汇报一下呢！

（语文教学还是一个积累的过程,教学中要注重语言的积累和运用,给学生打下扎实的基础,在学习完成语之后,让学生说跟春天有关的其他成语和诗句,帮助学生积累,最后根据实际需要及时补充一些词,让他们自己读读记记,注重了积累,实现了迁移运用的目的。）

7. 说得真好,春姑娘都有礼物送给你呢！

8. 小朋友,春天在校园里,在池塘边,在枝头上,在花丛中,春天,就在小朋友的眼睛里。

9. 师轻轻哼唱《春天在哪里》,学生进入情景,跟唱。

三、朗读短文,读出春天的美

1. 小朋友,春姑娘不仅来到了校园里,还来到了公园里,田野里,让我们快把春天的美读出来吧。大家先准备一下,然后我们来比一比。（学生朗读教材上的短文）

4. 指名读。

5. 听了你的朗读我仿佛看到了几只蝴蝶在花丛中翩翩起舞,你仿佛看到了什么?有勇气挑战他吗?

6. 是啊,只要用心朗读,你感受到的春天就是最美的。

(新课程标准指出:学生的语文实践活动是个性化行为,每一个学生的学习起点不同,兴趣爱好不同,思维特点不同,因此对同一样事物的理解也可能不同,所以应重在让学生感悟、体验。朗读短文中教师引导学生用自己喜欢的方式来读,珍视了他们独特的感受和理解,使学生的个性得到了充分的发展。)

四、各自酝酿,交流春天的美

1. 小朋友,你们真棒,在许多地方找到了春姑娘的影子,那你们想永远把她留在心中吗?那该怎么办呢?

2. 学生交流:(可以写下春姑娘的样子,也可画下春姑娘的样子)

3. 小朋友们,春姑娘是一幅七彩的画,一首无言的诗,一曲悠扬的歌,一个讲不守铁故事……让我们伸出双手,拥抱春天,把春姑娘永远留在我们身边吧!

4. 学生分小组交流。配乐《春天在哪里》,师巡视,指导。

5. 推荐优秀学生交流,全班学生参与评价:
①说话内容②交流时的神态、声音、动作等

五、回顾小结,增强感受

1. 春姑娘来了!地下的昆虫从睡梦中苏醒了。小草笑眯眯地伸展了腰肢,小河欢唱着,温暖和芳香又悄悄来到身边。春天,是一个美好的季节,播种希望的季节,让我们投入春的怀抱!去草地上打个滚,唱歌跳舞吧。(学生在春的环抱中尽情玩耍)

2. 春天是一个美好的季节,是播种希望的季节,课后,你们可以为刚才找到的春天写下来,再配上美好的图画,然后把你找到的春天说给家里人听一听。

六、拓展延伸

1. 指导学生自己动手,将课堂上展示的精美图片、图画张贴在教室里。

2. 搜集、阅读描绘春天的图画、诗文,与同伴合作,完成图画配诗文《我眼中的春天》。

教学反思:

苏教版国标本的练习中安排的内容丰富又新颖,是单元识字、阅读、积累、交际的延伸,是沟通课堂教学与课外学习的桥梁,既是学生合作、竞争的平台,又是学生展示学习成果的舞台。本节课,由于教学设计科学、合理,符合一年级学生的生活经验,活动过程丰富多彩,整堂课,学生的身心始终处于愉悦状态,注意力高度集中,有主动学习的愿望,欢笑声、加油声此起彼伏,他们在练习的学习中感受着学习的快乐,体验着成功的喜悦。

一、构筑一条通道——架起教材和生活的桥梁

《语文课程标准》倡导语文要利用现实生活中的语文教学资源,构建课内外联系、校内外沟通、学科间融合的语文教育体系,拓展学生的学习空间,增加语文实践的机会,让学生在生活中学语文。生活处处皆语文,带领学生走进社会生活,使学生获得更多的实践机会,这也是语文教学的有效途径。本课教学时正值春暖花开的季节,把孩子们带到了美丽的校园,让他们躺在草地上和小草拥抱,和花儿对话,和春姑娘问好……教师引导学生用诗一般的心灵去感受春天的美,用诗一般的语言去描绘春天的美,在大自然的怀抱中,学生主动地积累了语言,提高了运用语言的能力。

二、创建一片绿洲——构建和谐的课堂生态

只有和谐相融,生命才有不竭之源。课堂中闪动着学生灵动的个性,很重要的原因就是教师为学生创设了一个愉悦、和谐、民主、宽松的人际环境。教师绝对不再是单纯的知识传授者,而是受教育者全面发展的促进者,是学生的朋友、帮手。

本课堂是师生创造精神生命的乐园。你看,老师带着笑容,带着欣赏,坐在小小的板凳上,置身于几十个孩子中间;学生带着微笑,带着自信,坐在绿茵茵的草地上,置身于春意盎然的大自然中,师生一起读春天的词语,说春天的句子,念春天的古诗,赞春天的美景……在这宽松愉快的教学氛围中,师生之间,生生之间,进行着一次源于学生生活实践、源于学生知识经验的平等交流与对话,体验着精神生命的提升,他们真正成了学习活动的主人,课堂活了,学生乐了,教师的劲更大了……

细细品味这节课,我想起这样一句话"教育是生活,它应当自自然然地流淌在每个人的精神历程上;教育是舞蹈,它在我们心灵上流畅而自在地跳跃,留下的是和谐、柔美。"我想,当教育涌动着生命的自然、自由、自在时,我们的课堂才会因充满生机与活力而异彩纷呈。

追求"语文——生活"的和谐统一
——小学语文国标本第三册第八单元模块备课教学设计

在研读文本,设计教学的过程中,我们越来越强烈感受到,教一篇课文,眼光绝不能只盯着这一课,课文学习本身不是目的,重要的是驾文本之舟驶入孩子们的生活。在提高学生阅读能力的同时,拓展学生的生活领域,积极引导学生把语文学习和生活实践紧密地结合起来,让学生在广泛的生活实践与阅读中吸取生活素材,增加生活积累,提高语文的实践能力、审美情趣和创造思维。

教材文本解读

苏教版国标本第三册第八单元共有三篇课文:《水乡歌》《云房子》《夕阳真美》。三篇课文有一个共同之处,那就是"美":水乡的秀丽风光美,云朵的变幻多端美,夕阳的瑰丽多姿美,每一篇的字里行间都透露着大自然的美。

《水乡歌》这一首诗歌以优美的语言文字、排比的构段方式,描绘了水乡绿水清波、白帆如云的美丽画面,说明了水乡人民生活的幸福。全文按照水乡的"水多……船多……歌多……"的顺序结构,每一节的开头都采用问答的形式,回环反复,读来琅琅上口。课文配有描绘水乡的风貌图,是学生理解诗歌,感悟诗歌的一个形象凭借。

《云房子》是一篇童话故事。它以"云房子"为描写对象,以小鸟的活动为线索,以白云的变化为写作顺序,分为"造云房子""用云房子""失云房子"三部分,富有童趣的语言,表现了小鸟在白云间飞翔嬉戏的快乐心情,展示了白云从存在到变幻消失的过程。多么有意思的一篇文章,它自始至终吸引着学生,让学生在朗读中、体验中、游戏中感受云的变化、云的美,体验着云给他们带来的快乐。

《夕阳真美》是一篇写景散文,运用生动形象的语言,描绘了夕阳西下时天空、云彩、西山等天地万物富有变化的壮丽景色,运用文中插图、投影片,能够唤醒学生的已有经验,引起学生对夕阳的细致地观察,提高学生的审美美鉴赏能力。

学情分析

1. 经过一年半的语文学习,学生从刚接触课文时的眼见一字、发一音、字与字之间缺乏联系到发展为能把一个词组、一句话作为认读单位,从而达到连贯、流利的程度,这对学生感悟、理解课文奠定了良好的基础。

2. 他们也初步学会了联系上下文或生活实际来理解词句的意思,能够在阅读中抓住主要内容,也有了一定的语言积累。学生的形象思维能力随着年龄的增长和经验的丰富不断提高,根据学生思维发展的规律,阅读教学中要引导学生把阅读和生活结合起来,以加深对课文的理解和体验,有所感悟和思考,享受阅读的乐趣。

3. 孩子与文本的对话大多是浅层次、浮于表面的。在本单元中,教师需要引导学生与文本展开深层次的对话,在阅读中进行想象与创造,完善和丰满文本,深入发掘文本的语言魅力、思维品质、思想内涵、审美价值。

模块教学建议

一、创设情境,感受美

苏霍姆林斯基说过:"儿童是用色彩、声音、形象来思维的"。教学时,应使课文中描绘的景在脑海中"活"起来,产生真切的感受。

《水乡歌》以欣赏歌曲《太湖美》开篇,在音乐声中,教师打开江南水乡的画卷,美丽的画面使学生受到震撼,教师再通过语言描述:"小朋友,我想没有人会不知道,我们的家乡叫无锡,人道是,江南无锡好风光,这里山清水秀,风景优美,大家都喜欢叫他江南水乡,听说过它的人们啊,都想来看看它的秀丽风光,瞧,连外国小客们也赶来啦,想请大家来做小导游呢!"优美的音乐,秀丽的景色,再加上教师的语言渲染,勾起了学生自身的生活经验,使其自然想到家乡的风土景物,从而唤起他们的熟悉感、亲切感,乃至自豪感,激发学生的学习兴趣,以及进一步了解水乡美景的愿望。

《云房子》在教学时把整篇课文外化为活动的生活场景——在教室的黑板上画上蓝天、白云,为每一位学生准备一个小鸟头贴,课始让全班的学生一起做一下小鸟跟鸟妈妈飞上蓝天,通过角色游戏的引入,让学生进入小鸟的视觉,见小鸟所见,思小鸟所思,学生融入情境,说说读读,感受着蓝天、白云,感受着大自然的美。

《夕阳真美》课初,师激情渲染:"夕阳西下给大地万物披上落日的余晖,显得十分壮丽,瞧!"此时,配乐播放多幅网络中下载的图片、还原、扩充课文所描绘的如诗如画、瑰丽多姿、雄伟壮观的景象,并让学生看后说一说心中的感受,通过配乐图片的出示,创造了与课文相通的具体可感的生动情境,让学生在身临其境中受到真切的感染,得到属于自己的真实感悟"夕阳真美"。

二、发展情境,深化美

情境的创设,使学生在课始就在脑中建立了一个美的表象,让学生的情感一开始就与即将要学的课文情感基调保持一致。随着教学的深入,在课堂上使情境进一步发展就显得尤为重要,通过师—生、生—生、师生—文本之间的立体互动,让学生的思维始终处于一种是自己要学要说的活泼状态,然后选择自己喜欢的学习方式(如说说、画画、演演、贴贴等),无拘无束地畅游在课堂学习之中,并进一步感悟美、深化美,进行有效的语言实践活动,从而获得语言的发展。

《水乡歌》让学生读读、画画、评评,感悟诗歌的语言。师可引导"小朋友,谁喜欢做小画家,谁喜欢朗读诗歌?你们可以自由组合,选择诗歌的一段读读,把你们所体会到的感受通过读读、说说、画画、评评的方式表达出来。"通过合作学习方式的引导,让学生在轻松,愉快的氛围中自主探究、开放创新。接着让学生说一说他们的学习结果,引导学生凭借诗歌进行评画,随机指导朗读,将评画与评演结合起来,这既是学生理解诗歌,鉴赏诗歌的过程,又是再创造的过程,然后放手让学生以小导游的身份介绍水乡的水、船、歌,将书本语言内化为自己的语言,并进一步激起学生热爱水乡的美好感情。

《云房子》教学时,在学生戴上小鸟头饰,融入课文情境的基础上,让小鸟(学生)在境中造"房"、赏"房"、玩"房",让学生造一下房子,然后相互介绍自己造的云房子,相机感悟文中的漂亮房子,并邀请别的小鸟(学生)到各自的云房子里作客玩耍,并把这一系列活动通过表演读、评价读、欣赏读、比赛读等多种读的形式表现出来,使学生在朗读中进一步理解语言、学习语言和积累语言。

《夕阳真美》在情境诱导之下,综合各学科,以多种读的方式促进学生自我感悟,获得自我见解。通过读读、评评、画画的方式,采用鼓励、欣赏的手法,让学生在轻松、快乐的情境中,说夕阳、读夕阳,从而感悟夕阳的美。具体操作如下:老师根据第二段画一幅图,"老师画对了吗?能在组内读读课文并谈谈你的看法吗?"激起学生读课文的愿望,通过读课文发现画错的地方,并随着学生的发现,纠正错误,指导朗读,放手评价。这样设计,巧妙地将学习课文蕴藏于评价图画中,让学生通过读文去找错,把对课文的语句理解吸收并外化为自己的语言去评图,对照图画巧妙地进行读、评的训练,同时也是口语训练和师生交际的训练。第三、四两段,可让学生模仿第二段的评读,合作说、画、评、读自己喜欢的一段,使整个教学过程体现出由扶到放、由封闭到开放、由导读到自主探究的特征,让每个学生都获得学习的机会,交流的喜悦,夕阳的壮丽美景同时也深深地烙在孩子们的心底。

三、深化情境,创造美

美和形象始终是结合在一起的,离开了具体形象,就谈不上美和美感,语文课堂上,我努力深化情境让学生结合自己的生活体验,大胆想象,让学生在感受美、深化美的基础上来创造美。

《水乡歌》可指导学生想一想,水乡除了水多、船多、歌多,还有什么特点?鱼虾多、菱藕多、稻米多、小桥多……，然后请他们做一回小诗人，学着课文的样子来写写水乡的其他特点，使学生的语文学习和广泛的社会生活结合起来，在拓展学生的思维空间和选择教材范围的同时，扩大学生理解和运用语言文字的实践领域，同时让学生更深入领会水乡的美丽富饶及水乡人的自豪之情。

《云房子》在学生造"房"，欣赏完文中的漂亮房子后，让学生来介绍自己发挥想象造出的房子，并指导学生运用这样的句式。我们的云房子真漂亮啊！"它们有的像＿＿＿＿，有的像＿＿＿＿，还有的像＿＿＿＿。"如果说课始教师的语言描述和让学生戴上头饰是创设情境，"小鸟（学生）"去"造房子"，这是用学生的活动在发展情境，此时的说"房子"则是用学生的体验和感悟在深化情境了。

《夕阳真美》可引导学生在整体感知课文，合作评图，感悟语言的基础上，出示："学校播音员招聘启事"，如果学生能将本课感受到的美，用自己喜欢的方式展示，将优先录用，激起学生再一次进入情境，想象、感悟夕阳的美。同时，引导学生发挥创造，展示个性，采用独特的方式来展现，这既是对课文的一个整体回归，同时，也是学生将书本语言内化为自己的语言，并运用语言表达心中感受的绝好机会。

四、拓展情境，挖掘美。

语文是生活的工具，生活是语文的土壤，语文教学只有走出课堂，走向生活，才能贴近学生的心灵，激发学生的学习兴趣，才能让学生和谐发展。

《水乡歌》课后可让学生去搜集一下描写水乡的诗、歌、文，使学生在学好课文的基础上，做到课内外阅读的有机渗透，和谐衔接，开拓其阅读视野。

《云房子》课后可让学生去了解有关云的生成、消失的原因，并让学生仔细观察天空中的云，知道"生活处处有语文"，培养学生仔细观察，记观察日记的好习惯。

《夕阳真美》，夕阳的美让人赞叹，其实不同地方夕阳的美更让人惊叹，课后师生可共同搜索资料，去感受一下沙漠落日，草原落日，海上落日，高原落日等美景，进一步挖掘生活中有关夕阳美的资源，让学生充分感受大自然中的美。

教学资源

本单元阅读教学，资源搜集和利用的思路如下：

1. 本单元的文章和学生的生活实际联系紧密，引导学生在平时拥有一双善于发现的眼睛，留心大自然中的美景，能为学生与文本对话奠定良好的基础。

2. 充分利用教师和学生这类特殊的资源。很显然，在课堂教学中，教师自身的优势和个性,比如语言的感染力和亲和力、板书的规范美观、丰厚的知识底蕴、良好的个人修养等,都会对学生产生潜移默化的影响。学生中的榜样也能对同伴产生较大的影响。

模块教学思考

1. 记得高尔基曾说过:"艺术作品不是叙述,而是用形象来描写现实的"。教学这类文章优美,画面优美的课文,情境的创设尤为重要。教学中,教师要引导学生联系课文创造和提供具体生动、可供联想的学习环境,让他们在情境中贴贴、画画、说说、演演,使他们感受生活,真正使课堂成为享受美的乐园。

2. 文本中一般都存在着链接空缺,它能够诱导学生对文本进行创造性填补与想象性连接。学生通过对文本空白的寻找,可以发现文字以有限之象表现无限之意,达到"含蓄无限,思致微妙"之境,但文本中的空白,学生有时难以发现的,这需要教师的引导和催化。

3. 要坚持以读为主,以讲助读,要充分发挥课本图文并茂的优势,通过指导读来激发儿童的星星思维,让儿童一边读,一边在头脑里浮现出相应的图景,通过指导读帮助学生形成敏锐的语感。

4. 在本单元阅读教学的模块备课中,我强烈感受到,教师在中观层面研究教材和教学,是深刻把握教学目标、科学实施教学的重要视角。我们的阅读教学是母语教学的核心内容,一直以来都是教学研究的核心。而模块备课,既站在较高的位置又需要有细致入微的分析,为灵活调用各种资源,提高教学效益,提供了很好的空间,同时也为教师在掌握好单课教学的基础上,发展、提升自己的专业水平指明了新的道路。

创生知识,以读导写
——《说勤奋》第二课时教学设计

教学过程:

一、复习导入

1. 同学们,今天我们继续来学习这一篇说理文——说勤奋。(齐读课题)

2. 关于"勤奋",作者开门见山就提出了自己的观点,是什么?"通往理想境界的桥梁是勤奋。"(ppt)

3. 把这句话说得更加明白些,就是——(ppt)齐读

"古今中外,每一个成功者手中的鲜花都是他们用汗水和心血浇灌出来的。"

4. 这就是作者的观点,说理文光讲大道理你们服不服?所以还得——举例子(板书)

5、作者举了哪两个例子?能用一句话分别来说一说吗?

(板书:司马光　编成《资治通鉴》　童第周　完成蛙卵手术)

6、课文的最后作者还对他的观点进行了再次——强调。(ppt齐读课文第四自然段)

二、理清文章结构

1. 通过上节课的学习,课文的结构已经清清楚楚地展现在了我们面前。(出示结构图)

2. 引导学生讲出课文结构:

作者先——提出了一个观点

然后——举了两个例子

最后——对观点进行了再次强调

2. 看,两个观点之间夹着一大块了例子,就像是一只——汉堡!(引出"汉堡结构图")

3. 而今天我们所学的这篇文章还不是一只普普通通的汉堡,它中间有两个——例子,所以它是一只实实在在的——双层鸡腿堡!(PPT)

4. 作为资深吃货,我们都知道汉堡中最美味的就是——中间的鸡腿肉,所以想要学好说理文,最重要的就是要学好——如何举例子。

三、分析课文(司马光)

1. 我们先来品一品第一块鸡腿肉,轻轻读一读课文第三自然段,思考:你从哪里体会到司马光的勤奋?

2. 学生交流:

①小时候,每当老师讲完课,哥哥、弟弟读了一会儿书就去玩了,他却躲在屋里一遍又一遍地高声朗读,一直读到滚瓜烂熟为止。

(1)引导学生抓住"每当、哥哥弟弟、一遍又一遍、滚瓜烂熟"等词自主谈谈对司马光"勤奋"的理解。

(2)司马光一遍又一遍的朗读,咱们也来读一读,感受他的勤奋。(齐读)

(3)聊着聊着,我们发现这段文字都变红了。说明了什么?(指答)原来它每一处都写了司马光的"勤奋",所以在说理文中,举例子时一定要——"紧扣观点"(板书)

②长大以后,他更加勤奋。为了抓紧时间,他用圆木做了个枕头,睡觉时只要稍微一动,枕头就会滚开,他醒来后便继续读书写作。他管这种枕头叫"警枕"。

(1)引导学生模仿前一次抓住关键词体会"勤奋"的方法谈谈自己的理解。(更加、稍微、继续、"警枕"的"警"等)

(2)老师这里也有一个关于"警枕"的故事(出示《司马光与警枕》的故事)

和课文中的故事相比怎么样?(具体、生动、有趣)既然这么好,那我们能不能就把这个故事塞到课文中去呢?为什么不能?(太长了)

(3)对啊,我们的手枪腿虽然既大只又美味,可能不能把它整个塞到汉堡里?这就是我们举例子时的第二个小法宝,例子一定要——简单概括(板书),不用写得细致具体,这和我们平时写故事是不一样的。

3. 总结:正是因为司马光如此勤奋,所以他——。(齐读"司马光手中的鲜花")这就是司马光手中的鲜花。

四、对比学习童第周的例子

1. 那么童第周的例子与司马光的例子又有什么区别呢?请同学们自读课文第三自然段,找一找他们有何异同?(PPT 表格)

2. 交流相同点:

(1)都很勤奋

你从哪儿体会到童第周很勤奋?(让学生抓住童第周例子中的关键字词谈一谈。)(齐读)

(2)都获得了成功

找一找童第周的成就是什么?(齐读)

3. 总结:(PPT)原来他们都是一生勤奋、有所作为的人,那他们之间还有什么不同点呢?

4. 交流不同点

(1)一个古代,一个现代。(年代不同)

(2)一个天资聪明,一个基础较差。(起点不同)

5、总结:看一看表格,由此你明白了什么?

你能用"无论…还是…只要…都…"的句式来说一说吗?(指答)

6、刚刚我们说的是内容上的不同,我们再往下读一读,看看在写法上,童第周的例子又给了我们什么新的启发?(PPT)

交流童第周例子在写法上的新启发:

（1）引用名言（正如著名的数学家华罗庚所说，"勤能补拙是良训，一分辛苦一分才"。）

名人的话往往能够达到以一敌十的效果，写文章时，用上名人名言往往能够让人心服口服。这就是第三个法宝——引用名言（板书）

（2）及时总结（由此可见）

再看！这里还藏着一个小法宝呢！（点红"由此可见"）"由此可见"可是一个非常有分量的词，写完事例后，用上这个词来——及时总结（板书），往往能够达到一锤定音的效果，给人留下非常深刻的印象。

拓展："由此可见"还有许多好朋友呢，比如说（PPT）齐读。它们都能够用来——及时总结。

7、总结：到这里，我们已经品完了两块鲜嫩的鸡腿肉，谁来说说我们在举例子的时候要注意些什么呢？（根据板书指名学生交流）这些都是写事例的法宝。

五、当堂练笔

1. 同学们，不光是名人，其实在生活中也有很多通过勤奋获得成功的人，我们身边有没有通过勤奋获得好成绩的同学？（简单交流班中同学的例子）

2. 今天，咱们也来写一个小事例，来证明只要通过勤奋就能成功这个观点，四大法宝在向你们微笑！（当堂完成一个身边的勤奋小事例）

3. 交流点评。（抓住"举例子"小法宝的使用来点评）

4. 总结：今天这节课是我们第一次接触说理文，我们认识了它的结构，了解了一点烹制鸡腿肉的小方法，这对我们以后读，甚至是写说理文，对我们今后发表自己的观点进行演说都是非常有帮助的。

六、作业

1. 完成课堂小练笔，已完成的同学进行进一步优化。

2. 完成补充习题

七、板书设计

		16. 说勤奋		举例子
	每一个人		理想境界	紧扣观点
古	司马光		编成《资治通鉴》	简单概括
		勤奋		及时总结
今	童第周		完成蛙卵剥离手术	引用名言

鱼和熊掌皆所欲也
——苏教版三下《争论的故事》课堂实录及点评

课例回放：

一、板书导入，聚焦争论的内容

师：同学们，这节课我们继续学习《争论的故事》。故事中,哥哥和弟弟为了大雁的吃法而争论,他们的观点分别是：(指板书)

```
哥哥    弟弟
煮      烤
```

师：文中哪一自然段就写了他们争论的内容？

生：第三自然段。

师：请大家轻轻读读这一段。

二、朗读对话，体会争论的激烈

一读，抓反问句读出争论的激烈

师：这就是兄弟俩争论的内容,请这边两组同学读哥哥的话,其余同学读弟弟的话,我来读旁白,好吗？大家要边读边想：他们争论得怎么样？你是从哪些地方读出来的？（出示对话）

生：兄弟俩争论得非常激烈。

师：哪些地方让你感受到激烈了呢？不要急,大家再读读这段话,同学们可以去关注一个词,一句话或一个标点符号,可以拿出笔来圈圈画画。

师：谁先来交流一下你的收获？

生：我发现第三段中有很多问号。

师：哦,你关注到了标点符号。同学们,把目光聚焦到这句话,这是一个——反问句(生答),知道弟弟说的是什么意思吗？（出示句子：再好的东西,一煮还有什么味道呢？)

生：再好的东西,一煮就没有味道了。

师：你觉得哪句话争论的味道浓呢？

生：反问句争论的味道更浓。

师：是啊,反问句表达的感情更强烈,争论的味道更浓。小标点,大学问。谁来读？（指读,齐读）

师：在接下来的争论中,这样的反问句还有很多,赶快找一找。

生：烤了吃,烟熏火燎的,能有什么好味道?

生：鸭子不是可以烤了吃吗?

生：为什么大雁就不行呢?

师：挑一句你最喜欢的来读读,自己先练练。

生：自由朗读。

生：指名读。

二读,抓提示语、想动作表情读出争论的激烈

师：这些反问句,让我们感受到了兄弟俩的互不相让。还有哪儿也能看出兄弟俩争得很激烈呢?有谁关注到了词语?

生：我从"不以为然"感受到了争论的激烈。

生：我从"大声争辩、很不服气"也感受到了争论的激烈。

师：我们读一读这些词语。

师：这些提示语中,包含着丰富的表情和动作,如果谁能够发挥想象,加上动作和表情来朗读,那他一定能读出争论的味道。先准备一下,待会儿来比一比,看谁读得更好。

生：生自由练习。

师：谁有信心读好哥哥的话?指读。

师：读得这么好,你一定知道了"不以为然"的意思,告诉大家好吗?

生：不认为是对的。

师：这里的"然"在字典中的解释有三种,我们一起读一读。

(1)对;(2)这样,那样;(3)然而。

生："然"就是对的意思。

师：哥哥认为弟弟不对,一定有他的理由,知道哥哥心里怎么想吗?谁能用书上的关联词来说一说,可以用一组,也可以两组都选择。(板书：要是……就……,只有……才)

(生用关联词说话,略。)

师：哥哥反对的这么强烈,弟弟当然会寻找理由反驳他,谁来读读弟说的话。

(生朗读,评价)

师：兄弟俩的观点截然不同,他们的理由都很充分,争论也显得异常激烈。作

者也用文字向我们传递着这场争论的激烈,你们看,第一回合没有提示语,大家还是心平气和的,第二回合啊,在这些提示语的描绘下,争论升级了,谁愿意带上动作、表情来读读他们的对话?

生:同桌练习朗读。

师:哪两位同学愿意来读对话。

生:朗读。

师:争论还在继续,请大家看这一段。

> "大雁就该煮了吃,烤了不好吃。"
> "大雁就该烤了吃,皮香肉嫩,煮了吃没味道。"
> "大雁煮了好吃。"
> "大雁烤了好吃。"
> "煮了好吃。"
> "烤了好吃。"
> "煮。"
> "烤。"
> "煮。"
> "烤。"

生:分角色朗读这段话。

师:争论又升级了吧,火药味更浓了,读这一段话,你发现了什么?

生:这段话没有提示语,都是人物说的话。

生:我发现,这段话中兄弟俩说的话越来越少了。

师:是的,虽然话简短了,但争论的味道更浓了。

师:同学们,有时候,在搞清楚说话的对象后,我们往往可以舍去提示语,突出情况的紧急和程度的激烈等。

师:像我们刚才这样,你一句,我一句,没完没了,争个不停,这就叫——

生:争论不休。

师:"休"在这里是什么意思呢?

生:停止。

师:一起读好这个词语。(出示:争论不休)

三、绘声绘色,讲述争论的故事

师：他们就这样争论不休，那这个故事的结果怎样呢？让我们端起书，一起读第四和第五自然段。

生：大雁飞走了。

师：这个故事有趣吗？想不想讲讲这个故事，这回呀，咱们比的是谁能把故事讲得绘声绘色。既要注意说话的语气，还要加上动作、表情。

（学生练习，指名讲述。）

四、梳理补白，感悟故事的道理

师：这个故事有趣吧，盛老师的同学们也这样认为，他们听完这个故事，还纷纷谈了自己的感受，是课文的哪些自然段写的内容？

生：第6—9自然段。

师：谁来读。（出示打乱顺序的四句话）

师：怎么啦，有问题吗？一起读读书上的四句话

生：朗读。

师：同学们，哪种表达更好呢，为什么？

生：先说兄弟俩笨，再说不是他们笨，而是他们没有抓住时机，这样写一句接着一句，比较好。

生：我觉得，"不管做什么，关键是要先做起来。"这句话应该放在最后，因为这是大家明白的道理。

师：哦，一句比一句写得深。是啊，先说说读了故事的感受，再讲讲自己明白的道理，这样写，更有条理。

师：同学们各抒己见，盛老师聚精会神地听着，不时地向同学们投去赞许的目光。能给"赞许"换个词吗？

生：赞同、赞赏、赞成等。

师：盛老师为什么不时向同学们投去赞许的目光呢？

生：觉得同学们说得很有道理。

师：那盛老师赞许的仅仅是同学们的观点吗？还赞许了同学们的什么呢？你可以从这个省略号中去寻找答案。

生：还赞许了同学们都积极思考。

生：赞许了同学们都勇于说出自己的想法。

师：假如你也是盛老师的同学，听完故事，你会说什么呢？谁有本领看到这个省略号背后藏着的话，请把他写下来。

生:静静思考,写下感受。

师:谁也来说说你的感受。

生:任何事情最关键的是要去做。

生:光说不做是不会有好结果的。

生:机会是不等人的,是一闪而过的。

生:说还永远不如做啊。

生:当机会来临时,应该立刻抓住他。

师:看来同学们都听懂了盛老师的故事,小故事,大道理。以后,不管做什么事,我们都应该抓住时机,马上行动起来,不能因为争论而错失良机。(相机板书:抓住时机　马上行动)因为机不可失,时不再来啊!

师:让我们牢牢地记住这句话"机不可失,时不再来!"一起读。

四、布置作业,兼顾读写的平衡

1. 绘声绘色地讲讲这个故事。

2. 小练笔:假如同学们说的话一传十,十传百,传到了兄弟两的耳朵里,有一次,又有大雁飞过,他们会怎么说?怎么做呢?请大家发挥想象,写下来。

[专家视点]

向分析课文内容式的阅读教学说再见

王聚元

"向分析课文内容式的阅读教学说再见"这一观点,是中国教育学会小学语文教学专业委员会理事长崔峦先生,针对新课改实施以来语文教学所存在的一个突出问题,在2010年7月于大连举行的阅读教学研究会上提出来的。

新课改实施以来,由于种种原因,人们过多地关注语文教学的人文性而忽视了工具性,在这种背景下出现的一种情况是,课堂上过于注重课文的"人文内涵",一些老师特别注重课文思想内容的分析,而忽视了语言文字的学习和运用,中学语文教学是如此,小学语文教学也是如此,无论是低年级还是中高年级都把课堂教学的大量时间用于课文思想内容的分析。

分析课文内容式的语文教学,不仅违背了语文阅读的规律,而且更背离了语文教学的核心任务和根本目标。阅读教学,当然要引导学生去理解课文的思想内容,体悟作者的思想感情,但这种理解和体悟,不是靠分析得来的。作者的思想感情是通过语言文字表达出来的,领悟作者的感情,理解作品的思想内容,也必须从学习和理解语言文字入手,而不是靠有些课堂教学那样离开了语文文字的理解,架空分析。理解课文的思想内容,崔峦先生称为"得意";学习、品味语言,揣摩语言的表达形式,探究作者的表达方式,崔先生称之为"得言"。语文阅读教学理应从"得言"入手,在得言的过程中"得意"。语文学习是母语学习,教学的核心任务是学习语言,是培养学生理解和运用祖国的语言文字的能力。可惜我们的许多语文课堂,却是得"意"而忘"言"。

好在这个偏向正在逐步得到纠正,广大语文教师正在以自己的教学实践,与分析课文内容式的阅读教学大声说再见。新区实验小学邹莉老师执教的《争论的故事》就是这样的好课。

在这堂课上,我们听不到教师是如何带着学生去划分课文段落,逐段分析课文内容;也听不到教师如何引导学生归纳课文主题,并要学生大谈特谈体会和感悟。我们看到和听到的,是老师都在引导学生学习和理解课文中的关键词句,揣摩语言的表达形式等方面下足功夫,甚至连标点符号的用法也不放过;我们确确实实地感觉到,学生在学习中,对课文之"言",获得许多新的认知和感悟,而在"得言"中,也就水到渠成感悟到了课文所要表达的思想内容——做任何事情要抓住时机,不要白白浪费时机;不管做什么,关键是要先做起来。

由得言到得意,这堂课都有不少可圈可点的地方。例如,邹老师设计和组织的由学生复述故事的教学活动。分析课文内容式的阅读教学,也常常会有这样的教学活动,但其目的一般是通过复述,了解故事情节,感知课文写了些什么内容。而邹老师不是这样,她的立足点是放在让学生进一步理解课文的语言特色,她的复述要求是,把课文中所描述的激烈的争论场面再现出来。通过这样的复述,讲述者和听讲者,必定会对争论双方的语言特点有更加直观和深刻的体会。

向分析课文内容式的阅读教学说再见,首先要解决的问题是克服和纠正过于注重课文思想内容,忽视语言形式的弊端,这个问题解决了,是不是就意味着与分析课文式的阅读教学彻底再见了呢?未必。也曾听过一些着眼于学习、理解、品味课文语言形式的语文课。但许多课堂仍然摆脱不了"分析"的毛病,执教者热衷于逐段逐句地引导学生对课文的语言形式作理性的分析:哪个词语用得好,好在哪里;哪句话说得妙,妙在何处;作者用了怎样的表现手法,这种手法好在什么地方,等等。培养学生理解和揣摩课文语言的能力,并在理解和揣摩中获得课文思想内容的理解和感悟,最关键的是培养学生的语言感悟能力,即语感能力。语感能力的获得,最主要的是组织学生参与言语实践活动,因为言语实践是培养语感能力的唯一途径。

邹老师的课,在这一方面也给我们十分有益的启发。她采用比读法,引导学生通过对不同句式(反问句和陈述句,长句和短句),不同的故事表述方式(人物语言用不用提示语)进行对照朗读,通过这样的言语实践活动,学生真切地体会和感悟到了反问句、短句的表达作用,才真正懂得为什么作者在表述人物对话时不用提示语。通过这样的言语实践活动,学生所获得的言语知识,就是很深刻、很真切的了,也就是说,学生是在言语实践中的亲身体验中得课文之"言"。这样的课,才称得上是与分析课文内容式的阅读教学彻底再见。(王聚元,江苏省特级教师,江南大学教师培训中心特聘导师)

[观点集萃]

先和大家一起分享潘新和先生的新理念:语文是什么?语文就是言语,是表现与存在的言说。语文课程的种差就是言语性。言语性,就是学习"个人在特定语境中的具体的语言运用和表现"的特殊属性,即学习言语,包括学习个人的口头语言和书面语言的实际运用和表现。言语性包含了语言的运用,但不仅仅在这个层面,其终极指向是人对自身的言语生命特征和对精神生命意义、价值的彻悟。虽然还是听说读写,但听说读写并不是外在于人的能力,而是一个人言语生命欲求的存在和表现。因此,语文教育要努力唤醒孩子们内在的言语生命欲求,激励孩子去追求属于自己的言语人生。潘先生的教学理念在邹老师的课上得到了淋漓尽致地体现。《争论的故事》内容浅显,孩子一读就懂,那老师教什么呢?邹老师把教学内容指向文本表达方式的学习,很正确,因为不管是表现争论激烈的表达方式,还是标点的运用等都具有典型性,决不能忽视。接下来就是如何利用文本进行教学的问题,邹老师又用堪称完美的设计征服了我。一起来回忆:一读,抓反问句读出激烈。反问句是争论必有的一种表达方式,抓得准!二读,抓提示语、想动作表情读出激烈。聚焦几个提示语,让孩子们知晓表情、动作的描绘能显现出争论的激烈程度,抓得细!三读,补充文本读出激烈。这是我拍案叫绝的设计,邹老师抓住课文中的省略号,自创文本,让孩子在朗读中摸索出另一个表达争论激烈的新方法:舍去提示语,用最简短的语言,抓得巧!邹老师的课上亮点不断,接下来,她让孩子绘声绘色地讲述这个故事,教室里立刻小手林立,学生的言说欲求完全被点燃了!在感悟道理的环节,邹老师出人预料地出示了一段被打乱顺序的文本,开始,我还真的以为是邹老师马虎出错了,没想到这个对比、调整的过程,恰恰引出了正确的表达顺序的学习,我想孩子们的印象一定特别深刻吧,这样的设计妙不可言呀!

(顾莹,无锡新区第一实验学校,无锡市教学能手)

听了《争论的故事》,似乎脑海中已然隐约闪现"言意兼得"四个字,闪现出歌德的那句话——"内容人人得见,含义只给有心人得知,形式对于大多数人而言是一个秘密。"邹老师呈现给我们的课堂,便是践行"言意兼得"思想的成功范例。我把它概括为三条,即在文本的"陌生之所"言意兼得;在文本的"绝佳之境"言意兼得;在文本的"规律之处"言意兼得。"言意兼得"是一种教学理念,它打破了一味追寻"意"的解读平衡,构筑起在文本语言文字丛林中走进走出,走一个来回地新解读平衡。"言意兼得"也是一种教学策略,寻找言意兼得落脚点,设计言意兼得路线图,展开言意兼得阅读场,实现言意兼得最优效。追寻"言意兼得"的阅读教学,让学生在课堂上,得知文本内容含义,得见文本形式秘密,这是邹老师的课给我最大的收获,也是我未来努力的方向。

(顾春雨,无锡市后宅实验小学,新区教学能手)

课堂的内力往往蕴藏于细节的魅力之中,"细"指微末之处,"节"指关键之处。"教学细节"乃教学中的细小环节,细枝末节,是指发生在课堂教学过程之中的充满思辩与灵性的课堂场景。在邹莉老师的课堂,细节的魅力展现得淋漓尽致,有些细节看似平常,而平常中蕴含智慧;它看似简单,而简单中孕育深刻。如用标点促进学生思维;用想象激活学生思维;用拓展延伸学生思维。细节影响品质,细节体现品位,细节显示差异,细节铸就完美,细节决定成败。邹老师的课堂充分聚焦于课堂中的每一个微末和关键之处,真正凸显文本的亮点和特色,真正构建起了高效的语文课堂。

(殷毅,新区第一实验学校,无锡市教学能手)

叶圣陶先生曾经说过:"一字未忽宜,语语悟其神。"教学中,邹老师引导学生抓住文章的矛盾冲突,趣读慢品,把读寓言、讲故事、悟哲理有机地融合在一起,引领学生愉悦、有效、智慧地行走在字里行间,处处洋溢着浓厚的"语文味"。一是"读"占鳌头。从"读"字上做文章,在简洁明快的导入后,直接将阅读的视角引到"争论"这一主题,可谓重点突出。二是咬"问"嚼字。以文本为"本",引导学生细细咀嚼,慢慢品味,使其领略到语言文字的独特魅力,从而激活阅读内动力,于无形中把握语意,品出语文味。三是实践运用。教者善于挖掘文本中的训练点,引导学生进行实践运用。重视调动学生的多种感官,采用多种形式,让学生在使用中积累语言,内化语言,在运用中提升自我的言语表达力,同时丰盈自己的内心体验。在整堂课的教学中,师生共同参与语文实践的过程,共享语文给我们带来的乐趣。

(王志芳,无锡市江溪小学,新区教学能手)

第三章

重新发现阅读

——让阅读成为一种习惯

书籍是人类进步的阶梯,是传承人类文明的桥梁。一个爱读书的民族,才是最有希望的民族,这是世界各国普遍达成的共识。对于成长中的儿童来说,阅读具有为生命奠基的宏伟意义。

当阅读的意义在观念中得到应有的强调之后,我们的关注点就自然落到操作层面:小学生课外阅读的现状如何?需要做哪些调整?被视作"鸡肋"的国学经典在课外阅读中应该被置于一个怎样的位置?各年级段的读书会可以如何开展?是否可以有一本《阅读手册》,将阅读推荐、指导、记录等功能一网打尽?……

这是我们研究的思路,也是本章行文的思路。

第一节 课外阅读的那些事儿

小学生课外阅读情况调查分析及指导策略研究

大量阅读文学作品,可以提高学生的思维能力、写作能力及文化素养,这是毋庸置疑的。部分小学生的口头表达能力、写作能力、知识面不尽人意,原因是多方面的。其中,阅读太少是一个重要的原因。

近日,我分年级段进行了《关于学生课外阅读的调查》,经过分析发现各年级段学生课外阅读的情况有很大差异。

一、各年级段学生课外阅读情况及分析

小学一年级学生思维特点是以形象为主,认知水平较低,识字也较少,他们的"阅读"主要是以听老师、家长讲故事为主。而从二年级开始,由于识字量的增加,学生的阅读能力有了一定的提高。据调查,在小学二、三年级阶段有近50%的学生坚持阅读课外书,平均每学期阅读书目4—5本。而到了小学三、四年级,能够每天坚持看课外书的学生却只有35%左右,呈下降趋势,能够每天坚持看课外书的学生数占该学段学生总数的70%,每学期平均每人看7本课外书。而到了高年级,几乎人人能够每天坚持看课外书,每学期平均每人看10本课外书。

造成这一现象的原因有很多。

小学一二年级的学生由于完全不具备独立阅读能力,备受家长关注,有的家长还想了很多办法促其尽快具备独立阅读能力;而且在这一阶段,学生的读物以注音童话和卡通等图文并茂的书籍为主,较能诱发学生的阅读兴趣;同时,低龄儿童对凡事都有好奇心和新鲜感,有较强的求知欲,所以这一阶段学生的课外阅读情况总体较好。

中年级学生的思维由形象思维向形象思维与抽象思维并存的阶段发展,社会心理水平有所提高,且他们的识字量也有所增加,已经认识和掌握了大部分常用汉字,注意力比第一学段更持久。这本是有益于阅读量的增加的。然而,由于这一阶段的学生兴趣广泛,易开小差,易受外界的干扰,加之很多学生还没梳理明确的学习目的,还没有真正体会到课外阅读的作用和乐趣,从而导致这阶段的学生坚持阅读的人数有所下降。

高年级的学生随着年龄与知识的迅速增长,对社会对世界的认识加深,基本形成了独立的阅读能力和相对较高的认知水平与社会心理水平。他们开始有自我意识的追求,遇到问题愿意自己思考或从书中找答案,而不是满足于仅仅听取身边人的意见。同时在教师、家长和同伴的影响下,有一部分学生逐渐又亲近起书本来。所以,在高年级阶段,每天坚持阅读课外书的人数又大大回升。

二、学生课外阅读存在的主要问题

1. 学生课外阅读范围不广泛

我对学校各年段进行了一次"你喜欢读的书或向同学推荐的书有哪些"的抽样问卷调查,从结果中发现:

一二年级喜欢看的书主要有:《一千零一夜》《安徒生童话》《阿凡提的故事》《格林童话》等。

三四年级喜欢看的书主要有:《伊索寓言》《一千零一夜》《哆啦A梦》《成语故事》《木偶奇遇记》《淘气包马小跳》等。

五六年级喜欢看的书主要有:《快乐星球》《龙珠》《哆啦A梦》《成语故事》《老夫子》等。另《鲁滨孙漂流记》《老人与海》和杂志《读者》特别受到高年级学生喜爱。

不难看出,学生阅读面并不是很广泛:学生喜欢的书目以漫画、寓言、童话故事书为主,诗歌、散文、小说、哲史类的书籍却很少涉及。

2. 诗歌、散文及国学读本没有受到重视

我国古代四大名著的影响力之大,为世人所公认。调查显示。在小学一二年级阶段,部分学生对四大名著有了一定的了解,但大多是通过看电视或动画片了解的,只有少数学生看过《三国演义》《西游记》。在小学三至六年级阶段的学生中,四大名著青少年读本的阅读情况趋向好转。我在班上(六年级)调查读过或喜欢的四大名著的比例分别是:《三国演义》95%,《西游记》52%,《水浒传》38%,《红楼梦》26%。从这里可以看出,学生对"四大名著"还是有一定的兴趣,特别是《三国演义》和《西游记》尤其受学生欢迎。

很多学者都认为《中华上下五千年》《唐诗宋词》《中国古代童蒙读物》以及四书五经中的《论语》等重要经典章节更适合学生课外进行阅读。因为从这些书中,既能学到文学知识,又能学到做人的道理。许多家长也希望孩子通过阅读以上书籍了解中华民族的发展史,并从中华传统经典文化中汲取精华,从而滋养孩子的人生,使其成为有修养、有高度内涵的人。但孩子们似乎并不领情,很少有学生涉猎此类书籍。

调查中还发现,很少有学生阅读先当代诗歌散文类作品。许多学生表示,现当代诗歌比较深奥,没有实际内容,不像故事书有情节,读起来有滋有味。至于散文,虽然语言优美,但相对于叙事性作品,散文的文学性太强,很多句子是表达作者自己的感受,读起来总觉得飘浮在作品的表面,难以体验作者的思想,没有童话、寓言及故事那么吸引人。

三、拓展小学生课外阅读的策略

《语文课程标准》明确规定:学生"九年课外阅读总量应在400万字以上",其中,小学阶段阅读总量应不少于150万字。其目的就在于让学生"运用多种阅读方法",在"初步理解,鉴赏文学作品"的同时,"受到高尚情操与趣味的熏陶,发展个性,丰富自己的精神世界",进而为学生打下"全面发展和终身发展的基础"。

小学生哪些书该读,哪些书不该读,哪些书先读,哪些书后读,家长和教师都应予以指导。

(一)激发课外阅读的兴趣

1. 借助"内容迁移",培养课外阅读兴趣小学生注意力集中的时间短，受环境影响很容易分散注意力，对客观事物的注意力更强一些，面对长篇大论的文字，小学生很难长时间投入其中，若要达到津津有味的地步就更难了。有位老师想到了妙招：他把《三国演义》推荐给学生，但不只让学生看书，还让他们收集平时玩的"三国卡"，通过上面的人物介绍，加深学生对人物的印象，并引起学生自发阅读的兴趣，也使得厚厚一本《三国演义》成了全班同学课外兴致勃勃的读物。

其实，学生的注意力很容易被吸引，就要看作为引导者的教师如何巧妙地把学生引到阅读上来。有些学生喜欢看一些漫画，也就是因为滑稽有趣的图片和文字引起了学生的兴趣。老师完全可以创新式地对待阅读兴趣的培养，通过教师的转化，学生会自然而然地投入其中。

2. 借助"故事迁移"，形成课外阅读兴趣

这主要针对低年级的孩子，他们自己的阅读能力还不是很强，阅读自主性更弱。老师讲故事，正好满足了他们听的欲望，所以若从讲故事着手，效果较一般会好得多，当学生听得有味时，老师再适时推荐，学生的兴趣就在无形中形成了。

这种方法好，但需要老师在平时有耐心，能细心注意观察，多与孩子交流，挑孩子们喜欢的、适合他们的故事。

3. 创设"发挥空间"，稳定课外阅读的兴趣

课外阅读就要"养成读书记笔记的习惯"。读书笔记的形式多样，可以摘录好词佳句。这个方法已普遍被老师们所采用，在看过的课外书中摘录好的词句，丰富学生积累。还有不少方式，如"圈划批注""概括主要内容""写读后感"等不一而足。让学生根据自己的兴趣爱好选择自己喜爱的方式来记读书笔记。读到好文章，摘录好词佳句，记下心得体会，日积月累，潜移默化，这是阅读的收获。要给学生一个自由发挥的空间，让他们灵动的思想自由地翱翔在"学海""书海"之间，稳定学生对课外阅读的兴趣。

4. 利用"交流互动"，扩大课外阅读的兴趣

重视课外阅读的班级，一般都设有自己的图书角，里面有学生自己捐出来的课外书，书的门类很多，每个人都可以从那里找到自己喜欢看的书，看完一本可以换另一本，这样每人出一本，一个学期就可以看到几十本，大大增加了学生阅读的量，而且因为读到的书种类多，孩子们的兴趣会扩大，读百家书，开阔视野。

老师可以组织读书会，几个人围成一堆，说说自己喜欢的书，并推荐给同学，学生很希望被注意，当他意识到他的阅读能吸引别人的目光，甚至让别人羡慕自

己,他就有了原动力,使谈者更有兴趣;听者也会因为羡慕,也去读书,这样就带动了整体的阅读兴趣。

(二)呵护课外阅读的情感

1. 共同打造班级"阅读文化"

文化的熏陶具有滴水穿石的力量,师生合力打造的"阅读文化",能对阅读活动的推进产生深刻的影响。"阅读文化"的打造可以从氛围营造、环境布置、活动开展等各个层面进行。如教师和学生人人拿出自己喜爱的几本书,在班级建成"小书屋",再辑录一些关于读书的名人名言张贴上墙,营造浓浓的读书氛围。又如,教师与一些学生结成书友,定期交流阅读情况,对师生双方的阅读都能产生激励和督促作用。这种浓郁的书香将引领学生踏上与书为伴的人生之路。

2. 教师阅读与学生阅读共生

阅读是语文教师的立身之本,不爱阅读的语文教师肯定是不称职的。只有热爱阅读的教师,才能充实自己的课堂,体验学生阅读的甘苦,找到与学生进行心灵对话的话题,及时向学生推荐有益的读物,成为学生阅读的榜样。我们每一位教师在大力倡导学生阅读的同时,也要自我反思一下:自己的阅读状况如何?读了多少书?读了哪些书?

在实际教学中,语文教师的阅读深刻地影响着学生的语文学习。教师阅读与学生阅读之间要努力形成"共生"效应。要做到这一点,首先是共同阅读。推荐给学生的必读书目,教师要先去读。同时,教师的阅读面一定要拓宽,既要读好经典作品,还要关注当代作品,及时为学生推荐优秀读物;不仅要阅读原著,还要阅读一些相关的评论文章和背景材料,以提高对学生的指导能力。其次是共同感悟。师生在阅读中都有体验和感悟,但由于年龄和生活阅历的差别,他们的感悟和体验是有区别的。因此,师生及时交流,进行心灵的对话,不仅有利于师生情感的沟通,而且有利于学生精神世界的充实。

3. 重视口语交际,促进课外阅读

书读得多了,就有了表达的欲望。老师只要搭个台,学生就会唱好戏。老师可以利用每节语文课授课前五分钟,让学生走上讲台自由演讲,还可以给学生每天讲述的内容冠以栏目名称,如周一是"焦点聚集",周二是"成语快车",周三是"读书时间",周四为"诗词赏析",周五为"个性展示",这些栏目深受学生喜爱。又如安排"读书时间",由一名学生向大家推荐一篇自己欣赏的文章,同时指出其优点,下课后学生争相传阅,就会收到了意想不到的好效果。

(三) 培养课外阅读的习惯

1. 适当强制

叶圣陶先生曾说:"养成良好习惯必须实践。换句话说,那不仅是知识方面的事,心里知道怎样怎样,未必就养成好习惯,必须怎样怎样去做,才可以养成好习惯。"由此可见,学生知道了课外阅读的重要性,有了浓厚的阅读兴趣,具备了一定的鉴别和选择能力,但未必就形成了良好的习惯,还有必要在学生日常的课外阅读指导中,通过一定的"强制",使学生达到"知行合一"。所谓"强制",在这里是指给学生规定相应的课外阅读任务,通过一些必要的手段,对学生的课外阅读进行监督。这种"强制",在小学生良好的语文课外阅读习惯尚未完全形成之前,是十分有效的。通过适当来自于教师或家长的外部强制,逐步使学生过渡到自我"强制",即强制自己按照良好的课外阅读态度、方法去阅读。这样,天长日久,习惯成自然,从而达到自动化的程序,以至于某一天没有进行有益的课外阅读,没有获取到新的信息,倒觉得别扭、不舒服。

2. 检查督促

教师可以通过交流读书笔记或抽查读书笔记来检查学生是否真正自觉阅读,检测学生是否养成了课外阅读的习惯。检查包括:阅读内容是否合适、材料摘抄是否准确、数量是否充分、书写是否清楚。并将检查情况及时反馈给学生,以促进和完善学生的课外阅读。

3. 持之以恒

在小学生语文课外阅读指导中,要养成学生良好的语文课外阅读习惯,不可能一蹴而就,要重视抓好开端,由易到难,逐步养成。首先,要根据不同学段的学生的身心特点,向他们提出不同的阅读要求,做到有计划地循序渐进。其次,教师一旦提出某种要求,就必须坚定不移,不允许有一次违反,不允许学生有一次后退。尤其是在个别学生身上表现出不良倾向的时候,更须严格要求,毫不放松。再次,教师要坚持以正面引导为主,特别留心去发现学生中由于好的课外阅读行为而取得好的效果的典型,给予积极的正确的评价,让个别学生的成功成为良性的刺激,潜移默化地促进学生良好的语文课外阅读习惯的形成。

第二节 国学经典，我该如何爱你

国学经典的语文课程价值

党的十八大以后，在意识形态领域，中华优秀传统文化的底色越来越浓。在全国宣传思想工作会议上，习近平总书记指出，"中华优秀传统文化是中华民族的突出优势，是我们最深厚的文化软实力。"孔庙之行，习近平总书记直言中央高度重视中华优秀传统文化。

中央高层对"继承发扬中华优秀传统文化"频繁发声，不仅反映新一届政府对文化建设的重视，更显示其以精神文化力量推动社会健康发展的决心。

作为教书育人的主阵地、文化传承的主渠道，校园内，走近国学经典，加强中华优秀传统文化教育，也正成为越来越多人关注的焦点。尤其语文教育，由于语文课程对继承和弘扬中华优秀传统文化，增强民族文化认同感，增强民族凝聚力和创造力，具有不可替代的优势，因此，将中华优秀传统文化的代表"国学经典"引入语文课程，并使其发挥应有的语文课程价值，正成为时代赋予我们刻不容缓的重大使命。

国学经典的语文课程价值有哪些？探讨前，让我们先对文中的几个概念有所了解。

1. 何谓"国学"？

国学是先秦诸子，是两汉经学，是魏晋玄学、是隋唐道学、是宋明理学，是汉赋、是六朝骈文、是唐宋诗词、是元曲、是明清小说，是胡适先生眼中"中国的一切过去的历史文化"，是"国故学"的缩写，是章太炎先生认为的"一国固有之学问"，更是中华文明的重要载体。

2. 何谓"国学经典"？

经典的基本释义是指具有典范性、权威性的作品或著作。在历史的长河中，经典不会因为时间的流逝而变得暗淡，反而历久弥新。因为它们是历史选择出来的，在自己所属的领域"最有价值的"。以此论断，国学经典，就是以《周易》《论语》《老子》《六祖坛经》《史记》《唐诗宋词》等为主要内容的中华文化之精髓。它们不仅是中华民族的灿烂遗产，也是中国人不可或缺的精神力量。

3. 何谓"语文课程价值"？

课程价值是课程本身所固有的，它与课程内容有直接关系，但不同时期社会和学生发展的需要及人们的价值选择是课程价值的决定性因素。义务教育语文课程标准（2011年版）指出，语文课程致力于培养学生的语言文字运用能力，提升学生的综合素养，为学好其他课程打下基础；为学生形成正确的世界观、人生观、价值观，形成良好个性和健全人格打下基础；为学生的全面发展和终身发展打下基础。语文课程对继承和弘扬中华民族优秀文化传统和革命传统，增强民族文化认同感，增强民族凝聚力和创造力，具有不可替代的优势。

国学经典的语文课程价值有哪些？探讨前，我们还要简要了解我国课程的发展历程，并对古代课程、近代课程、现代课程的价值取向有所了解。

从春秋战国诸子并起，中国历史上虽然朝代兴替，世事沧桑，但中华文化却如江河行地，日月经天，国学经典便是中华文明屹立于人类文明史的明证。无论过去还是现在，无论新旧文化怎样激烈地碰撞，无论东西方文明怎样相互融合渗透，面对浩如烟海的国学经典，我们都无法漠视和背叛，因为传统文化是一个国家和民族的身份标志。

儒家："穷则独善其身，达则兼济天下"；道家："道法自然、无为无不为"；释家："因果轮回，教人从善"。瑰丽的国学经典宝库便是以儒、释、道三家学问为主干，互相渗透，互相吸收，"你中有我，我中有你"，又分成文学、艺术、戏剧、音乐、武术、菜肴、民俗、婚丧、礼仪等支脉。一言以蔽之，曰"统之有宗、会之有元"。所谓"以佛治心，以道治身，以儒治世"（南宋孝宗皇帝语，转引自元刘谧著《三教平心论》），明白地道出了中国传统文化的这种基本结构特征。

1. 古代课程：伦理本位

中国五千年文明史，封建社会统治时间最长，从公元前770年，春秋时代开始，到1949年新中国建立，长达2719年。即使从公元前221年秦始皇统一中国开始计算，也有2170年。那时，学校课程设置的主要目的，在于培养统治阶级成员或服从统治的"顺民"。这就注定了国学经典中的伦理教育成为古代课程的主体。

公元前770年，中国进入动荡不安的春秋时期。在这个重要的历史转折时期，孔子提出了适应新的社会需要的课程：《诗》《书》《礼》《乐》《易》《春秋》（《庄子·天运篇》记载，后称之为"六经"，各自具有相应的教育任务，但对人的思想教育都有重要价值。后来，宋朝理学大家朱熹又编订《四书》，即《论语》《孟子》《大学》和《中庸》，并于宋宁宗嘉定五年（公元1212年）成为官方课程在全国实施。

自此,中国的官方统一课程就成为"四书五经"(由于《乐》因秦焚书而散佚,"六经"变为"五经")。

2. 近代课程:知识本位

到了近代,随着自然科学的迅速发展,作为各种科学文化知识的载体,以学科为中心的课程体系逐渐建立了起来。我国先后向日本、美国、苏联等国家学习,建立了自己的学科体系。1951年秋季,由人民教育出版社重新编写或修订的中小学教材出版,分别有语文课本、代数课本、历史课本、地理课本,在全国正式使用。这是新中国第一套全国通用的中小学教材。自此,在"一穷二白"基础上奋起直追的迫切现实压力下,知识本位的课程价值取向在我国日益根深蒂固。

3. 现代课程:个体发展本位

随着社会生产力的快速发展,社会物质水平的不断丰富,人们越来越关注人的全面发展。过去更多地关注知识的获得,现在更多关注能力,综合素质的养成;过去更多地关注学习结果,现在更多关注学习过程;过去更多关注显性的成绩,现在更多关注学生身心的健康和谐发展;过去更多推崇西方工业文明和快节奏的生活,现在越来越多的人开始真正关注中华传统文化的弘扬和学习,"天地人合一","道法自然",努力创造和谐人居环境,努力追求内心的坦然与安宁。因此,现代课程关注的是学生个体的全面发展,注重所学与生活的结合,注重知识与能力、过程与方法、情感态度与价值观的整体发展。语文课程的建设也是在继承我国语文教育的优良传统的基础上,密切关注现代社会发展的需要,注重读书、积累和感悟,注重整体把握和熏陶感染,注重跨学科的学习和现代科技手段的运用,使学生在不同内容和方法的相互交叉、渗透和整合中开阔视野,提高学习效率,初步养成现代社会所需要的语文素养。

基于对现代课程个体发展本位的了解,我们来探讨国学经典的语文课程价值。

1. 知识价值:让学生更博学

知识价值是一门课程最基本的价值。国学经典的语文课程知识价值就在于通过学习,能让学生对不同时期的国学经典有所了解,进而获得相关语音、文字、词汇、语法、修辞、文体、文学等丰富的知识内容,培养语文能力,提高语文素养。

而且,国学经典囊括古今,包罗万象,其中不仅有天文地理、风物人情,还有政治、经济、军事、科学、文化、宗教、自然、社会,更有礼仪修养、习惯养成、为人处世之道。因此,打开国学经典,不仅仅给学生提供了风格各异的言语范式,还极大地扩大了学生的视野,促进了知识的融合,提高了学生的综合素质。这在通才取胜的当今社会,具有非凡的意义。

2. 思维价值:让学生更聪颖

思维能力是学习能力的核心。一个思维能力强的人,无论是学习还是做事,无疑是聪颖从容的。而国学经典在发展学生思维能力方面,具有得天独厚的条件。

首先,阅读国学经典的过程,就是训练、发展思维能力的过程。因为文本是一种物质形态,是读者与作者发生关联的媒介,所以受到一定时代、地域、阅历、知识积累等方面的局限,每个读者都有可能对文本产生不同的解读,而对文本多角度理解的了解、碰撞过程,恰巧是锻炼学生思维能力,充分发挥其思维创造性的过程。

其次,阅读国学经典本身,也是体会历代先贤思维高度、宽度、角度的过程。阅读那一篇篇千古文章,吟诵那一首首优美诗词,就仿若是在和历代先贤对话,是在用手指触摸中华民族的文化脉搏,在用心灵感受华夏文明的博大与精深。"靠近智者",把自己融入国学经典中,思维水平提高应该是水到渠成的事。

3. 智慧价值:让学生更智慧

智,知也,知人、知物、知理。慧,善也,内心强大、平静、光明。

读国学经典,用心的读者能从书本中领悟国学精髓,借鉴圣贤智慧,知晓学而后需时习之,明白有所为有所不为,懂得知己知彼,学会尊重自然,注重和谐发展。无论是孔子、还是老子、还是庄子、抑或是陶渊明、苏东坡。古往今来,圣贤给予我们的意义,就是能让我们通过他们的作品,去感悟他们用生活的历练总结出来一些对我们每个人都有用的道理。在他们智慧光芒的照耀下,这些穿越沧桑,走到今天仍然让我们觉得温暖的有价值的思想,丰满着我们心灵的智慧,让我们在忧烦、迷惑或畏惧时,让自己变得更加宽厚仁达,变得更加智慧聪颖,变得更加无畏。

4. 工具价值:让学生更自信

语文是最重要的交际工具。从战国策合纵连横的滔滔雄辩,到诸葛孔明谈笑间樯橹灰飞烟灭的从容潇洒,再至蔺相如渑池唇枪舌战挫败秦王的机智勇敢,无不证明语文素养的神奇魅力。反复咀嚼、品味经典,就能在不断地积累、模仿和潜移默化中提高自己的语言表达能力。

语文是表情达意的工具。而在国学经典中,唐诗宋词就是最精练、最纯粹的语言艺术的代表。它以语言描绘一个个意境,通过读者的想象,即可组成一幅幅美妙的画面,美不胜收,言简而义丰,妙不可言。例如李煜《虞美人》句:"问君能有几多愁?恰似一江春水向东流。"用比喻形成意境,以实虚拟,把难见的情变作了可视的物,使人可以切实感受。因此,多读古诗词,不仅可以让我们学习表情达意的方法,更可以陶冶情操,丰富知识,腹有诗书气自华。

语文是学生掌握终身学习和发展的基础工具。通过学习国学经典,学生可以进一步提升语文能力,为其他学科的学习提供坚强的助力。而且,读史书使人明智,读诗书使人灵秀。学习国学经典,能使人脱离庸俗和低级趣味,更加文明和雅雅;能造就和改变一个人的性格,能陶冶一个人的情操,使人的志向、情操得到陶冶和升华;能提高人的文化修养、净化人的灵魂、开阔人的视野,进而获得人一生身体和精神上的健康。

5. 文化价值:让学生做有根的中国人

语文是文化的载体,又是文化的重要组成部分。法国小说家都德曾说:"亡了国当了奴隶的人民,只要牢牢记住他们的语言,就好像拿着一把打开牢狱之门的钥匙。"国学经典,包含着中国不同时代不同民族作者的政治思想观点、道德价值观念、审美情感倾向和文化志趣,这些是对学生进行思想品德教育的丰富资源,更是对继承和弘扬中华民族优秀文化传统和革命传统,增强民族文化认同感,增强民族凝聚力和创造力,具有不可替代的优势。

在炎黄子孙努力实现祖国和平统一、中国参与世界经济激烈竞争中,保持民族优秀文化传统和民族文化独特个性越来越重要的今天,国学经典的语文课程文化价值的重要性超过了历史上任何一个时期。

朱自清先生在《经典常谈》序中曾说:"中等以上的教育里,经典训练应该是一个必要的项目。经典训练的价值不在实用,而在文化。"他还特别指出:"做一个有相当教育的国民,至少对于本国的经典,也有接触的义务。"他所说的"有相当教育的国民",指的是具有一定文化素养的国民;所说的"接触的义务",是指国民接受经典训练的义务。他把经典训练提高到国民义务的高度,实际上就是确定它在国民教育中的地位。也就是说,做一个有一定文化素养的中国人,有义务通晓本国传统文化有关经典的基本知识。这个意见无疑是正确的,也是值得我们共同努力的。

当然,将国学经典引入语文课程,还是需要我们认真遴选、详加分析和取舍的,不能不假思索,不能一味跟从,而要慎重选择、阅读适合当今社会及教育确实需要的国学经典内容。

苏南发达地区小学国学经典教育的多样化实践

在科技飞跃、经济全球化、不同文化加速碰撞的现代化进程中,学校作为有组织、有计划的传道、授业、解惑机构,其发展正进入变革的快车道。从规范化管理到人文化建设,再提升到特色创新阶段,现代学校的发展轨迹清晰又坚定。而这其中,国学经典教育的多样化实践无疑是一个精彩而生动的缩影。

一、用好教材,国学经典教育在学校规范化管理阶段的实践内容

国学经典是中华民族的灿烂遗产,也是中国人不可或缺的精神力量。开展好国学经典教育,既是继承民族优秀文化传统,保持民族文化独特个性的需要,也是提升学生语文能力、思维能力,陶冶和升华情操,提高修养水平,树立民族自信心的需要。因此,在小学语文课本中,我们时不时就能看到古代的优秀诗文。这些通过编者之手精选出来的优秀古诗文,是我们引领学生走近国学经典的依仗和切入点。作为现代学校的基本要求,我们一定要积极领会编者意图,认真落实备课规范,研读教材,领会教材,用好教材。

研读教材是用好教材的起点。作为一名现代学校的教师,首先要读教材。不仅读教材中优秀古诗文,还要带头背优秀古诗文;其次要读厚教材。教师要在课前阅读优秀古诗文有关的文学常识、诗人生平、写作风格、创作背景、原作等材料,特别是要求学生掌握的文学常识:作者、国别、朝代、评价、选文出处、代表作品等,更要了然于胸;最后要读懂教材。要读懂教材内容的结构和写作特色,把握好教材内容在单元中起的作用,以及教材内容的学习要求与教学建议等,做到心中有数。

领会教材是用好教材的关键。教育部制定的《义务教育语文课程标准(2011年版)》指出,在小学一、二年级,要诵读儿歌、儿童诗和浅近的古诗,展开想象,获得初步的情感体验,感受语言的优美;在小学三、四年级,要诵读优秀诗文,注意在诵读过程中体验情感,展开想象,领悟诗文大意;在小学五、六年级,要诵读优秀诗文,注意通过语调、韵律、节奏等体味作品的内容和情感,并背诵优秀诗文60篇(段)。教材是课程标准的具体落实,因此,教师要认真领会标准中有关诗文教学的要求精神,并落实为自己的教学行为。另外,现行的教材已经改变了过去传统教材单调、枯燥的倾向,展现的内容往往图文并茂、生动有趣、贴近学生生活,充满时代气息。因此,教师要加强自身文学修养和提升古诗文教学技能,善于从有形的文本和呈现的素材中,读出编者无形的思想,做到古诗文教学目标定位到位,内

容把握到位,教学策略制定到位。

总之,国学经典教育在学校规范化管理阶段的主战场在课堂,其主要实践内容便是用好教材。不管课程怎样改革,教学媒体如何多样,教师都要认真钻研教材,把握教材,吃透教材,用好教材,这是教师永远的基本功。

二、环境营造,国学经典教育在学校人文化建设阶段的内容丰富

学校人文化建设阶段是规范化管理阶段的发展。在这一阶段,学校在规范化管理的基础上,根据办学理念与培养目标,提出了适合自身实际与发展愿景的学校文化,并付诸实施。而国学经典教育,因着其具有的语文课程价值和文化传承导向,人心所向,正吸引着越来越多学校关注的目光。

《义务教育语文课程标准(2011年版)》指出:"语文课程资源包括课堂教学资源和课外学习资源,例如,教科书、教学挂图、工具书,其他图书、报刊,电影、电视、广播、网络,报告会、演讲会、辩论会、研讨会、戏剧表演,图书馆、博物馆、纪念馆、展览馆、布告栏、报廊、各种标牌广告,等等。"其次,"自然风光、文物古迹、风俗民情,国内外的重要事件,以及日常生活话题等也都可以成为语文课程的资源。"语文课程资源的开发,尤其是国学经典教育资源的开发,就是寻找一切有可能进入语文课程、并能与语文教育教学活动联系起来的资源,营造与教育内容适切的环境。抱着这样的思路,一些学校在以下方面进行实践,并取得了实效。

(一)改善学校的校园环境,让环境彰显学校办学理念

校园是师生共同生活的文化家园。校园中的一草一木、一墙一角,如果安排得当,不仅可以彰显学校办学理念,更能成为潜在的智者、师者,传道授业,对师生的人生观、价值观产生着潜移默化的深远影响。

如一些学校发动师生共同筹划的以"国学经典"为主题的文化墙,不仅美化了校园环境,也开阔了学生视野,充实了国学经典教育的阵地,使师生在耳濡目染、不知不觉中走近了国学经典。

还有的学校让学生自主将适切的古诗文写在牌子上,封上防水膜后,挂在校园内的树上、水池边等处。如有学生将贺知章的《咏柳》"碧玉妆成一树高,万条垂下绿丝绦。不知细叶谁裁出,二月春风似剪刀。"挂在校园池边的柳树上。将汉乐府的《江南》"江南可采莲,莲叶何田田。鱼戏莲叶间,鱼戏莲叶东。鱼戏莲叶西,鱼戏莲叶南,鱼戏莲叶北。"立牌子在校园的荷花池边。将汉乐府的《长歌行》"青青园中葵,朝露待日晞。阳春布德泽,万物生光辉。常恐秋节至,焜黄华叶衰。百川东到海,何时复西归?少壮不努力,老大徒伤悲。"立牌子在学生早操必经的路

边园圃中……徜徉校园，国学经典之美就在左右，国学经典教育就在师生们的眸光所及处。

还有学校将楹联文化引入校园。与书法结合，按照"字数相等，平仄相对，词性相同"等要求，师生共同策划，在校园内可利用的位置，悬挂、张贴恰当的楹联。如学生自写的楹联"胸间存伟志，心中蕴真知"，对仗整齐，平仄严谨，后联"蕴"字用得尤其准确精当。"风声，雨声，读书声，声声入耳；家事，国事，天下事，事事关心。"是东林书院创办者顾宪成所撰，将读书声和风雨声融为一体，贴近教室，既有诗意，又有深意。

（二）创建学校的例行活动，让学生在参与经历中自主成长

任何学习，只有学生积极主动的参与，留有活动的痕迹，留有认同的痕迹，留有念想的痕迹，才会真正取得实效。而学校教育更是师生精神交往的过程，是师生互动的过程，是用一个心灵点亮另一个心灵的过程。因此，创建学校的例事活动，也正成为学校人文化建设一个重要的内容。

如有的学校注重读书、积累和感悟，注重整体把握和熏陶感染，创建了"国学经典晨读15分钟"活动，天天坚持，组织学生诵读，并做到全员全程参与，使国学经典诵背活动成为学生学习的一种仪式、一种习惯。

还有的学校则每学期举办一次"诵中华经典，做阳光少年"国学经典诵读比赛。活动过程中，选手们用流利、标准的普通话进行朗诵，声情并茂，激情飞扬，既全面展示个人的风采，又激发了师生诵读国学经典的兴趣，丰富了校园文化建设的内涵，陶冶了师生的艺术情操。

还有的学校通过校园电视、广播、网络开设了"弘扬经典之国学小讲坛"，教师引导，学生结合国学经典学习心得，自拟稿件并宣讲。例如：其中的一期宣讲内容如下：

尊敬的老师，亲爱的同学们：

大家早上好！

我是三（1）班的播音员李姿，我今天与大家分享的是：《弟子规》第四课："事虽小，勿擅为。苟擅为，子道亏。物虽小，勿私藏。苟私藏，亲心伤。"

这一条字面上的意思讲的是：纵然是小事，也不要任性，擅自做主，而不向父母禀告。如果任性而为，容易出错，就有损为人子女的本分，因此让父母担心，是不孝的行为。公物虽小，也不可以私自收藏占为己有。如果私藏，品德就有缺失，父母亲知道了一定很伤心。

我的感悟是：为人子哪怕是小事都应该常常去请示父母，不能够自己擅做主张。因为当我们擅做主张，往往会导致做错事情，对不起父母，这样为人子之道就有了亏损。所以无论什么事情，如果没有想到大局，没有顾及到父母，完全是从自己的主观意识来出发，擅自做些事情；而做这个事情他的目的无非就是带着私心，为了自己的名闻利养，自私自利的企图，当然这样做的话，就失去了孝道。老师跟我们父母也是一样的，如果我们所做的事情违背了老师的教诲，不正像做事情擅自主张，违背了父母的意愿一样吗？因此我们从这条可以引申出去，凡是自己为了自私自利的念头而擅自做的事情，违背了父母意愿，违背了老师的教诲，这么做就是亏损了孝道。父母和老师所希望的，都是希望我们能够做个正人君子，甚至希望我们这一生能够成圣成贤。如果我们不是以这样的目标为自己的人生把握方向，反而凭着自己的私欲来行事，这就真的是失了孝道，亏损了道德。所以，事情无论大小都应该谨慎。

本次播音到此结束，谢谢大家！

当然，学生的稿件文字还显稚嫩，思考的也并不全面，但正有了这种经历，思考了，实践了，探讨了，才会有所得，才会有新的进步。

（三）提升课堂教学的品质，让学生在拓展性阅读中走入经典

"一个人的语文水平三分靠课内，七分靠课外。"《义务教育语文课程标准（2011年版）》也指出："阅读是获取信息、认识世界、发展思维、获得审美体验的重要途径。要让学生喜欢阅读，感受阅读的乐趣。要重视培养学生广泛的阅读兴趣，扩大阅读面，增加阅读量，提高阅读品位。提倡少做题，多读书，好读书，读好书，读整本的书。"因此，让学生依托课堂教学中的一个线索，找到切入点，搜寻更多的阅读材料加以阅读与整理，是引导学生在拓展性阅读中走入经典，提升课堂教学品质，提升学生语文水平的有效举措。

一是在课前预习时引导学生课外阅读。在课前引导学生课外阅读，目的是让学生收集信息资料，丰富感性认识，了解、感知课文。如教学苏教版小学语文六年级下册王冕的《墨梅》一诗时，我在课前发动学生课前查阅资料，收集有关梅花的诗句，并在课堂上进行交流。如王安石《梅花》"墙角数枝梅，凌寒独自开。遥知不是雪，为有暗香来。"林逋《山园小梅》"众芳摇落独暄妍，占尽风情向小园。疏影横斜水清浅，暗香浮动月黄昏。"陆游《卜算子·咏梅》"驿外断桥边，寂寞开无主。已是黄昏独自愁，更著风和雨。无意苦争春，一任群芳妒。零落成泥碾作尘，只有香如故"。这样把课外阅读和课内阅读结合起来，不仅增加了课堂内的知识容量，

而且激起了学生课外阅读的浓厚兴趣。学生为了在课堂上好好表现一番,自愿地进行大量阅读,并养成了相互交流信息的良好习惯。

二是在教学中抓住一点拓展阅读、整合信息,加深对文本的理解。阅读的目的在于求知明智、提高素养。这一过程的实效需要多方因素的相互作用,而将某一阅读对象还原到当时具体的自然或社会情境中,则会有助于学生较为深入而准确地理解阅读对象。如在教学苏教版小学语文第八册《三顾茅庐》一课时,我为了让学生了解刘备的尊重人才,诸葛亮的雄才伟略等特点。我在原有课文提供的信息基础上,另为学生提供二篇《三国演义》中的材料。一篇为刘备将珍爱的救主坐骑"的卢马"赠送庞统的材料,一篇为诸葛亮"木牛流马"的材料。学生在阅读多个相关主题的材料时,就自觉不自觉地进行了对比、整合,信息之间互相渗透、相互补充,更加丰满了人物特点。这种以课内材料为主,课外材料为辅。课内课外互相渗透,互相借鉴,不同角度的几个信息在教学中形成合力的教学效果非常好。

三是注重向课后延伸拓展,铺架阅读桥梁。大语文观认为,扩大阅读量是连接课内与课外的纽带和桥梁,在教师指导下让学生进行课外阅读,对于提高学生课外阅读的兴趣和能力,营造课外阅读的氛围,具有十分重要的作用。而且学完课本中的课文,并不意味着学习的结束,还应该是学生学习的新开端,学做人的新起点。因此,我们可以在课文的结尾处给学生的课外阅读指明广阔的空间,可以是补充性拓展、迁移性拓展、比较性拓展,也可以验证性拓展等,在坚持激发学生阅读兴趣的同时,又要保证学生正确的价值取向和一定的目标定位。如:学了苏教版小学语文五年级上册《林冲棒打洪教头》,可引导学生阅读全本《水浒传》;学了《嫦娥奔月》,可引导学生读《中外神话传说》;学了《自相矛盾》《滥竽充数》,可引导学生读《经典成语故事》等。另外,随着信息技术逐步与学科教学相整合,各种新颖的阅读方式也随之出现,如电影、电视、广播、视频、录音故事、网页等,直观地通过多种媒体来展示内容,刺激感官,给人留下深刻的印象。因此,拓展阅读开展过程中同样可以有文本的拓展、音像资料的拓展、图片资料的拓展等学生较感兴趣、极易接受的阅读方式。

三、课程设计,国学经典教育在学校特色创新阶段的主动追求

在学校人文化建设的过程中,学校的办学理念得到了进一步确立和彰显,学校师生在学校共同愿景的感召下,改变方式,创新方法,丰富内涵,形成特色,尤其在学校教学活动的主阵地,更是主动追求课程设计,力求通过校本课程的开发,满足学生的成长需要,锻炼教师的专业能力,彰显学校的办学特色,达到促进学校更

新的目的。

如有的小学,在国学经典教育的校本化课程开发方面,提出了这样的思路:

一是从中国优秀的蒙学内容着手,以《弟子规》《论语》等国学经典精华以及新课程标准要求小学阶段必读必背的优秀古诗文为开始,指导学生从熟读、理解到践行,使学生在小学阶段浸润在传统国学文化的熏陶中,成为受传统文化影响的新一代中国人。学校确立了以点带面,即以语文学科为主导,带动各学科共同落实国学经典教育的工作思路,意图发挥语文母语教学的主要功能,将国学经典有机地融入教学中,丰富语文教学资源的同时引导学生诵读经典,并由此带动其他学科结合教学实际,采取灵活、生动、有效的教学方式恰当渗透国学经典内容,从而实现"主导+共进"学科共同渗透的目的。

二是通过学生亲历中国传统文化中的书法、绘画、楹联、剪纸、手工编织等作品创作,在潜移默化中陶冶学生的情操,丰富学生的情感世界,培养良好的学习习惯。如低年级的经典故事配画,中、高年级学生创作的诗配画系列作品,不仅加深了学生对国学经典内容的记忆、理解、感悟,还激发了他们探索、创新的欲望,陶冶了情操。又如"十字绣"作品创作,与国学经典诵读的内容相融合,学生们一针一线地绣圣人训、名诗、佳句,一幅幅精美的绣品凝结着教师和学生们学习国学经典的热情,他们用自己的智慧和巧手解读经典。

三是尝试将民风民俗引入校本课堂。通过教学,让学生了解中华民族传统节日及一些重大节日的风俗文化,体会传统文化对人民生活的影响,激发学生的民族自豪感。如充分利用春节这个闪耀着民族特色的传统节日,让同学们在春节期间,话起源,讲传说,写春联,画年画,包饺子,编中国结,给长辈说一句祝福的话,培养学生的民族情感。元宵节的灯谜活动融知识性、文学性与趣味性于一炉,起到了启迪智慧、陶冶情操、增加学识的作用。清明节,开展"讲英雄故事,忆英烈遗言"活动,使同学们从古代的介子推鞠躬无争的风骨讲到当代革命烈士视死如归的豪迈壮举。端午节开展手抄报活动,使同学们在吃粽子的同时,体味屈原沉江的爱国情操。还充分利用中秋节这个寄托中国人崇尚团圆之情的传统节日,开展不同层次的活动,使同学们感受节日的丰富内涵。同学们在接受传统节庆文化熏陶的同时,也沐浴着现代节日文化的阳光雨露,使民族精神随着时代的变化而不断丰富和发展。

以上三方面内容,第一方面是直面国学经典,其开展的教育教学活动内容,多是以精选的国学经典为主;而第二、第三方面则更多是扎根于国学经典在中华民族文化血脉中的延续拓展。其教育教学内容与学生的社会生活更加接近，更加相关，记载了中华民族自古以来在建设家园的奋斗中开展的精神活动、进行的理性思维、创造的文化成果，反映了中华民族的精神追求。让学生用心去经历、用心去体验，不仅能增进其对国学经典的理解，更能真正丰富学生的内心世界，对弘扬传承中华民族的优秀传统文化和民族精神，培养师生的社会美德和高尚品质，培养师生的中国情结，提高人文素养，包括文学修养、审美情趣、个性品质、人格锻造等方面，具有十分积极的意义。两者相辅相成，相得益彰。

通过实践与思考，学校结合各学段学生的年龄特点，认真遴选、详加分析和取舍，编撰了适合当今社会及教育确实需要的校本教材，并逐年修订完善，渐次形成以国学经典教育为主要内容的特色校本课程。在目标明确、有方法、有策略、有担当的学校主动追求过程中，学校得到了发展，其基于国学经典教育的多样化实践，积淀下了学校独特的校园文化，创造了公众认可的教育品牌。其成长的启示，正如国家主席习近平所指出："不忘历史才能开辟未来，善于继承才能善于创新。只有坚持从历史走向未来，从延续民族文化血脉中开拓前进，我们才能做好今天的事业。"

第三节　阅读课　请跟我来

"班级读书会"的组织原则

近年来，儿童阅读推广的呼声不断高涨，已汇聚成一股有声有色的合唱，"班级读书会"也越来越受到大家的普遍关注与高度认可。

班级读书会是指以班级为单位，在教师的组织和指导下，在语文课堂上开展的阅读活动。它不同于一般意义上的课外阅读，而是由师生共同确定阅读内容，利用课内外的时间共同阅读，然后在班上进行讨论的一种阅读形式。班级读书会是一个以阅读、交流、成长为目的的学生组织，也是一种以互动、对话为主要方式的阅读形式，还可以发展为一种制度，是对每一个班级学生课外阅读时间、质量的保障。

在具体实践中，班级读书会的组织应遵循以下原则：

一、优化读书会组织，唤醒学生主动参与的意识

班级读书会，是一个完全属于儿童的学生社团，其成员由同一班级中的全体学生以及双向选择后的教师、家长、社会人士组成。学生是班级读书会的领导者、

组织者,是真正意义上的主人。教师、家长、其他人士以平等的方式参与其中,并利用自身的阅历、影响力、资源等优势为学生的阅读活动提供方便与保障。

在读书会建立与日常运作的过程中,学生通过班级之间的互相切磋、阅读自身的启发帮助、同伴彼此的讨论交流、教师家长的帮助支持,不断优化班级图书角的布置与管理,不断生成更合理的评价方式,不断拓展新的阅读资源,不断提升自己的思维品质。从而,提供给每一个学生主动参与的机会,唤醒他们自主管理、自行设计、自觉改良的意识,让"今天我读了没有"成为一种思维与习惯的高度自觉。

二、转变教师角色,激发学生主动参与的热情

在班级读书会中,教师是阅读者,是真诚的"读友",其阅读热情将表现出极具渗透性的感染力;教师是参与者,是平等的"谏友",在课程设计中提供且仅提供建设性的意见;教师是协助者,是宽博的"协友",学生遇到困难时,不是直接帮助解决问题,而是给予信息、技术、建议、情感等方方面面的协助;教师是分享者,是一个智慧的"聊友",尊重地聆听,平等地表达,开阔地包容,在聊的过程中,有效组织起学生同文本、同伴、环境、内心等因素之间深入的对话,实现师生的共同成长。

三、扎实读书会活动,提升学生主动参与的能力

由于年龄的特点,低中高三个年级阶段读书会的主要活动方式、活动重心应有所不同,体现儿童生命成长的过程。

低年级:"大家一起读"

——该阶段的活动主要从阅读主体着手,帮助儿童肃清"谁在读"的概念。"大家"二字给出了预想的答案。我们希望通过"共读伙伴"的建立,让儿童得以更自然地亲近书籍,亲近阅读本身。"共读伙伴"可以是老师、家长、小伙伴、学姐学弟、大作家……可以是身边的、遥远的、真实的、虚拟的任何人。通过精心设计的活动、通过丝丝缕缕的渗透,消除初入学儿童与"书"、与"阅读"之间的隔阂,让阅读成为"悦读",让阅读在儿童生命中真正变得如呼吸般自然。

中年级:"这些我要读"

——该阶段的活动主要从阅读内容入手,从"这些"入手,真正让儿童在选择书籍的过程中参与选择、学会选择。从个体阅读的角度上,我们提倡儿童进行"自助式"阅读,即根据自己的特点、兴趣、层次,个性化选择阅读内容,内化阅读风格,涵养阅读个性。从集体阅读的层面上说,我们拟引导儿童从课内阅读的拓展延伸中发现阅读内容,从兴趣、焦点、流行等话题中筛选阅读内容,从而制定专属阅读单,进行主题阅读,从而丰富阅读内容,提升阅读品位。

高年级"我要这样读"

——该阶段的活动主要从阅读方式入手,从"这样"入手,让儿童在实践中自主完善三种读书活动课的课型模式,即阅读过程前期的"好书推荐"、中期的"读书交流"、后期的"读书分享";自主创生更多新的读书活动课的课型。在读书活动课中,不断开拓阅读视野、提升阅读能力、巩固阅读习惯。

需要说明的是,在整个班级读书会的开展过程中,教师是以"建议""辅助""引导"的方式进行参与,教学策略不再是教师思考的首要问题,取而代之的是站在学生的立场,帮助其优化、完善他们的活动设计、落实和总结延伸。

四、挖掘读书会资源,拓宽学生主动参与的途径

从课时安排上来说,我们依然坚持每周一堂读书活动课、每日二十分钟校内阅读时间的传统;从书籍来源上来说,我们依然坚持利用好班级图书角、学校图书馆、无锡市流动图书馆、新区图书馆等现有资源;从"师资"保障上来说,我们依然坚持开展"与大作家面对面"的活动。但是,我们的班级读书会的活动地点、时间将不再囿于学校、班级,阅读的书籍也不再限于传统意义上的纸质图书,优秀的报刊、网站,经典的纪录片、电影,名胜古迹、时代人物……都可以被适当地纳入阅读的内容,除却教师、作家,我们还将积极吸纳家庭、社会的广泛力量,共同关注——因此,班级读书会可以是多元的,说学唱演、眼看、手记、耳听、足履;互动的,相互讨论、彼此配合引发的智慧火花,将内化成生命的深层思考,它们是连续的、系列的、无所不在的。这一切都预示着,学生可以通过各种途径参与班级读书会的策划与管理。

班级读书会的分年段实施

班级读书会的具体实施,应根据各年段学生不同的年龄特点、认知特点,精心设计,在阅读内容选择以及阅读方法指导上,均体现该年段特点。

一、低年级:绘本入门,激发广泛阅读的兴趣

绘本,也叫图画书,国际公认是最适合幼儿和小学低年级儿童阅读的书本。这类书以图画为主,文字为辅,通过文字和图画共同叙述一个完整的故事。特别强调视觉传达的效果,版面大而精美,寓意深刻。在国外,绘本已经有近百年的发展历史,是儿童首选的读物。在每个孩子的成长过程中,都能被广泛接触,是孩子阅读经历中不可缺少的重要一环。近些年,随着语文新课程倡导的课外阅读的兴起,越来越多的人开始关注绘本,把绘本阅读作为低年级语文课外阅读的重点推

荐书目。对于孩子来说,这些书具有以往任何一种书籍都无法比拟的神奇魔力。有趣的故事,精巧的画面都能深深地吸引他们,让他们恨不得一口气就把整本书读完,可读完之后,还是舍不得放手,希望能再次阅读,阅读更多这样的书。利用绘本进行语文课外阅读指导,不但能在阅读的过程中提高学生听说读写的综合能力,而且能激发学生广泛阅读的兴趣。

(一)图文并茂　引起阅读动机

绘本就像是一张神秘的"寻宝图",图画和文字是它的有机组成部分。画面优美细腻,几乎占有整个版面,色调柔和温情,美得令人心醉,而且特别讲究细节,往往前有铺垫,后有呼应,读者暗示故事的发展。精美的图画对小学低年级学生来说,带给他们的视觉冲击是强烈的,哪怕是封面上的一张图,也能让他们产生阅读的欲望。比如《小猪变形记》的封面上画着一只绑上羽毛当翅膀的小猪,学生一看,就接二连三地聊开了:"小猪装了翅膀要去做什么呢?""它能飞起来吗?""我想小猪是飞不高的,做梦还差不多!"……阅读的兴趣一下就提起来了。文字和画面相互补充,虽然简短,有时甚至是一句话、一个字,但紧扣画面,轻快跳跃,也是孩子爱读的部分。阅读绘本,学生从头到尾惟恐漏掉任何一个细节,也总能发现书中的"宝藏",阅读的兴趣是其他任何一类书籍都不能比拟的。

(二)参与赏读　收获阅读方法

一本好的绘本,学生会百看不厌,而在通往独立阅读的过程中,教师必须引导学生学会阅读。美国教育心理学家布鲁纳认为:教师得先为儿童读故事,用比较戏剧化的方式来呈现整个作品。在儿童还没有能力完全自我阅读之前,教师利用"最近发展区",协助儿童了解故事,帮助他们逐渐成为一位真正的读者。阅读绘本,一定要把读书和思考的时间留给学生,让他们有足够的时间去品味故事。善于想象的学生喜欢猜想故事,读《火龙爸爸戒烟记》就不断有学生猜想火龙爸爸会戒烟吗?谁能让他戒烟呢?读《猫头鹰喔喔呼》学生也喜欢猜猫头鹰能学成一只小公鸡吗?感情细腻的学生喜欢比拟故事中的角色,他们会和小熊一样希望长大做个好爷爷,也会像乱七八糟的变色龙一样为赶走狮子而高兴。不管是哪一类学生,教师都要创造契机,把绘本读物郑重地推荐给他们,并和他们一起品读。爱读、会猜、能进入角色,阅读的方法也就慢慢习得了。

(三)开放内容　提升阅读趣味

等学生的绘本阅读有了一定量的积累之后,就可以发挥绘本容易激发学生的想象和联想的特点,鼓励学生改编和续编故事。这时候,阅读的内容就不再是手头有限的一本作家所写的绘本了,而是可以阅读学生自己创造的优秀作品了。在读过《小熊孵蛋》后,学生可以接着故事的结尾续编:小熊和妈妈一起把橡树种子种到地里后,它会看到什么呢?生命的成长隐藏着怎样的秘密呢?以小组为单位分工合作,自编故事,全班交流,让学生阅读真正属于自己的绘本。读《小猪变形记》,情节类似,学生由仿到创,让小猪一变再变,变完读故事,急着作比较,简直爱不释手。边读边创作,阅读的实用性被发掘出来了,学生的阅读积极性空前高涨,阅读也可以这么有趣。

(四)亲子互动　拓展阅读空间

阅读绘本也是需要氛围和意境的,可以在教室,在阅览室,也可以在家里,让学生和家长一起读。从阅读绘本开始,号召家长和学生一起开展亲子阅读,就能趁热打铁,增加学生的阅读量。绘本是通过优美的语言和画面来表现故事的,低年级的学生识字不多,当家长用自己的感受来讲述时,故事中的快乐、喜悦和美感才会淋漓尽致地展现出来,给学生留下永远的记忆。特别是一些表现亲情的故事,如《我永远爱你》这本书中,不管小熊假设犯了什么错,妈妈都回答"我爱你";《忘了说我爱你》中,妈妈特地赶回学校跟小熊说"我爱你"。当学生和家长一起读到这些情节时,更容易联想起父母对自己的关爱。他们会发现:书本和现实是如此接近,阅读真有意思。

阅读绘本,给我们的语文阅读开辟了新的路径。沿着这条路,学生的阅读之路必能越走越远。

课例

班级	二4	书名	《小猪变形记》

设计理念:
首先,和学生一起读故事。这节课在为学生创造宽松的阅读环境之后,利用"猜"故事,"说"故事,"讲"故事等多种形式引起孩子的阅读动力。
其次,是要交给学生一些阅读绘本的方法,渗透一些方法的指导,让他们在阅读时学会观察、想象、交流,从而爱上阅读。

教学目标:
1. 通过读故事,了解《小猪变形记》的基本内容,学习阅读绘本的基本方法:仔细观察、大胆想象、充分交流、反复阅读。
2. 通过阅读"聪明豆"系列丛书中的《小猪变形记》,激发学生阅读绘本的兴趣,从而受到熏陶,感悟"做自己,最快乐"的道理。
3. 推荐阅读此系列的书本,培养学生阅读的兴趣。

续表

| 班级 | 二4 | 书名 | 《小猪变形记》 |

教学过程：
一、谈话导入：
1. 小朋友们，老师给大家带来了一份礼物，猜猜是什么？
2. 是一套"聪明豆"系列丛书。这九本书都是图画书，也叫绘本。书中既有图画，又有文字，很有趣味。（板：绘本）
二、推荐《小猪变形记》，指导阅读。
1. 今天，老师就要和大家一起读其中的一本《小猪变形记》。它是一本来自英国的绘本，由我国著名的儿童诗人金波翻译。小朋友看封面上的这只小猪，你看到了什么？
2. 小猪为什么会这么开心呢？让我们赶快翻开书看看吧！
3. 小猪来了，它在干什么？开心吗？
（一）变长颈鹿
1. 边讲边出示P3-7，小猪做了什么好玩的事？
2. 当他踩上高跷，会想什么呢？
3. 不幸的是它摔下来了，这时小猪会想什么？
过渡：看来，长颈鹿的生活真不适合小猪，他要去寻找更刺激的探险。
（二）变斑马
1. 小猪又想到了一个好主意，什么主意呢？
2. 小朋友一起来读P8-11，小猪是怎么变斑马的？
3. 它用什么画的？
（斑马条纹的刷子蘸着条纹的油漆画的）
4. 是的，阅读绘本就应该这样：要仔细观察。（板：仔细观察）
5. 画上去的斑马纹不见了，小猪会怎么想？
过渡：当斑马也不好，还不如当小猪呢！小猪又想到了一个好主意，它要变什么了？
（三）变大象
1. 你觉得它该怎么变呢？
2. 我们来看看，你觉得这样变好吗？
3. 读P13-15，大象没变成功，小猪又要变袋鼠了。你知道它是怎么想的吗？
（四）变袋鼠
1. 小猪给自己绑上了两个大弹簧，跳得多高啊！简直到树梢了。
2. 和鹦鹉打个招呼吧！
3. 鹦鹉看见了，会对它说什么？
4. 读P17-19
过渡：小猪究竟又想到了什么绝妙的好主意？聪明的小朋友，大胆想象，能把这个故事编下去吗？（板：大胆想象）
（五）变鹦鹉
1. 四人小组准备准备。
2. 看看故事里是怎样的？读P20-23
3. 你猜，小猪后来还会怎么做？
4. 读一本书，一个人读就有一个发现，两个人读就有两个发现。和朋友分享，充分交流就能互相启发。（板：充分交流）
（六）做回自己
1. 可是，这时的小猪已经灰心了。你从它的哪句话可以看出来？
2. 哪些事被小猪搞砸了？
3. 读P24-25。刚才还说一点乐趣都没有，现在怎么就那么快乐了？

续表

| 班级 | 二4 | 书名 | 《小猪变形记》 |

4. 小结:小猪小猪,总觉得自己不幸福,一会儿装扮成长颈鹿,一会儿装扮成斑马,一会儿装扮成鹦鹉……但最后,还是想做一只快乐的小猪。小猪懂得了:做自己,最幸福。
5. 这个故事,我们读完了吗?再次阅读,你一定会有新的发现。
6. 小朋友,认真地读一本书,每读一遍,你都会有新的发现。
(板:反复阅读)
三、拓展阅读
今天,老师和大家一起读了《小猪变形记》这个有趣的故事。阅读这样的绘本,小朋友要仔细观察、大胆想象、共同分享、反复阅读。你们喜欢读这样的书吗?相信小朋友们一定会在阅读绘本中找到快乐,也希望小朋友能从绘本爱上阅读。(板:从绘本爱上阅读)

板书设计:

　　　　　　从绘本爱上阅读
　　　　　　　仔细观察
　　　　　　　大胆想象
　　　　　　　充分交流
　　　　　　　反复阅读

同行评价:
1. 有故事的阅读,也有方法的指导。能在教学时突出绘本这种读物的特点,指导学生看图,想象故事情节的发展。
2. 鼓励学生发挥自己的想象,在阅读故事的基础上,指导学生续编故事,使阅读跳出书本的框定,给学生个性阅读创造机会。
3. 读图如果更多,让学生深入体会小猪内心的想法,可以使阅读更有趣味,学生能有更多的发现。

自我反思:
绘本是20世纪产生的图书品种。国际公认绘本是最适合幼儿与低年级孩子阅读的图书,绘本阅读是低年级孩子阅读经历中不可缺少的重要一环。《小猪变形记》是一个非常有趣的故事,可爱的小猪就像一个淘气的孩子,活泼好动,思维活跃,为了找点好玩的事做做,它变长颈鹿、变斑马、变大象、变袋鼠、变鹦鹉,绕了一大圈后才发现做自己才是最快乐的。阅读这本书,从很简单的故事情节中,能明白深刻的哲学道理。
无论什么书,封面都是最先映入读者眼帘的,而在阅读前让孩子对故事进行猜测会激起孩子强烈的阅读欲望。教学时,我让学生看封面上绑着羽毛笑眯眯的小猪,猜猜它想去做点啥。在充分调动学生的积极性后,一起翻开书读故事。我抓住画面让学生去想象,把自己就当成那只小猪,和小猪一起去经历,去变化,去发现。因为故事比较简单,我还鼓励学生自己续编,讲自己的故事,说自己的创意,再看看书上的,异曲同工。
有一点遗憾,课堂上看故事花的时间多了点,给学生说的就不够多,没有充分发掘他们想说的欲望。对于低年级的孩子,我还是不敢放手太多。虽然中间有几个环节鼓励他们讲,但觉得带着读故事还是太粗,没有进一步深入小猪的内心去探究。

二、典型引路,获得正确的阅读方法

《新语文课程标准》十分强调学生的课外阅读,重视语言积累,对学生的阅读量还做了明确的规定:小学第一学段课外阅读总量不少于5万字,以后逐渐递增。第二学段不少于40万字,第三学段不少于100万字。

课外阅读是课外语文学习活动中最重要、最普通、最常见的学习方式,它是课堂教学的继续与扩展,对于开拓学生视野、发展学生智力、提高学生语文能力具有重要意义。但当我们面对一本全新的书,该这样去阅读呢?怎样使它对自己的学习有所进益呢?因此,我们应该重视阅读方法的指导。

(一)推荐课外读物,让学生"我想读"

茫茫书海,浩瀚无边。为了让学生在浩瀚的书海里能够撷取最适合自己的知识浪花,真正做到开卷有益,教师可以有选择地向学生推荐有益身心健康、有思想教育作用、符合他们年龄特点的书籍,让他们多读多看,掌握更多知识,获得更多信息。

例如:学习了《"黑板"跑了》后,可以向学生推荐《科学家小时候的故事》;学习《三顾茅庐》后,可以向学生推荐古典名著《三国演义》;学习了《寓言两则》后,可以向学生推荐《伊索寓言》等书。此外还可适当推荐一些儿童文学作品,如《郑渊洁作品集》《杨红樱作品集》等。

(二)讲究阅读方法,让学生"我能读"

向学生推荐了一系列优秀作品后,只凭兴趣毫无目的的读书方法是收效甚微的。因此,阅读方法的掌握对孩子们来说又是至关重要的,合适的阅读方法可以起到事半功倍的阅读效果。作为课外阅读的指导者,我们应该向学生介绍一些行之有效的读书方法。

我国的许多名人都有适合自己的阅读方法:毛泽东博览群书,其中"三复四温"式阅读和"不动笔墨不读书"是他主要的读书方法;鲁迅在博览群籍的基础上,形成了有自己特色的读书方法:一是泛览,二是硬看,三是专精。对小学生来说,我们应该要教给他们三种读书的方法。

浏览泛读法。对一部分浅显易懂的书或阅读价值不高的书籍报刊,可采取浏览法,即"随便翻翻",以大致了解其主要内容,或通过看标题、目录、内容提要、前言等,以求在有限的时间内获取较多有价值的信息。

勾画阅读法。这是一种边阅读、边勾画标记的阅读方法。我的书籍我做主,对于是自己的而又有保存价值的书籍,可采用这种方法。每阅读一本书、一篇文章,都在重要的地方划上圈、杠、点等各种符号,在空白的地方写上阅读感悟与阅读情感。反复阅读,可记下不同的感悟理解,这样可以培养自己的思维能力和理解问题的能力,从中也可以看出自己对文章的理解程度和收获,从而不断提升阅读水平。勾画符号要有不同的区别意义,并且有一贯性,逐步形成自己惯用的符号系统,克服随意涂画。

读书笔记法。为了便于记忆和积累,学生还可以把名言警句、精彩片断、佳词妙句等写在"采蜜本"上,以随身携带,随时翻阅、背诵,在我们以后的学习中运用它们,做到学以致用。

阅读的书籍不同,采用的阅读方法也是不一样的;阅读的目的不同,阅读的方法也不同。我们应该注重教会学生根据个人不同的阅读习惯、阅读目的、性质,选择合适的阅读方法,灵活使用。读书看起来是件很简单的事,但要真正称得上会读书的却只有少数,小学生更是如此,他们关注的只是生动的故事情节、丰富的人物性格,真正读懂、读透的并不多。如果只是单纯地向学生介绍泛读、精读、通读、跳读等读书方法,学生不会理解,更不会运用到自己的读书实践中去。只有增强读书方法的可操作性,学生才会真正明白该怎样来读书。正是出于这样的想法,指导学生阅读《伊索寓言》时,我们可本着实用、可操作性强的原则,从通读了解故事的主要内容入手,然后深刻理解寓意,并指导联系生活,一步步教给学生科学的读书方法。

此外,《三国志》的作者陈寿说过这样的话:"一日无书,百事荒芜;读书要持之以恒,一日不可间断。"因此,学生在读书时不可求快,而是要坚持持续阅读,日积月累。每天、每周、每月、每个学期都有读书的目标,坚持不懈,完成自己的预定的读书目标。

教师只有在教学实践中注重小学生课外阅读方法的指导,为小学生的课外阅读保驾护航,才能使小学生积极主动地去探索奥妙无穷的大千世界,去欣赏祖国优美的语言文字,去享受知识,在课外阅读广阔的天地里自由翱翔。

课例

| 班级 | 四1 | 书名 | 《伊索寓言》 |

设计理念：
《课程标准》指出：语文学生应关心当代文化生活，尊重多样文化，吸取人类优秀文化的营养。寓言故事说理深邃，诙谐幽默，是学生喜闻乐见的，在教学中主要引导学生细细品读绘声绘色的角色语言，从中获得深刻的启示和教益。

教学目标：
1. 通过阅读，指导学生学会读懂寓言。
2. 掌握读懂寓言的方法。
3. 通过阅读，激发学生读书的兴趣。

教学过程：
一、回忆引出《伊索寓言》
1. 师：同学们，在我们快乐的童年生活中，一定听过、读过许许多多寓言故事，你们还记得它们吗？
请看大屏幕(课件出示《龟兔赛跑》《狐狸和乌鸦》《狼和小羊》《狼来了》《乌鸦喝水》的图片。)
让我们一起说出这些寓言的名字。
2. 你们喜欢读寓言故事吗？
你们为什么喜欢它呢？
3. 师：小时候我们喜欢读寓言，因为它给我们带来了无尽的快乐；长大了，我们仍然喜欢读寓言，因为它带给我们智慧。今天这节阅读指导课，咱们就再一次"品读寓言，感受智慧"(板书题目)。
4. 师：你们知道吗？刚才我们谈到的这些给我们留下美好回忆的寓言，它们都出自——《伊索寓言》。
5. 最近我们都在读《伊索寓言》，下面我们来看看大家都对这本书了解了多少？有了解《伊索寓言集》和其作者的吗？
全班交流
6.《伊索寓言》是古希腊人民留给世界的一笔精神遗产，所以我们有必要去阅读，甚至是一读再读。
今天我们就再来读读《伊索寓言》。
二、方法指导
1. 请同学们翻开目录，读读题目，说说你发现了什么？(故事中的人物大多是动物或与动物打交道的人、神……)
2.《伊索寓言》中的故事大多以动物为主，采用拟人化的手法，给人以智慧的启迪。下面，我们就一起来阅读一篇选自《伊索寓言》中的故事《狐狸和公山羊》(课件)
请同学们拿出阅读材料，默读这则寓言。(学生自由默读)
3. 谁愿意给大家读一读这篇寓言？其他同学想想这则寓言介绍了什么内容？
4. 读了故事，你知道了什么？

续表

班级	四1	书名	《伊索寓言》

全班交流

5. 在生活中,你有没有遇到过或听到过上当受骗的现象或人呢?
(举出生活中由于不动脑筋而上当受骗的例子。)

6. 师小结:读了这篇寓言,我想大家一定会提高警惕,遇事多思考多动脑,不会轻易上当了。

7. 通过这篇寓言的阅读,你认为该怎样去读一篇寓言?(课件出示)
(1)通读了解故事的主要内容。
(2)深刻理解寓意,并能指导生活。

三、方法迁移

1. 师:寓言虽短,但是却蕴含着深刻的道理,给我们智慧的启迪。刚才我们读了其中的一个故事,大家读书的兴趣很浓。《伊索寓言》中还有许多这样的充满智慧的小故事。

请同学们以小组为单位,按我们刚才谈到的阅读寓言的方法,选择一个你最感兴趣的故事好好读一读,读完之后互相交流一下收获。

2. 指名交流

四、总结

1. 刚才我们一起重温了《伊索寓言》,感受到了寓言无穷的智慧。其实世界上各个国家都流传着一些寓言。像我国古代的《守株待兔》《掩耳盗铃》……阿拉伯的《一千零一夜》……

2. 我们读过的所有的寓言都有一些共同的特点,你们读出来了吗?
学生交流的寓言的特点。

3. 师:寓言的形式简洁,内容生动,寓意深刻,有着它特有的艺术魅力。正如有人所说:(课件出示)

寓言是一个魔袋,袋子很小,却能取出很多的东西;
寓言是一面镜子,透过它,能照出生活的方方面面。
寓言很美,美在简洁,美在内涵,美在智慧。
(教师配乐读)

4. 寓言讲的是一个很小的故事,但却包含着巨大的智慧。孩子们,让我们多读寓言吧!这样你会变得更加聪明。这节课就上到这,下课。

板书设计:
品读寓言,感受智慧
——《伊索寓言》课外阅读指导
1. 通读了解故事的主要内容
2. 深刻理解寓意,并能指导生活

续表

| 班级 | 四1 | 书名 | 《伊索寓言》 |

同行评价：
1. 从本班实际出发，以本班学生实际阅读水平为出发点，结合本班必读书目，确定教学内容。这样的设计更具有针对性与可操作性，使学生从中真正学到读书的方法，解决学生读书不得法的实际困难。
2. 阅读方法的提法可以浅一些，板书可以写成"有趣的"、"有意义的"、"有用的"。

自我反思：
我从本班学生实际阅读水平出发，参考学校"今天，你读了没有？"活动给我们四年级学生推荐的必读书目确定了本节内容，目的在于通过阅读指导，让学生能读懂寓言，并以此为契机激发学生读书的兴趣。
在阅读方法指导上，我从细处入手指导学生读书。
引导学生读完第一则寓言之后，设计了"通过这篇寓言的阅读，我们能回顾一下刚才是怎样读寓言的吗？"这一问题，把发现的权力交给了学生。一方面通过学生回顾，巩固了刚刚学习的读书方法，另一方面，又促进了学生对课堂学习内容的总结，锻炼了相应的归纳总结能力。课堂上，我为学生创设了一次尝试的机会，相信这样得出的结论学生记忆会更深刻，进一步强化所学的读书方法。

三、经典品味，养成自能阅读的习惯

阅读是由一系列的过程和行为构成的学习活动，学习阅读就是学习阅读的规律和方法，养成良好的阅读习惯。"经典品味，养成自能阅读的习惯"主要通过以下三方面实施的：

（一）兴趣入手，让学生爱上阅读

德国教育家第斯多惠就认为："教学的艺术不在于传授的本领，而在于激励、唤醒、鼓舞。"好书很多，如何从书海中找出适合自己读的书，老师的推荐是至关重要的。千百年来，新书源源不断地问世，属于"名著"的书目亦与日俱增。书海茫茫，我们难以全数涉猎，至多只能阅读书海中的一滴水珠而已，因此所读的书应该是精华之所在，要读"经典"。

何谓"经典"呢？也就是那些经过时间的洗礼后依旧让人们喜欢读、爱读、乐于读、读后有收获的书。

1."经典"一般都拥有最广泛的读者,它永不过时

把眼下流行的书称为"当代作品",它们只流行一、二年或至多十几年。许多早期的流行书恐怕连书名也记不起了,也不会再有兴趣读它们,而"经典"却是经久不变的畅销书。

2."经典"通俗易懂,令人百读不厌

它们不是专家写给专业人员看的专门性著作,无论是关于哲学或者科学,历史或者诗歌,它们所论述的是关于人类共同感兴趣的题材,是为普通人而写。只要你认真阅读,你绝不会感到扫兴。

3."经典"最富有教育意义,它论述的是人生有待解决的问题

经典含有其他书籍所没有的东西,不论你是否赞同书中的观点,它们是人类不可缺少的老师。经典一页书所包含的思想要比一整本普通书的内容还要丰富得多,它可以使你百读不厌,其中的养料汲之不尽。

由此,我们把适合学生阅读的一些经典书籍归了归类:

1. 名著

包括世界名著,比如六年级语文书上接触并推荐的例如《简·爱》《鲁滨孙漂流记》《羊脂球》《巴黎圣母院》等,还有中国名著,例如四大名著中的《三国演义》《水浒传》《西游记》等。

2. 名家名篇

中国现当代文学中有不少经典文章,例如朱自清的《背影》《匆匆》行文细腻,鲁迅的《故乡》《阿Q正传》文笔犀利,冰心的《繁星》《春水》情感真挚,钱钟书的《围城》文风幽默,这些名家名篇学生理当阅读。

3. 当代的一些畅销书

书畅销一定是有其道理之所在的,所以目前流行的部分畅销书也可作为经典推荐给学生。比如前些年余秋雨的几本游记:《文化苦旅》《山居笔记》《行者无疆》就很能让人长见识,近些年里全世界最畅销的系列小说《哈利·波特》其想象力之丰富令人叹为观止,这些书学生读来必能有所收获。

正如一千个读者心目中有一千个哈姆雷特一样,对于经典的理解肯定是仁者见仁,智者见智的,我的观点只是便于我们实际操作的方便。

当然,我们在推荐书的时候,一定要把可读性放在首位,只有学生想读、愿读时,才会好好读这本书。就比如说,同样是世界名著,《基督山伯爵》就比《巴黎圣

母院》可读性强得多。

(二)自能引路,让学生学会阅读

所谓自能,我理解为让学生发挥主观能动性,自觉自愿地、有一定方法地读书。

阅读的方法我们语文课上教的就不少了,字、词、句、篇的分析,精读与略读……这些方法当然要融入每一次的阅读中去。叶圣陶先生说过:"教学生就是为了不教,不要授之以鱼,而要授之以渔。"把这些融合在一起,我们探索出一条培养学生自能阅读之路。

下面,以《傲慢与偏见》为例具体阐述一下从析书名、探背景、观作者、品情节、赏人物、试续写这六个方面入手,让学生学会阅读经典:

1. 析书名

拿到一本经典书籍,一开始我们会注意的就是它的书名了,有的书从它的书名中我们可以知道故事,如《西游记》;有的书名则能让人知道它的主人公,如《阿Q正传》;有的书名反映着故事发生的背景,如《三国演义》;有的书名则能让人感受到作者要抒发的情感,如《文化苦旅》;还有的书名则隐藏着一定的道理,如《傲慢与偏见》……所以,第一步就是细细地品味一下书名给我们的线索。

《傲慢与偏见》这个书名就能给读者一些悬念:傲慢,谁傲慢?偏见,谁有偏见?带着这两个问题来读书,我们可以知道,傲慢是指达西,他因出身高贵,家财万贯,又生性比较冷淡,怠慢了伊丽莎白,使人觉得他很傲慢;偏见则是指伊丽莎白由于达西的傲慢以及威克姆的挑唆而对达西产生了偏见。当然,最后误会总会冰释,有情人终成眷属。

其实从书名也可以知道,它反映出的是我们很常见的弱点:每一个人都很容易被自己的主观印象所驱使,因而对别人下不正确的注解,进而造成彼此之间的误会。一个人所给予的第一印象虽然重要,但并非一定不会改变,要有更深刻的理解才能下结论。这也许就是《傲慢与偏见》前身叫《初次印象》的原因吧。

2. 探背景

我们在要求学生预习课文时也都会让学生去查一下文章的时代背景或写作背景,同样,在阅读经典时这一步也是不可少的。

简·奥斯汀所生活的那个年代,英国小说正处于一个青黄不接的过渡时期:18世纪上半叶,英国文坛涌现出一批现实主义小说大师,但到了70年代,接踵而起的是感伤派小说和哥特式的传奇小说,显得有些苍白无力,期间也没有任何有价值的小说,直到简·奥斯汀的小说出版。这些小说以其理性的光芒为现实主义小说高潮的到来扫清了道路。而《傲慢与偏见》就是现实主义小说的翘楚之作。

卡莱尔说过:过去一切时代的精华尽在书中。《傲慢与偏见》就是在一场又一场的舞会中再现了当时的社会关系和人情世态。

3. 观作者

经典名篇的作者一般都是名家,这些作家我们当然要深入去了解。

简·奥斯汀,这个只生活了42年但却有六部传世之作的传奇女作家,她从没有上过正式的学校,却靠自学成才,从12岁就开始创作。21岁时写出了第一部小说《理智与情感》,之后一发不可收拾,接连创作了《傲慢与偏见》《曼斯菲尔德花园》《爱玛》《诺桑觉寺》和《劝导》这六部传世之作。她小说的笔调轻松诙谐,反话正说,幽默讽刺,喜剧色彩浓重,语言清丽优美,格调清新高雅,开创了一代文学新风。

简·奥斯汀,终身未婚,爱情是她谱写的永恒主题;才华横溢,幽默是她小说的永恒笔调;生命短暂,平淡是她辉煌一生最好的注解。一个集聪慧、理智、美丽、坚强于一身的传奇女子,她的一生值得我们好好探究。同时我还推荐学生观看《成为简》这部电影,让学生对简·奥斯汀有更多的了解。

4. 品情节

情节是最能吸引读者的部分,在读经典书籍的时候,品味情节是主要要做的。我们常常有这样的经历:读到精彩的情节,会忘记周围的一切,像着了魔似的。有时候,一本书读完后再回过头来回味最欣赏的一些片段,并问问自己为什么喜欢,真的是很快乐的事。

《傲慢与偏见》这部小说的情节是非常具有可读性的,比如第一次舞会,四大主角初次见面,在这场舞会中4位人物的形象跃然纸上,每个人的个性都表现得淋漓尽致:达西的傲慢、自视高人一等又难于取悦,宾利的一表人才、态度随和、一派绅士风度,伊丽莎白的幽默风趣、活泼可爱,简的美丽动人、温婉可爱。此外一些配角的形象也很丰满,我和学生在讨论这一情节的时候还放了电影,让学生比较小说和电影的异同。

小说中还有许多情节值得一读再读,如达西向伊丽莎白第一次的求婚,达西态度傲慢,仿佛在施舍伊丽莎白,满心以为自己的求婚一定会被伊丽莎白欣然接受,却不料被伊丽莎白一口拒绝,并历数达西的种种不是。还有第二次求婚,两人在经历了风风雨雨后终于走到了一起,圆满的结局令人欣喜。

5. 赏人物

人物往往是一本经典的核心,一本书中会涉及到众多人物,这些人物形态各异、个性鲜明,从他们身上可以看到世间百态,感受人间的冷暖苦辣,实在是很有收获的。

《傲慢与偏见》这本小说不仅塑造了四位深受读者喜爱的主人公,还塑造了许多个性鲜明的小人物:滑稽可笑的柯林斯牧师、专横跋扈的德伯夫人、粗俗无知的贝内特太太等等,难怪很多评论家说简·奥斯汀笔下的人物完全可以和莎士比亚刻画的人物相媲美。

6. 试续写

当一本书看完后,我们还可以思考故事中的人为什么这样做,作家又为什么要写这个故事。然后在脑子里继续把这个故事编下去,为这个故事编续集,这也是非常有意思的事情。

我们学生就给《傲慢与偏见》编了好多续集。有的学生以有情人终成眷属,从此,王子和公主过上了幸福美满的生活为方向描写伊丽莎白和达西美满的婚后生活;有的学生以不成熟的爱情果子注定是苦涩的为线索描写莉迪亚和威克姆不幸福的婚姻;还有的学生以"就这样,贝内特家里的 5 个女儿都嫁出去了,贝内特太太又一次神经质地说道:'真是太感谢上帝了,我都不知道该用什么话来形容上帝了。'"描写贝内特夫人把其他两个女儿也嫁出去的曲折故事。续写也让学生受益匪浅。

(三)习惯主导,让学生自觉阅读

阅读是需要长期坚持的一件事,只有形成了阅读的习惯,长期坚持,才会真正从阅读中体会到乐趣,收获到成长。

习惯的养成从心理学角度来看,需要 21 天,正好三个礼拜。当然,没有坚强的意志与坚韧的毅力,就算 210 天也没用。我们老师所能做的就是起到一个外力推动的作用。

不要小看老师的力量,对于小学生而言,老师的话比家长的话管用得多。我就规定本班的学生要把课外阅读当成每天的必修课来做,除了每天中午在学校的 20 分钟读书时间,还要求他们回到家必须保证至少半个小时的阅读时间。并且每月推荐他们一本必读书,规定他们一定要读完,每隔一定的时间就做检查反馈,还经常开展"知多少"竞赛,学生都兴致盎然。

习惯的养成除了外力的推动外,最主要的是内力,也就是学生的自觉阅读。

其实我们做每件事都是有目的的,有了目的,就会给自己定一个目标,朝着这个目标,坚定意志去努力。阅读也是如此,要让学生明白阅读的最终目的的丰富自己的知识,提高自己的素养,并不断把这种信息在学生头脑中强化,让学生真正把阅读作为一种习惯,把阅读作为一件快乐的事情。

实践证明:这是一条完全可以走下去的道路,学生们充分体验了经典的魅力,心灵得到净化,性情得到陶冶。我们也欣喜地看到,阅读经典让孩子们扩展知识视野,提高学习效率,养成行为习惯。而我们则在阅读经典活动的教学相长中,体会着"快乐人生""己立立人,己达达人"的思想境界,品味着教育工作的快乐,提升着自身的素质和道德品质。

课例略。

第四节　送你一本《阅读手册》

随着阅读推广活动的深入开展,我们越来越迫切需要有一本《阅读手册》。这本小册子,承担着阅读推荐、指导、记录、分享、沟通等阅读过程中亟须解决的任务。它既是孩子与书本之间的一座桥梁,也是家校沟通的一个平台,更是童年阅读生活的最好纪录。需要说明的是,在大阅读观的指导下,我们把"电影"和"本地历史"也纳入到阅读的对象中来。以下是低年级段阅读手册的全部内容,希望能给你一些有益的启示。

低年级阅读手册
目　录

代　序　"今天,我读了没有?"
　　　　——给家长、小朋友的信
第一章　文学的诗意与语言的智慧
　　　　——文学阅读
第二章　历史的思索与科学的启迪
　　　　——社科阅读
第三章　电影世界和它的绚丽光影
　　　　——电影阅读
第四章　当地文化和它的迷人风情

——本地文化阅读

第五章　资料夹——我的个性笔记

代序

"今天,我读了没有?"
——给家长、小朋友的信

尊敬的家长、亲爱的小朋友:

感谢你们能够坐在一起,仔细地阅读这封信。也正因为阅读,我们已经,或者即将走到一起。

首先,要分享一个小故事:犹太人有一个有趣的风俗,每当一个孩子降临人间,母亲会在《圣经》上滴一滴蜂蜜,让孩子舔一舔,从而告诉他——书是甜的!所以,犹太民族是全世界最爱读书的民族,人均每年达到64本!因此,这也是一个最聪明的民族,大名鼎鼎的科学家爱因斯坦就是犹太人,诺贝尔奖获奖者中犹太人的比例远远高于其他民族!

今天,我们郑重地发下这本小册子,希望亲爱的家长朋友——您也能加入我们的行列;希望可爱的孩子——您,能够鼓起劲儿,睁大好奇的眼睛,跟着《阅读手册》中的栏目,走进一个美丽神奇的新世界!

以下几句话是对家长朋友说的:

这本小册子,是我们精心为本年级段孩子选择的"书目",我们适当地放大了"阅读"的概念,除了传统的纸质图书,也把优秀的经典电影,以及无锡本地文化纳入了"阅读"的范围,希望能够打造一个多元的、多维的阅读网络。

我们为您和孩子重点选择了一些"亲子读物",都是屡获殊荣的儿童文学作品,希望您能和孩子共同阅读,互相交流。其他的书目,您可以通过换书、图书馆借阅等各种渠道帮助孩子获取,并及时地予以督促和鼓励。每个书目后面都有横线和空白,可以让孩子在上面留下思考的印记。

关于无锡本地历史的阅读,我们希望能够丰富您和孩子假日的生活。适当地做一些功课、对即将要拜访的地点加以了解,然后挑上一个云淡风轻的好天气,带上相机和好心情,跟孩子一起投入到对本地文化的走访中去。我们相信这必定是一个非常美妙的时刻!

您孩子所在班的语文老师,会利用这本册子,相应地开展一些讨论、评比、展示的活动,届时,希望您能够予以最大的支持。总之,阅读的路上,有您、有我、有孩子,那该是多么温暖的一道风景!这条路,让我们一起走过!

以下几句话是对小朋友说的:

我们的口号是"今天,我读了没有?"这句话每天睡觉之前都要问一问自己,让阅读成为你生活中必不可少的一个好朋友。

你的老师、家长会指导你用好这本小册子,你要做的就是:

1. 保管好它,不要污损或者丢失,它是你成长道路上的一本特殊的"相册"。

2. 根据你的爱好进行选择,想方设法得到这些图书,利用一切空余时间读它们,并及时做好记录。

3. 一定不要忘记正确的读书姿势,保护眼睛同样重要。

4. 你所在班级的老师会经常开展读书、评比的活动,希望你能够积极参加。

相信,只要你走进书的世界,它的美、它的丰富,一定能让你着迷。一起加油吧!

亲爱的家长、小朋友们,用书籍浇灌我们心灵的花园,就从今天开始吧!

无锡新区实验小学语文老师

第一章 文学的诗意与语言的智慧
——低年级文学阅读

小朋友,这里列举的都是非常美妙而纯真的儿童文学作品,有绘本,有小诗,有童话,有故事。请你在自己读过的作品前打"√",在后面的横线上简单写写你的感受哦。

读吧,读吧,这里有永恒的爱,还有美丽的梦……

重点推荐

这些书一定要读哦,跟爸爸妈妈一起读,一起交流,并做好详细的记录。

《猜猜我有多爱你》导读

作者:山姆·麦克布雷尼、安妮塔·婕朗

关于本书

● 世界性的经典图画书,全球销量高达1500万册以上

● 美国图书馆协会年度最佳童书、美国《出版者周刊》年度最佳图书。

● 这是一个表达爱的故事。和爸爸妈妈一起读一读,分享你们的感受。

阅读时间:

真情留言板：

爸爸说：

___

我说：

___

老师说：

___

《逃家小兔》导读

作者：(美)赫德

关于本书

● 获奖无数。

● 在兔子妈妈和小兔子之间富于韵味的奇妙对话，构成了一个诗意盎然的小故事。一本无可挑剔的图画书，赶快和兔妈妈玩捉迷藏的游戏吧！

阅读时间：

真情留言板：

爸爸（或妈妈）说：

___

我说：

___

老师说：

___

《列那狐的故事》导读

作者：(法)季诺

关于本书

● 一部可爱的童话集。

● 一部东西方动物故事的荟萃。

● 当动物王国里的美丽与残酷一并展现在我们面前时，你们会想到什么呢？也许读完这本故事集，你已经从列那狐身上学到了几分睿智。

阅读时间：

阅读记录：

列那狐我想对你说：

我最喜欢的几个小故事：

大人的话：

《窗边的小豆豆》导读
作者：黑柳彻子（日本）
阅读关键词：
过分淘气而被退学小豆豆
小林宗作老师
由几辆电车改装成的学校
——巴学园
给家长的话：
这是为了孩子,你一定要读的一本书！

读着这本书,重新体验着童年时代成长的历程,而这个历程其实是创造力和社会相适应的过程,也是人与人之间第一次试探着相互理解和尊重。

"我要像小豆豆一样长大"———你的梦想不知能否在你的孩子身上变成现实？

阅读时间：
阅读记录：
你喜欢小豆豆吗？为什么？

你喜欢小林老师吗？为什么？

你喜欢巴学园吗？为什么？

你最喜欢哪个小故事呢？把它讲给爸爸妈妈听。
真情留言板：
我想对_____说：
爸爸妈妈说：

老师说：

《安徒生童话》导读

作者：(丹麦)安徒生

不需要写关键词、推荐理由了，没有一个人不熟悉他的名字。

那么，试试我们的测试题吧。

可以分开来做，看看爸爸妈妈和你谁读得更仔细些。

奖品：一个大苹果！

1. 在《小锡兵》中，他为什么用一条腿站着？

(1)他认为这样比较帅。

(2)他在表演舞蹈。

(3)剩余的锡只够铸一条腿。

2. 在《猫和老鼠做朋友》的故事中，猫欺骗老鼠偷吃了(　　　　)

(1)面包　　(2)蜂蜜　　(3)肥油

3. 在《青蛙王子》的故事中，小公主的(　　　　)掉进了深水潭，是青蛙为她找到的，后来公主嫁给了青蛙王子。

(1)钻石　　(2)金球　　(3)镜子

4. 在《小红帽》的故事中，是(　　　　)救了小红帽和她的外婆。

(1)猎人　　(2)妈妈　　(3)小红帽自己

5. 是(　　　　)放走了野人铁汉斯。

(1)士兵　　(2)小王子　　(3)皇后

6. 《玫瑰少女》中被妖魔缠身的王子是头狮子，后来变成了(　　　　)

(1)鸽子　　(2)老虎　　(3)猫头鹰

7. 《海的女儿》中的小公主用(　　　　)换了巫婆的药水

①眼睛　　②舌头　　③脚

8. 故事《金鹅》中的小傻瓜是从(　　　　)得到金鹅的。

(1)最老的树中　　(2)石头中　　(3)鹅窝里

9. 在《三兄弟》中，老人在死前分别送给三个儿子的是(　　　　)

(1)公鸡、镰刀、猫　(2)金子、马、土地

(3)房子、钱、驴

10. 故事《飞箱》告诉我们一个道理：(　　　　)

①光凭嘴不能得到长久的幸福
②光靠美丽不能得到长久的幸福
11. 五颗豌豆中,第五颗落到(　　)开花了。
①窗台的花盆里　②鸽子的嘴里　③水沟里
12. 商人的儿子乘着会飞的木箱来到土耳其冒充(　　　)。
①神　　　②富有的人　　③王子
13. 绘声绘色地讲一个你最喜欢的故事。打分:_____

《爱丽丝漫游奇境》导读

作者:[英]卡罗尔

关于本书:

○一百多年前,在英国泰晤士河的一条小船上,作者刘易斯·卡罗尔给经常来找他玩儿的姐妹三人讲故事,他一边想一边讲,结果编出了一个奇妙的爱丽丝漫游奇境的故事。

○这本书是那么受人欢迎,以至于人们争相把它搬上舞台和大荧幕。(读完书,不妨不看看同名电影,一定很有趣!)

阅读时间:

阅读记录:

我最喜欢的人物和理由:
_____

我最喜欢情节:
_____

我读不懂的地方(长大了也许就懂了):
_____

真情留言板:
_____

选读书目

这些书你读过吗?可以挑选喜欢的读一读,打钩,在横线上写下简短的感受。期末我们来比一比哦。

□信念的力量——《胡萝卜种子》_____
□让梦想成真——《猪也会飞》_____
□谢谢你们陪我长大——《我爸爸》《我妈妈》_____

□ 寻找男子汉——《装在口袋里的爸爸》_____
□ 为名誉而战——《舒克贝塔历险记》_____
□ 友情的重要基础——《大老虎和小老鼠》_____
□ 生活因你更精彩——《凯琪的包裹》_____
□ 其实我和你一样——《鳄鱼怕怕牙医怕怕》_____
□ 远远的一缕微笑——《一百条裙子》_____
□ 特别的你有特别的美——《鼹鼠的月亮河》_____
□ 用美好洗涤心灵——《蓝鲸的眼睛》_____
□ 关注你身边的人和物——《卡夫卡变虫记》_____
□ 无法替代的过程——《再见,老蓬》_____
□ 风雨过后见彩虹——《小皮斯凯的第一次旅行》_____
□ 就这样慢慢长大——《一年级大个子二年级小个子》_____
□ 纯真和善良永远不会过时——《小布头奇遇记》_____
□ 爱是生命的源泉——《活了100万次的猫》_____
□ 播撒爱与希望——《花婆婆》_____
□ 做永远的朋友——《蹦蹦和跳跳的故事》_____

自选篇目

除了书单上的,你还读了哪些儿童文学作品呢?写下来,看看谁是读书大王。(可以自己加页哦。)

书名:	作者:
感受	

第二章　世界那么大——低年级社科阅读

小朋友,在这一章里,你将会读到很多只属于我们"中国"的东西,比如历史啦,故事啦,成语啦;还会认识一些有趣的动物和科学知识。请你在自己读过的作品前打"√",在后面的横线上简单写写你的感受哦。

读吧,读吧,开阔你的视野,丰富你的知识……

□《三字经百家姓千家诗》_____
□《汉字的故事》(梅子涵著)_____
□《成语故事》_____

□《中国神话故事》_____
□《中国历史故事》_____
□《昆虫记(彩绘版)》(法国　法布尔著)_____
□《我的野生动物朋友》(法国　德格雷著)_____
□《神奇校车》(美国　乔安娜·柯尔、布鲁斯·迪根著)_____
除了书单上的,我还读了这些社科类作品呢!
_____

第三章　电影世界和它的绚丽光影
——低年级电影阅读

小朋友,打开电影的大门,你将会和小精灵一起走入奇妙世界,你会遇到花栗鼠、小蜜蜂、三只小猪,你还会和小淘气尼古拉、小飞侠、黑人小男孩成为知心的朋友。你可以在自己看过的电影后用1-2句话简单写写你的感受,或者和一起看电影的小伙伴分享你的想法。

读吧,读吧,这里有奇妙的精灵,永远的童心……

《霹雳贝贝》_____
《爱丽斯漫游仙境》_____
《黄金罗盘》_____
《大闹天宫》_____
《宝葫芦的秘密》_____
《小飞侠彼得潘》_____
《小淘气尼古拉》_____
《玩具总动员》_____

今年你还去电影院看了哪些电影呢?

电影:_____评价:_____
电影:_____评价:_____
电影:_____评价:_____
电影:_____评价:_____
电影:_____评价:_____

第四章　当地文化和它的迷人风情
——低年级本地阅读

小朋友,你知道吗,在我们生活的这片土地上,有很多美丽的风景、动人的传说、漂亮的建筑。它们,是我们身边活生生的教科书。了解无锡的过去和现在,领略家乡的美丽与繁荣,你一定会拥有更强烈的幸福感。

所以,周末的时候,跟你的家人一起出游吧,带上相机,带上纸笔,带上你的好心情,跟我出发!

请你在自己拜访过的地方前打"√",在后面的横线上简单写写你的感受。还可以把你的照片贴在小册子里哦。

读吧,读吧,读大自然、读城市这本有声有色的活的书……

第一篇"山水胜地"

□锡惠公园

——锡惠公园把锡山、惠山两山合成一园,展现了南朝以来各个朝代的历史文化古迹。惠山寺、寄畅园、天下第二泉等地,更是闻名遐迩。强烈推荐哦。_____

□梅园

——全名无锡荣氏梅园,以老藤、古梅、新桂、奇石来显示出它的高雅古朴风格。面临太湖万顷,背靠龙山九峰,以梅花驰名,是久享盛誉的江南赏梅胜地。___

第二篇"文化名城"

□无锡南禅寺

——建于南梁武帝太清初年(547年),历史悠久,寺内的妙光塔建于北宋(1104年),宋徽宗赐名"妙光"。现在更有美食、书城、小商品、花鸟多条特色街区。

_____

□清名桥古运河景区

——古运河是无锡的母亲河,夜游古运河,可以尽览江南水乡的迷人与梦幻。

_____

第三篇"时尚都市"

□无锡城市规划展览馆

——集中展示了无锡的城市特色和发展宏图。划分为规划创新馆、太湖新城馆、未来规划馆等。整个展馆不收费哦。

_____

□无锡民族工商业博物馆

——由原来茂新面粉的大麦仓库、制粉车间、办公楼等20世纪40年代的建筑改建,是荣宗敬、荣德生兄弟创办的中国民族工商业最早的企业之一。整个展馆不收费哦。

□无锡长广溪国家湿地公园
——地理位置和自然环境得天独厚。2005年5月建设部将其列为第二批国家城市湿地公园名录,是全国十个国家湿地城市公园之一。很适合举家周末出行。完全免费哦。

我最喜欢的地方是:

秀秀我的访问照片:

第五章 资料夹——我的个性笔记
我写的书

小朋友,你有没有想过:如果有一天,我也来写一个故事,让许许多多的人读,会是一种多么奇妙的感受!

等什么呢?试试看吧,你就是大作家,绘本、童话、诗歌……想怎么写就怎么写。如果你有很得意的作品,也可以直接粘贴哦。

我与书的故事

小朋友,除了前面的记录,相信你与书之间,一定还发生了很多的故事。比如去新华书店购书啦、第一次在当当网上写了书评啦、创作了一些读后感啦、饱览了祖国的山山水水啦……那么,按照你喜欢的方式做一些简单的记录吧。你可以把你的日记、照片、证书复印件等粘贴在这里,纸张不够的话还可以做加页。加油!

第四章

重新发现生活

——打开经验的世界

"语文的外延等于生活的外延。"这句话已成为公论。

但奇怪的是,绝大多数时候,语文依然是被养在鱼缸里的一尾小金鱼,课堂、书本、纸笔、老师,便是它全部的水和空气。

我们的视野需要被打开,我们的观念需要被打破,我们需要首先把目光从封闭的教室中抽离出来,望向我们的生活。生活是所有语文学习的源头水,也是所有语文学习的演兵场。语文一旦链接到了这里,便"活"过来,便"立"起来。

"综合性学习"是打通语文与生活的桥梁,"作业设计"是我们的又一根秘密管道。把我们的智慧投注上去,生活会回报我们的语文教学以无穷的灵感和力量。

语文不是金鱼,它是一头鲸,它需要整个海洋。

第一节 综合性学习的快乐

小学语文综合性学习的四条途径

在新一轮基础教育课程改革中,综合性学习必将给语文教学带来巨大的变化和新的面貌,语文综合性学习必将成为今后一段时期内语文教学改革的热点。但我们也应该看到,随着实验的深入,有许多具体问题摆在我们面前等待我们深入研究、切实解决,尤其是如何操作,老师们更是关注。现抛砖引玉,介绍几种"综合性学习"的具体做法供大家参考。

一、发挥教材优势,落实"综合性学习"

在苏教版国标本语文教科书中,已安排了"综合行学习"内容。如苏教版教材一年级下册中明确提出的"综合性学习"有两处：(1)3月8日是妈妈的节日。自己做一张贺卡，写上一句祝贺的话送给妈妈，带给妈妈一份惊喜。不会写的字可以问老师。(2)搜集你喜欢的体育比赛或优秀运动员的图片，在班上搞一个："小小体育窗"展览，同学们自己来做解说员。

第一处"综合性学习"的安排，抓住了3月8日"妇女节"这个特定的教育时机，触及到了学生与家庭成员之间的情感。中华美德教育、审美教育、口语教育、识字教育、劳动技术教育等等以往可能相对独立的教育领域都在这一刻进行了自然的融合，这是最真切的，也是最贴近学生生活的。在家庭生活、学校生活中，尝试运用语文知识和能力解决简单问题，在这里得到了很好的体现。

第二处"综合性学习"的安排，则以激发学生主动积极地参与，注重学生参与过程和积极的情感体验，在实践中学习、运用语文。整个活动主要由学生自行设计和组织，从图片的搜集、小小体育窗的设计和布置、解说词的编写、"客人"的邀请至现场解说，孩子们不仅学到了许多课本以外的知识，还培养了他们在集体活动中的"合作"意识，丰富了语文教育的内涵，增加了学生的经验积累，提高了他们的语文实践能力。当然，学生的成果也许稚嫩，但在这一教学活动中学会全身心地投入了，心灵激荡了，真切体验了，感情融入了，我们就有理由相信学生的个性素质获得了发展。

二、注重多向整合，进行"综合性学习"

(一)注重目标的整合，进行"综合性学习"

开展综合性学习强调"知识和能力""过程和方法""情感态度和价值观"三个维度目标的有机整合。如苏教版国标本小学语文第六册《海底世界》第三自然段介绍了5中海底动物的活动方式。教学时，采用综合性学习，使学生既能了解海底动物活动的不同方式，又能促进学生语文实践能力的提高，而且在活动过程中还能受到人文精神的熏陶。

"看一看"录像：(1)大海里的动物很多很多，每种动物的活动方式都很有趣，同学们想知道文中介绍了哪些吗？(2)下面请大家欣赏一段录像，看后说一说录像中有哪些动物是你熟悉的，它是怎样活动的，好吗？(创设情境，引起共鸣。)

"读一读"课文：听同学们这么一说，海底世界真是有趣极了。我们一起去看看课文里是怎样介绍这些动物活动方式的，找出来读一读，好吗？

"演一演"鱼类：同学们刚才读得很认真，接下来老师想请同学们代表这几种动物作一个自我介绍。刚才我们看过了录像，介绍的时候可以先把他们的样子说一说,然后把他们的活动特点讲清楚,可以边说边演动作。老师准备了几个头饰,你想表演哪一种动物就挑一个戴上。(由角色扮演切入,凭借教材,贴近教材,充分挖掘教材的语言因素,让学生在角色转换中进行语言转化、语言运用的练习,培养语感,发展思维。)

"查一查"网络:你们知道海底还有哪些动物?他们又分别是怎样活动的呢?请同学们在课后分小组在网上查一查。(自主分组,交流合作,了解自然,了解海洋,在学习过程中不仅增长了知识,锻炼了搜集处理信息的能力、观察感受能力、综合表达能力,培养了互相合作和团队精神,而且还不知不觉培养了学生对大自然的热爱之情,有利于学生在感兴趣的自主活动中全面提高语文素养。)

"写一写""说一说":根据课后的学习,模仿课上的介绍,把海底动物的情况用"海底动物世界手抄报专辑""海底世界介绍会""海底动物网站"等多种形式进行介绍。(在老师的指导下组织趣味的语文活动,用书面与口头相结合的方式表达自己的观察所得,在活动中学习语文,学会合作,锻炼能力。)

(二)注重学科的整合,进行"综合性学习"

学习苏教版国标本第一册《秋姑娘的信》时,恰逢秋季。天高云淡,秋风送爽,各种颜色、不同形状的叶子被"秋姑娘"摘下,随意撒落在校园和乡间小道上。在上学或放学的途中,热爱大自然的孩子总喜欢拣几片漂亮的叶子细细把玩。此时此刻,发动学生采集各种落叶,召开一个色彩斑斓的赏叶会,那是多么令学生开心的事啊!在这个活动中,学生可将采集来的树叶按颜色、形状、采集地点、采集时间进行介绍。在介绍的过程中,既锻炼了学生的口头表达能力,丰富了词汇,发展了语言。如认识了树叶名称中的字词:杨、柳、香樟等生字词,还认识了表示颜色的"黄、绿、红、青、墨绿"等生字词,表示形状的"圆形、线形、椭圆"等词语。对树叶进行介绍后,喜欢画画的学生马上想到用树叶贴画,有的学生则在画自己喜欢的树叶,有的则和同伴一起制作叶片标本……兴趣真浓!经常开展这样的活动,学生的说话、识字、审美、绘画、想象、创造、探究等能力都会逐步提高,加强了语文学科与科学、艺术、数学等学科的整合,符合课改理念,培养了学生合作、探究意识,开阔了视野,提高了学习语文的兴趣。

(三)注意多种学习方式的有效整合,开展"综合性学习"

开展"综合性学习"一定要注意将多种学习方式进行有效整合,如数字化学习方式、自主学习方式、合作学习方式与探究学习方式等。有了数字化学习方式的融入,学生学习的过程不仅仅是知识逐渐丰厚的过程,更是培养学生的现代意识并帮助他们实现社会化的过程。有了自主学习方式、合作学习方式与探究学习方式的融入，则可以体现新课程对学生的尊重、对学生需要的关注和尊重、对重新审视课堂价值后认识的尊重。

例如我曾经让学生写过这样一篇作文，题目是："xx 花"。上课伊始，我先通过录像："多姿多彩的花"创设情境，使学生对这次作文的主题在心理上、知识上有了一些准备。

"同学们，刚才我们在电视上看到了许多形状各异、多姿多彩的花、你知道这些花是在哪个季节开放的吗？"

"其他季节有什么花开放？"

"你最喜欢哪种花呢？说说为什么喜欢？"

"你还想了解更多关于花的知识吗？是关于哪方面内容呢？"

我鼓励他们大胆提出有关自己喜欢的花的问题。对于学生提出的问题，我没有作正面回答，而是带领大家讨论用什么办法来解决这些问题。经讨论，归纳出了几种方法：一是看书，二是上网查找资料，三是向别人请教。然后，我布置大家选一个自己最想弄懂的问题去寻找答案，或者几个人一组去共同研究。这是作为作业布置给大家的，要求在两个星期内完成。课后，有的同学去图书馆找书；有的上网查找资料并通过学校主页上的 BBS（论坛）来即时发布自己查找到的有关花的图片及相关资料；有的小组则是将查找到的资料用电子邮件的方式集中到有打印条件的同学那儿打印出来，然后聚在一起共同研究；有的同学还特意去乡下向养花的师傅请教……

两个星期后的又一次作文课上，我先让大家分小组汇报各自探索研究的情况，要求发言时必须讲清三个问题：(1)研究的是关于哪种花的问题？(2)你们是怎样进行讨论的？(3)研究的结论是什么？接着，我组织全班进行交流，选了几个代表讲述自己探究的过程和结果，并组织大家进行评议。然后，我趁热打铁，要求他们把交流的内容记叙下来，写好后读给小组里的同学听，不通顺的地方自己再改。最后，我选出三位同学当众朗读自己所写的文章，给予了适当的评价。

实践证明，这样做的效果是显著的。因为学生写的都是自己亲身经历的事情，所以写作的积极性、主动性很高，交上来的作文普遍写得较有特色。尤其值得欣慰的是，同学们在语言表达能力、搜集和处理信息的能力等许多方面都得到了长足的进步。

三、积极开发和运用教材以外的课程资源,促进"综合性学习"

我们知道,在平时的语文教学中,教材是一种重要的课程资源,我们要积极开发和运用。同时,我们也要时刻提醒自己,教材不是唯一的课程资源,我们应注意开发和运用其他一些课程资源来为我们的语文教学服务。

如在苏教版国标本第七册"培养良好的学习习惯(七)"第一条"读书要有选择"时,教者如果仅仅停留在几幅图的分析:"这位同学在干什么""在图书馆里如何能用最快的速度找到你想要的书"等等,那是不够的。因为即使你把图画中编者的意图给学生分析得淋漓尽致,也注意到了学生品德修养、审美情趣和语言表达能力的提高,但就一种习惯的培养而言,离开了一定的情境,缺少了实践,那都是很难内化和养成的。这时,我们就要开发和利用好图书馆这一资源。"到图书馆借书去!"一方面,图书馆作为学生重要的信息资源中心,我们有必要让学生很好地熟悉、使用;另一方面,在活动中,会随着活动的开展生成一些书本上没有的教学内容,而这些恰恰是学生养成良好的学习习惯所必须关注的,教师就应该在活动过程中给予引导、激励和帮助,而不能仅仅在活动结束后来作简单小结,甄别优劣。我们想就本课而言,有了综合性学习的思想和行动,本课教学目标就更丰满了,教学也真正落到了实处。

四、关注学生生活,丰富"综合性学习"

"综合性学习"内容的来源与"综合实践活动"课程内容的生成非常相似,即源于课本,源于生活。只是它较多地从语文的范畴去提出问题、解决问题。

上面我们已经介绍了一些怎样从课本中挖掘"综合性学习"教学内容的做法,其实,从孩子生活中寻找语文"综合性学习"的切入点同样重要,不可或缺。这类"综合性学习"在具体的操作中,可以考虑和"综合实践活动"紧密结合。

如有学生在上学途中注意到部分店面在用字、用词上出现了一些错误,产生了一些疑问,这时教师就可因势利导成立"错别字纠错队"开展活动,在活动中,学生运用语言文字的能力提高了,对社会的责任感增强了,学生与社会、教学与生活更贴近了。我想,语文"综合性学习"的目的就在此吧!

他们在活动中成长

三3班和大3班的友谊

一

小学和幼儿园很近,门对门,隔着一条不宽的马路。马路上画着很多斑马线,每年都刷一遍,黑白分明,很醒目。

大3班班主任姓杨。三3班语文老师姓李。杨老师和李老师是好朋友。三3班很多孩子在幼儿园的时候,是杨老师的学生。

这天,李老师和杨老师在QQ上见面,突然有了一个让她俩怦然心动的好主意。然后很快,这个好主意就变成了一个好方案。杨老师激动地更换了QQ签名:自下而上的活动,是最有力量的。李老师第一个点了赞。

这就是那份活动方案:

从今天起,三3和大3班正式变成友谊班级,从此大手牵小手,开展各种语文活动,互相访问,共同成长。

我们准备这样做:

从2014年3月开始,到6月,每月一次主题活动。

3月——好习惯故事伴你成长

三3班组建"好习惯故事团",到大3班给小朋友讲故事。通过故事提醒小朋友应该注意养成爱运动、保护视力、不挑食、爱护公物等好习惯,用好习惯为成长保驾护航。

4月——欢迎你到小学来

大3班小朋友到小学参观访问。由哥哥姐姐担任小导游,带小朋友认识艺术楼、科技楼、图书馆等专用教室,让小朋友们对小学产生美好的向往。期间,还可以秀秀课间操、优秀作业,开放小课堂等。

5月——像我一样长大

三3班全体同学到幼儿园回访,一起举行迎"六一"联欢。三3班同学准备以下活动:主题故事——好笑又好玩的一年级;专长展示——叠衣服、系鞋带、收书包比赛;辅助小朋友制作童年心愿卡"我有一个梦想",存进童年的相册里。

6月——哦,离别时刻!

帮助、观摩大3班的毕业汇报演出。三3班提供课本剧剧本、朗诵诗、串联词的撰写，以及课本剧、诗朗诵、主持的指导工作。

二

李老师把这个方案跟三3班同学一说，全班都沸腾了！

走进幼儿园，这已经不是第一次。去年秋天，三3班故事团就走进过中一班，大浦、君萍、昱丞、新悦、小许、过含六位故事哥哥（姐姐）给小朋友们带去自编的"三段式"故事。那是学习了课文《三袋麦子》的写法之后。哥哥姐姐们还带了糖果做礼物。活动现场，很温情！

回来之后，六位同学用报告的形式分享了他们作为"故事哥哥（姐姐）"的经历和心得，惹得大家好不羡慕。现在，新的机会放在了眼前，孩子们个个摩拳擦掌，跃跃欲试。

于是，李老师将苏教版三下的习作教材进行了改编：习作一的要求是看图写话，习作八的主题是"好习惯童话"，合而为一整合成看图编写好习惯童话。除了书上的不讲卫生、破坏公物之外，李老师和同学们一起找到了另外几组漫画或者照片，如爱看电视把自己看成大近视的小兔、小青蛙背小老鼠过河，等等，共七幅。第一轮：选择最喜欢的一组漫画，编写一个童话故事，力求故事生动、形象，有感染力和教育性。

孩子们个个认真地写啊、写啊，改啊、改啊，都想成为第一轮入围者。李老师仔细对比，每组选择了两个故事。于是，第二轮PK开始了。每组故事的两位小作者在班级里举行了讲故事大赛，绘声绘色、活灵活现地把故事讲述出来。最终，朵、永焱、思飞、奕臣、译丹、浩弛、艺禾七人胜出，成了三3班的第一批形象大使。他们需要做的准备，就是制作配套ppt以及小道具。为了增强现场的互动性，李老师还嘱咐大家在故事结束后，设计一两个竞猜话题，既可以提高小朋友听故事的注意力，又能帮助小朋友更好地理解故事的用意，同学们心领神会，很快就准备好了。就这样，丽烨和文昊主持，七个同学倾情奉献的好习惯故事会隆重上演了！那是让每个在场的孩子都特别难忘的一天！

回小学的时候，浩弛感慨地说：李老师，我好像回到了从前！

三

第二次活动很快就到了。

幼儿园小朋友来小学回访，顺便参观校园。

三3班同学需要做的是：成立导游团，带小朋友们参观艺术楼、科技馆、阅览中心,了解校史和专用教室上课规矩。从分工到写方案,再到各自落实导游词,三3班的20位小导游真是付出了一团心血!活动中,好多亮点,让每个人心里无限温暖!

亮点一:三3班准备了一面导游旗,蓝底白字,尖尖的三角形,底下是一根铁丝缠成的小棍儿。这面旗子出自小孙之手。真好!

亮点二:孩子们的导游很有创意,模仿旅行社,安排有"全陪",从幼儿园门口开始,全程陪同,让小朋友们"宾至如归";每个参观的点设置了"地陪",个别高大上的地方,如科技馆,安排了多个"地陪",确保每个"地陪"可以比较专业、细致地进行讲解。"全陪"加"地陪"的服务,确保了本次导游服务的高品质。

亮点三:当小朋友们参观到艺教楼的时候,音乐组长丁老师正在给五年级上课。"地陪"译丹姐姐大方地说明来意。丁老师于是热情接待来访的小朋友,让大哥哥大姐姐用口琴齐奏《小星星》的方式,带领大家自嗨了一把。

亮点四:作为地陪的小导游们都知道准备一些小礼物,奖励认真倾听的小朋友。所以,现场的气氛超级好,孩子们的能耐,让幼儿园的领队老师们赞叹不已。

亮点五:高大上的科技馆,安排了十位帅哥哥,认真介绍,并且有序地安排小朋友进行了体验,效果特别好。走之前,大浦哥哥强调说:"小朋友们,科学世界里充满奥秘,专门等待热爱探究的小朋友来发现……"那模样,专业极了!

…………

果然,自下而上的东西,是最有生命力的。教育和生活,都需要一点自娱自乐。

四

大手牵小手的第三次活动,是庆六一联欢会。大、小朋友互相演演节目,一起玩玩游戏,高潮出现在孩子们帮助弟弟妹妹完成心愿卡的时候,看着大手小手牵起来的模样,心都要融化掉……

四次活动,一份情意,记录了三3班和大3班这个不同寻常的春天,也见证了三3班孩子们成长的过程,在这个过程中,语文素养躲藏在他们的小脑袋瓜里,偷偷笑得最欢!

我家是动物园

一

这是一个关于绘本制作的小课程。计划占用课内时间五课时,三节语文,两节美术。通过欣赏、创作绘本《我家是动物园》,学习提炼人物特点,学习"小书"

的简易制作方法,学习给自己的作品画插画。

五堂课这样安排:

第一课时——语文课。阅读绘本《我家是动物园》,感受绘本的魅力。学习提炼人物特点、选取恰当事例的方法,并初步完成对一个人物的刻画。

第二课时——语文课。在语文老师指导下,试着完成全部家庭成员的刻画,在此过程中学习进行详略安排。

第三课时——语文课。下发白纸,语文老师指导学生对纸张进行装订,并对小书进行合理的页面安排。学生再利用回家的时间,完成小书的文字抄写。

第四、第五课时——美术课。在美术老师指导下进行封面设计、标题书写、插图绘制工作。

适值2013年感恩节。这便是孩子们送给家人的礼物。

二

第一课时这样设计:

(一)读绘本。

1. 今天一起来读一个故事《我家是动物园》,看到这个题目你想说什么?带着疑问进入故事。

2. 阅读绘本,引起话题,感受表达的顺序。

(1)"我叫祥太,是个小男孩,其实呢……"

猜一猜。

你觉得自己像只猴子吗?

祥太果然也是只猴子。他的理由是?

(2)"这是我爸爸,龙太先生,其实呢……他是只大狮子。"

猜猜可能有什么理由?

读一读。

(3)"这是我妈妈,明美女士,其实呢……"

观察一下她的打扮和动作,猜一猜她会是什么?

读一读。

关注"有一次"。看看插图,想想可能是怎么回事?

(4)"这是我妹妹,茜茜,其实呢……她是只兔子。"

(5)"这是我爷爷,正太先生,其实呢……"

3. 现在你觉得祥太的家是不是一个动物园?为什么?

板书:家人——动物——理由

你的家是不是也是一个动物园?都有哪些动物呢?挑最有趣的一个,介绍给小组里的伙伴听。

大堂交流。

评价关注:①按照"家人、动物、理由"的思路。②人物特点与动物形象要相符合。③争取让小朋友用事例来说明(有一次)。④把太负面的东西引导过来。

4. 阅读绘本,关注隐含的情感,学习分寸的拿捏。

"这是我的奶奶早纪子女士,其实呢……"

狐狸——蛮令人惊讶的,可是后来却突然温暖了起来,为什么?

所以,写一点点小缺点的,最后要拽回来,如果你爱她的话。

"这是我的金鱼,其实呢……"

把鱼儿都看成了自己的家人。

"这是我的曾祖母——阿花老太太,其实呢……"

最特别、最重量级的人物,放到了最后。

5. 绘本评说。

评价引导:很有趣,把人物写成动物,因为有充分的理由,所以很有说服力。很温暖,很有爱。

(二)说任务

1. 11月28日是感恩节,我有一个建议:为家人送上一份特殊的礼物——你自己创作、制作的小书《我家是动物园》。今天的两节课,我们先完成写的部分,明天誊写,美术课上绘制插图。感恩节那天,送给你最爱的家人。

2. 这堂课先来写一个人物。说说要注意什么?

(1)人物、动物、理由。

(2)我们爱自己的亲人,所以不能光写缺点,要表达爱。

(3)不是图画书,以文字为主,所以最好能有比较具体的故事"有一次"。

3. 读下水文。

4. 学生自由习作。题目先空着,空开五行,写正文。

三

李老师鬼鬼祟祟钻进美术老师的办公室。

"阿蒋,无事不登三宝殿,有事相求?"

"出啥幺蛾子?说!"

"是这样,我打算请孩子们完成人生中第一本小书,你瞧,如此这般……"李老师拿出《我家是动物园》的绘本,把自己的想法、目的,一一道明,末了,她说:"装订、页面安排,我都能搞定。关于封面、封底的绘制,怎么写美术字,怎样安排插画……我就使不上劲儿了,所以想邀请你,咱们跨学科合作一把,来一次语文和美术学科的跨界行动!"

"没问题。你把书扔这儿,我想想怎么入手。"

…………

其实,老师和孩子们一样,也渴望打破一成不变的工作节奏,也希望来一场跨界的游戏。关键是,我们要想得到,我们要勇敢说。

四

《我家是动物园》最终做成了 32 开的小开本,每人完成了一本。最终用了六节课。因为孩子们突然想起来,封二、封三空着不美观,所以加入了"作者介绍"和"献给家人的诗",又花去了一节语文课。可以说,大半个星期,我们的语文活动就围绕这本小书展开。孩子们认真地写,认真地抄,认真地画,还互相帮忙和学习。所以,每本小书都有封面、封底,有作者介绍,有文字和插图,有封底的诗歌,甚至有孩子还画上了条形码和标价,最有意思的是,等小书完成后,我们又讨论了一下,最后给所有的小书冠以"三三出版社"的大名!

感恩节当天的语文作业,就是献出这本小书,给全家深情朗诵,然后郑重地交给爸爸妈妈,祝他们快乐。当晚的 QQ 群里,到处是眼泪和温情……

小平,你好!

一

2014 年是邓小平同志诞辰 100 周年。

2014 年 8 月,李老师应邀给周边几个区作五年级的教材培训,在说到《在大海中永生》这篇课文的时候,李老师感慨、激动,几乎落泪。

我们纠正语文课堂中过多的人文性,可无意中又走到了工具性的一极,矫枉过正。语文老师不敢讲革命故事,不敢提思想教育,觉得那都是历史、品德……该干的事儿。所以,很奇怪的现象出现了,我们的孩子往往一直到小学毕业,对近代史一块依然稀里糊涂——抽离了对历史、对社会的基本认知而存在的纯粹的语文素养,其实是不存在的。

因此,李老师倡议五年级的语文老师,用好这一课,用好这个特殊的历史时刻,让孩子们进行一些拓展类的阅读,开展一些撰写改革开放的调查报告或者邓小平人物小传等语文综合性学习活动。

李老师教四年级,她也怦然心动,等待时机的降临。

二

2014年10月15日,下午第一节,宇帆妈妈如约来到四三班教室,给小朋友们上一堂特别的历史课——邓小平和他的时代。

李老师跟宇帆妈妈很早就认识,非常低调的一位妈妈,单薄文静,很少说话。她是梅村高中的老师。

和宇帆妈妈订下这个美丽的约会,是在"九一八"的晚上。那天李老师布置了一个"呱呱"作业(这是四3班的一个特殊的家庭作业,每日围绕一个主题,和父母展开讨论、交流、演说等口语表达活动):"九一八"知多少?群里的妈妈们讨论了很久,大家纷纷表示,对于历史,尤其是近代史,大家的现状都是知之甚少;就像身处一个旅游城市,却很少去逛家门口的公园一样。大家的愿望都很热切,一个不知道自己历史的民族,是一个没有未来的民族。于是,李老师顺水推舟、趁热打铁说:"宇帆妈妈,你来给小朋友们上节关于近代历史的课吧,今年正好邓小平诞辰100周年,就从他身上打开好了。""好啊!让我准备一下。"

宇帆妈妈准备好了。今天,她就来了。

三

(一)历史的面孔

宇帆妈妈一站上讲台,就立刻变了一个人,潇洒、爽朗、大气。她先从"历史"的概念讲起。尤其让大家着迷的是对于所学的"历史"的辩证认知:历史是在过去发生的事情,每个人看到的、感知到的都不一样。我们读到的是一部分人的记录。它不一定跟事实完全一致,只代表了一部分人的立场。

听着很抽象,宇帆妈妈很快让它具象起来:就像这个教室。我觉得它很整洁,很干净。可是,如果有个小朋友脚底下正好有一张小纸片,那么,他眼中的教室就跟我的不同。学历史,站在不同的人的立场上,看到的事实就不一样。

(二)邓小平有几个名字

"人物总离不开他生活的时代,我们认识邓小平,然后去认识他的时代。邓小平一生有多少称呼?光名字,他前后就有三个……"

宇帆妈妈说到这里,有人举手了。新悦脆生生地说:"我从书上看到过,他第一个名字叫邓先圣……"

额滴神啊!坐在学生座位上的李老师真心服了。李老师惭愧。

从 1904 年开始，宇帆妈妈以小平各个时期的称谓为经线，以各个历史时期的中国国情为纬线，给小朋友们编织了一段波诡云谲的现当代史。印象特别深刻的词语是：日俄战争、《时局图》、辛亥革命、袁世凯复辟、军阀混战、邓小平留法、"油印博士"、北伐战争、百色秋收南昌起义、朱毛会师、中国工农革命红军第四军、白色恐怖、星星之火可以燎原、"左倾"错误、长征、遵义会议、四道防线、陕北会师、七七事变、淞沪会战、西安事变、八路军、新四军、刘邓大军、开国大典、文化大革命、走资派、改革开放、一国两制。

在这个过程中，安葳、吴君萍、顾晨骁、章新悦等一批孩子不停地呼应，表示自己知道该段历史。宇帆的眼睛贼亮贼亮。艺禾说："这堂课好好玩哦！"宇帆妈妈，不寂寞！

这是很值得记录的一堂课。宇帆妈妈把 PPT 分享在共享里，小朋友们回家后跟爸妈"呱呱"。

这也是很值得继续的一次尝试。家长群是笔富矿，不同的经历，不同的专业，但是，"一切都为了孩子"让我们拥有共同的心愿和行动的力量。而家长的参与，话题的开放，让语文的外延不断延展，更加接近语文的本质。

四

在宇帆妈妈的历史课后，四 3 班孩子们对于近代史的兴趣陡增，追韩剧、追《甄嬛》的妈妈们也渐渐把电视切换到跟那段岁月有关的年代剧上。这是一个有意思的进步。聊天的内容开拓了，真正的时机来到了。

寒假里，李老师要求同学们读一本跟邓小平有关的书，并且围绕着"改革开放"，设计一份问卷，并在这个基础上完成一份调查报告，用这样的形式为小平爷爷的 100 周年诞辰献礼。

有了这样的心意，《春天的故事》即便不唱，春天也已经在心里盛开了。

"超级演说家"来啦！

一

浙江卫视的"超级演说家"是李老师和四 3 班的孩子们非常喜欢的一个节目，课间时候，经常会谈起这个节目。突然有一天，他们不约而同地说："我们也来一场演说风暴如何？"

"超级演说家"活动方案

活动目标：

培养孩子的自信力、思维力、表达力、表现力，一言以蔽之：为孩子的终身发展奠基。

活动方式：

1. 每周三傍晚进行抽签，抽出下周要进行演说的五位同学。
2. 利用周末时间准备演说稿，训练演说，制作PPT，准备背景音乐。
3. 演说内容不限，可以是经历分享、好书推荐、真情告白、观点说明……
4. 演说时间以五分钟左右为宜，最多不超过7分钟。
5. 演说之后，由同学进行点评和打分，张榜在"超级演说家"公告栏内。
6. 演说安排在每天8：00—8：05，即便公开课，也正常开展。如果老师有换课，则在当天语文课上前五分钟开展。
7. 首轮结束后，得分最高的十位同学，进行进入第二轮：命题演说。
8. 决赛成绩最高的三位同学，得到"超级演说家"称号。

作为本学期重点关注的内容，让我们一起为打造孩子出众口才而加油！

四三班语文老师

2014年9月

二

真刀真枪的演说果然来了。除了同学们的期待、用心，各种"配套设施"也很快跟上。

首先是小主持人的确定。选拔过程完全民主公开：自由申报，陈述理由，无记名投票，公开唱票。票数高的同学先担任主持，每人主持三期，依此类推，让每个申报的同学至少有一次机会。主持人必须完成三个环节的组织工作：1. 为演说者开题，因此，主持人必须提前得知演说内容，并且组织好相关开题的语言。2. 在演说者演说结束后组织同学们进行现场点评，如果同学们的言辞过于激烈，应予以缓和；如果点评过于平庸，则要注意荡开大家的思维。3. 在点评结束后组织投票，现场统计票数，及时记录。应该说，这是一个非常锻炼人和考验人的工作。令人欣慰的是，孩子们的任务完成得很出色，涌现了一批金牌主持。

其次是后勤工作者。新悦和同桌泽瀚默默把这个工作接下来，每日负责张贴活动LOGO，书写演说者的编号和名字，打开投影，安装PPT甚至翻页器，进行演说前的调试。不仅锻炼出操作能力，更锻炼出满满的责任心。

再者是担任摄影、撰写报告的同学。为了给每个同学留下一个完整的体验，每位同学的演说，都会第一时间发布在QQ群和李老师的微信中，让家长围观。每十位演说者演说完毕，打印报告，予以张贴，帮助同学们更好地回顾演说中的优点和不足。因为每日要报告,所以,撰写报告的同学面对的最大挑战就是观察切入点的选择,如何既如实地描述演说者的表现,又避免和其他报告在表达方式和角度上的雷同,这是一个很大的挑战。因为报告的撰写也从不固定,几乎不重复,所以,在演说家活动中,孩子们的观察力、思考力和表达力都是有显著提升的。

下面,就欣赏几组风格迥异的报告吧。

三

NO.1 崔旻奇

主持、摄影、撰稿:李燕

今儿是"超级演说家"开播的日子,一早,同学们就有点小激动,经典诵读都有点没心思。

8:15 铃响,小崔正式上场,主题:"魅力南京"。

小崔全程脱稿,表达清晰、流畅,没有一处停顿、卡壳,看得出做了充分的准备。神态自若,声音自信,让孩子们都非常崇拜。

事后,小崔告诉我,为了这次演说,他认真准备了三天!哦,My Xiao Cui!也要大赞崔妈妈,PPT 效果好不说,还配上了非常有感染力的音乐,效果佳!

同学点评很有道理。顾丽烨先是大赞,然后提出,因为有配乐,所以声音可以更加响亮一点。

李老师认为,小崔的演说条理非常清晰,历史、文化、美景、美食、青奥。既然如此,不妨给每一部分取上鲜明的小标题:比如古老的南京、文化的南京、美丽的南京、好吃的南京、青春的南京。这样介绍一个地方,会给大家留下更加深刻的印象呢!仅供后来人参考。

再次感谢小崔,美好的旅程,从你开始!

NO.4 曹逸涵

摄影、主持、撰稿:李燕

今天的场面,直到现在,仍使我温暖。

逸涵分享了自己的台湾之行,关于故宫、美食、阿里山等名胜。曹妈妈很用心地制作了 PPT,让逸涵以时间为序,对行程进行简单介绍。

当逸涵的"谢谢"二字出口时,班级里响起了排山倒海的掌声。

小子们很会点评,先赞美,再提出中肯的意见,看法合情合理。依然请一位同学总结陈词。以下是蒋佳舟同学发言的大概意思:曹逸涵的演说很棒,他讲话声音响亮,语速不快不慢,让我们听得很清楚。美中不足是各个景点泛泛而谈,如果可以有重点地介绍某一个,印象会更深刻;此外,逸涵翻页太快,很多图片来不及细细欣赏。

投票环节激动人心,举手!举手!举手!刷刷地举手!小崔、小朱、小安的演说纵然精彩,却都没有享受到这样的待遇,与日俱长的欣赏水准让大家变成了严苛的评审。可是,逸涵的演说,居然让这些"考官"报以了 44 票的高分!统计完得票,全班玩命地鼓掌。

君萍说:"逸涵的表现,跟平时比,进步大得不得了,已经给我们惊喜了!"

译丹说:"我相信逸涵有潜力!所以我愿意给他这样的机会,让他晋级第二轮,看到他更棒的表现!"

…………

孩子们的语言炽热,眼睛发亮。

逸涵笑眯眯的,他说,被同学们这么一鼓励,一点也不紧张了!

生活如此多娇!

NO. 6 沈怡佳

主持:顾丽烨

摄影、撰稿:李燕

今天"超级演说家"又有小小的升级——除了章新悦、陈泽瀚负责每日布置黑板、打开投影之外,主持阵容正式确定,顾丽烨同学负责打头阵,率先担纲主持重任。不仅要负责主持开场,连点评、总结、投票环节也打包负责了。李老师真正退居幕后,安心拍照、写报告。过一阵儿,这活儿我都打算把它承包出去。有意向的小伙伴可以提前申请了。

言归正传,说说沈姑娘的演讲。

沈姑娘也分享了一次旅行。看得出,有点紧张;也看得出,准备还不够充分。但是,沈姑娘很有大将风度,整体感觉从容、稳重,所以,良好的台风还是征服了小评审们的心。

点评时,孩儿们有很多话要说。今儿最有意思的是李朵对 PPT 提出看法。李朵同学说:"我很喜欢那个互动环节,考考我们知不知道项羽的三大战役。不过,既然要考我们,就不要把答案也显示在屏幕上,没有神秘感。"沈姑娘立刻申明:"是我妈妈不会把字隐身。"安小葳很热情,现场教学:"我可以教你……"然后叽叽歪歪说了一通专业名词。

我很喜欢孩儿们这样真诚的对话。

顾丽烨是很好的主持,当点评环节一时冷场之时,她说:"既然大家还没想好,那我就来说说吧……"在这里必须要赞。

以沈姑娘最后的袒露心声为今日报告做结:"如果我还有下一轮的机会的话,我一定好好准备,再接再厉,争取做得更好!"

我喜欢这样的表白。非常喜欢!

NO.8 杨睿

主持:顾丽烨

摄影:华子凡

撰稿:李燕

杨睿今天给了我们大惊喜!

睿妈妈是"东北人",因此,他在妈妈的帮助下,给小伙伴们全面、具体地介绍了这块神奇的黑土地。资料非常翔实,里面有大量孩子们并不能很好理解的专业术语,但让人惊讶的是,睿居然都很好地背诵下来了。再加上他本身漂亮的音色、自信的神情、大方的举止,以及精心设计的互动,真正抓住了所有观众的心。

所以,在投票环节,全班沸腾了。小胖同学说:"如果每根手指头都可以单独投票的话,我会给他投十票!"这大概是很多同学由衷的赞美吧。

下面的篇幅,记录睿演说结束后的讨论。

不知道哪位同学建议说:"你还可以介绍一下东北的历史。"于是,全班同学异口同声:九一八!

于是,今天语文课的前15分钟,就来讨论九一八了。李老师嗓子发不出声,小家伙们也压根儿用不着李老师出声,一个个侃侃而谈。我们一起梳理了1931年9月18日、1937年7月7日、1949年10月1日这三个时间点,以及它们在历史上的意义。孩子们一起念:勿忘国耻!然后,打开语文书,读《天安门广场》第四小节对开国大典的叙述。读了一遍又一遍。下课铃声响了,我们全体起立,又读了一遍。

当晚,多位妈妈在"呱呱本"上给孩子写了同样的话:少年智则国智,少年强则国强!

向上吧,少年!

P. S. 孩子们大赞了睿的PPT,小孙举手说:"这是我妈妈帮杨睿妈妈一起做的。"我知道,上个周末,睿和妈妈在小孙家度过。孩子们是同窗,妈妈们做朋友。呵,多么美好!

NO.10 杨迪轲

主持:崔旻奇

摄影:金典

撰稿:李燕

　　多哥(杨迪轲的昵称)的演说,应该是筹备了一阵子的了。PPT精美,一定要赞的是多妈选择的音乐,非常有感染力。因为担心多哥不能脱稿,还用心地做了小卡片。妈妈们的这份细致,真的让人感动呢!

　　说说多哥今日的表现。因为手握卡片,所以淡定从容,面带微笑,不急不忙。孩子们被画面吸引,被音乐打动,给了多哥不错的投票率。在点评时,孩子们也提出了诸如声音要更加响亮、最好能脱稿之类的建议。但是,李老师觉得大家没有说到点子上,于是组织大家讨论。

　　师:多哥演说的主题和其他同学有什么不同?
　　生:他没有介绍城市之类的,而是呼吁大家保护动物。
　　师:对,他跟大家分享了一个很有意义的观点——保护濒临灭绝的动物。大家来说说,他是怎么来呈现这个主题的,先分享了什么?
　　生:先分享了很多濒临灭绝的野生动物,使用了大量图片,让我们感受到这些美丽的动物灭绝是多么残忍;还使用了数字,比如白犀牛不到7头,让我们非常惊恐,印象深刻。
　　师:对,接下来,多哥问了大家一个问题。
　　生:为什么那么多野生动物濒临灭绝。我们的讨论结论是——人类是幕后杀手,人类破坏环境,人类非常贪婪。
　　师:所以到最后,就得出了多哥今天的演说主题——保护濒临灭绝的野生动物。央视有一个公益广告,我非常喜欢里面的广告词。
　　生:没有买卖,就没有杀害。
　　师:是的,我在这里郑重承诺——在任何时候,我都不食用鱼翅。没有买卖,就没有杀害。
　　生:我郑重承诺——在任何时候,我都不食用鱼翅。没有买卖,就没有杀害。
　　李老师很激动。
　　一个好的话题,不仅是一次表达的训练,更是一次心灵的洗礼。
　　感谢多哥,感谢多妈!

NO.21 李邹涵

主持：陈烨

摄影：金典

撰稿：李朵

真是好事多磨，因为各种情况，"演说家"耽搁了整整一周。今天，活动总算华丽丽地继续了。耶！

李邹涵给这一轮的演说开了一个好头。

她选了一个很别致的题目：一道家常菜。细细地介绍了番茄炒蛋的做法，呼吁大家多做家务，体谅父母。第一次走上讲台的李邹涵并没有想象中的羞怯，她很大方，很自然，很有底气的样子，这应该跟她精心的准备分不开的。涵同学设计了三个问答，考验大家听讲的专注程度。前两个问题轻松解决，问题三"炒鸡蛋的过程中应放入什么调料"卡了壳，同学们纷纷举手，有的说黄酒，有的说是盐，有的说是味精……可是，各种答案都遭到了李邹涵的摇头否定。大家嚷着要她公布结果。"正确答案是，什么都不要放。"此处，你可以想象教室里一片凄惨的叫声："坑爹啊！"

今天的点评很有效率，李老师一直反对的"口水话"没有了，一个个小评审的切入点都很独特。有人赞选题，有人夸自信，小顾和佳舟的话令大家忍不住笑喷。小顾（先想象好他具有无与伦比穿透力的清甜的童音）："不要只叫2、3大组的同学，看看我们好不好？"佳舟一本正经地说："我的建议是，做菜时不要放味精、鸡精，否则要……"文昊同学总结陈词，滔滔不绝。

演说过后，进行了第二轮主持人的换届选举。想当主持人的乌拉拉站起来一大排，轮流说说自己胜任的理由。宇帆说："我每天都会收看《今晚八零后脱口秀》，很多句子已经进入我的心中，我自信可以把主持人干好。"王浩驰说："我会很多时尚的词语，还有，我可以保证每次的语言都不重复。"王雨琪说："我参加小主持人培训时，老师总让我当主持人，每次都夸我做得好！"……雄辩滔滔，实在让人无法取舍。每个投票的人都很为难呢！

演说家比赛进入白热化了！

NO.26 储天宸

主持:朱宇帆

摄影:杨迪轲

撰稿:崔旻奇

今天储天宸讲了一个前所未有的题目——好书推荐。(《蓝色的海豚岛》)

储天宸的演讲整体来说还不错,PPT 做得很精美,不过我认为他可以多多看我们,增强与观众的眼神交流。PPT 可以讲到哪儿就翻到哪儿,增强同步性。我个人认为他推荐这本书的理由是从侧面进行的,因为他没有直接告诉我们推荐理由,而是把书的情节尽可能具体地告诉大家,让大家充满好奇,这样表达很好。

最精彩的环节是点评环节,同学们开了一个小型辩论会,因为最后储天宸说到了生活实际中很多同学衣来伸手饭来张口,所以蒋佳舟觉得跑题了,但是很多人都觉得没有跑题,同学们讨论热火朝天。最后李老师也参与了进来。她认为由书本内容到生活实际,这是很棒的思考方式。但她也同意佳舟的观点:过渡要自然,结束时还要回到"推荐"这个主题上来。

最后储天宸的有奖谈感受环节,同学们的小手像树林。储天宸像变魔术一样,一开始他袋子里的蛋糕没了,他突然说还有一个,这个奖出去了,他又说还有一个,最后,真的没蛋糕了,他又说:"还有棒棒糖!"他分明是刘谦版储天宸嘛!

听了他的演讲,我想说《蓝色海豚岛》,你,值得拥有。

李老师补充:感谢小崔,要求当撰稿人的愿望热情到让李老师实在不忍拒绝,我知道他很忙,但他仍在课间争分夺秒,放学前成功交稿。感谢浩弛,担纲审稿,稿子质量不错,删掉两小句,调整一处语序,并加入几处说明,可读性更强。感谢多哥,今天的照片出自他手,他还热情地要带他的微单——不过那玩意儿太珍贵,携带有风险,就先不上了。

感谢洲盛麻麻,知道李老师有饭局,出手相助帮我码字。

——你们的好,让我充满力量,社会主义核心价值观"敬业友善"走起!

NO.29 张译丹

主持:陈烨

摄影:华子凡

报告:李燕

今天,我强烈要求写报告,因为心里有些话不吐不快。

在学期过半、老师的教和学生的学都不免出现一丝倦怠感的时候,张译丹的演说无疑是一针强心剂,注入的,是高纯度的正能量。主题:读书·励志·理想。

当这个标题出现在大屏幕上的时候,当一向是我们班勤学上进的楷模译丹同学站立在讲台前的时候,所有人的精神都为之一振。紧接着,音乐响起,译丹用一组充满视觉冲击力的照片开启了这场励志演说。

照片中,有一只长满冻疮的小手,执拗地握着笔,在方格本上写着;有一张脏兮兮的小脸,紧贴着一块半截的红砖,无比投入地在砖块上演算着;有两个一脸质朴的孩子,凑在一本破破烂烂的教科书前,动情地朗读着……我的心猛地揪了起来。译丹要表达的,我已经懂了。

娃娃们也看得很认真。蒋佳舟突然举手:"我有个问题,那两个人蹲在地上,旁边的文字是:最便宜的草稿纸。他们的草稿纸是什么?"译丹有点措手不及,她认真地回答:"你看,他们手里的草稿纸已经很烂了。"孩子们似乎懂了,谁也不作声。译丹接着演说,她请大家来谈谈看了图片后的感受,给大家讲了一些人物励志勤学的故事,告诉大家,要用知识来装扮自己,要抓紧年少的时光,付出必有汇报。"啪啪啪!"掌声四起。

孩子们开始点评,有的赞开头吸引人,有的说译丹的表达流畅……面对如此理性的点评,我有点着急:那些照片呢? 那些让我看了内心隐隐作痛的照片呢? 怎么没有人来说?

于是,演出结束后,我带大家重温了那组照片,在"最便宜的草稿纸"前停留。"你们再仔细看看,仔细想想,最便宜的草稿纸究竟是什么?"这时候,终于有人明白了:"他们是在地上打草稿! 他们买不起草稿纸!"

教室里有被震撼到的嗡嗡声。

我又接着说了一些话。看着他们的眼睛,告诉他们拥有的幸福,以及肩上的责任——我觉得,我是把译丹已经说得很好的话,又嚼了一遍。他们的眼睛里有光,但看得出,是带着茫然的光。他们的灵魂,依然懵懵懂懂。那样的生活,那种渴望读书,渴望学习的状态,离他们太远! 孩子们的想象力和共情力,够不到!

整整半天,我没有在这种遗憾和丧气中走出来。译丹给了我们一个好主题,可是,我和孩子们抓不住。该用一种怎样真正合适的方式,激发起孩子们内心对于知识的渴望?

我不知道。你呢?

NO.31 华奕臣
主持：孙俊杰
摄影、撰稿：金典

华奕臣的演说，又给我们带来了一个惊喜。他演说的主题就很引人注目：探秘外星人。这个主题让我们非常好奇：外星人真实存在吗？它们长什么样……

下面就是揭开谜底的时候了。大家知道吗？地球和月球比起来，是一个无比巨大的星球，但跟太阳比起来却是一个"小皮球"。太阳跟天狼星比起来，就也变成了一个"小皮球"。我们还知道了一个星系里有100多万亿颗星球，甚至更多。奕臣在演说中还举了几个例子来表示外星人很可能存在，比如复活岛的巨石像，最高的可达9.8米！他还巧妙地把电影和卡通片中的外星人形象引入了进来，让我们一阵阵地大呼小叫。

再说一点点点评吧。一开始大家都在谈论演说者的缺点，李老师立刻从埋头批作业的状态中苏醒过来："华奕臣有非常多的优点，大家都没看到吗？"主持人小孙也跟着说："嗯，谁来给华奕臣注射正能量？"这下，同学们又来了劲。朱文昊说："华奕臣今天的演说非常棒，用了列数字、举例子两种好方法。他的过渡句也用得非常恰当，没有让我们觉得演说乱糟糟。只是，我觉得最后那幅图和整个演说的内容不大配。补充一下，他用了慢慢进入主题的方法，到结尾才亮出了观点：我们爱科学。这一点，很棒。"

投票时间到了。思考三秒钟过后，"唰唰唰"，几十只手举了起来。"四十七票！"李老师高兴地喊了出来。全班为华奕臣送去了热烈的掌声、华奕臣这一次实在太棒了！他给了我们一个大惊喜！没想到，一个平时挺贪玩的孩子竟给我们带来了这么多的知识。看来每个人心中都有一个小宇宙，让我们去激发他吧！

四

2014年底，"超级演说家"第一季第一轮全部结束，47个孩子上台做了演说，每人都有一份报告，每人都有一组照片。按照原定计划，10个孩子将进入第二轮命题演说。但是，票数实在太接近，最后增容到12个孩子。

李老师提前一周给出主题："难忘的一瞬间"。

决赛当日，李老师扛来了摄像机，为每个演说者全程录像；一直做后勤工作的新悦担任主持人，负责组织抽签和自创串联词。

这一轮，李老师残忍拒绝多位同学和家长的PPT申请，决意要每一个人"裸说"。这给每个孩子增添了难度。但是，最后呈现的东西，依然让每个人心动。

首先是演说内容的开阔,关于自己,关于他人;关于生命,关于孝顺,关于勤奋;分享经历,讲述故事,阐述哲理……其次是演说风格的多元,有的很抒情,有的多互动,有的非常理性,但是所有的选手都能与观众进行目光交流,同时用手势辅助演说,强调观点,这点令人印象深刻!

决赛结束,并没有组织同学们现场投票,而是给大家一个回味反刍的过程。李老师一方面把录像分段上传至QQ群,一方面布置周末"呱呱"作业:和爸爸妈妈一起重温决赛的演说,选择三个进行点评,并且给最欣赏的三位慎重投票。

在此基础上,我们诞生了本年度的"超级演说家"!

欢呼过后,李老师问孩子们:"2015,超级演说家第二季,咱们是否继续?"

"继续!"

这两个字没有迟疑,冲出窗外,直刺晴空。

我们长大啦!

一

2014年,全国各地中小学刮起背诵社会主义核心价值观的风。我校的孩子们还要求背诵"八礼四仪"。有一天,李老师拉住一个孩子问:"八礼是哪八礼啊?"小朋友叨叨口若悬河地背下来。"等等,成长之礼是几岁?""十岁!""你几岁?""十岁!"

"哇!"

于是我们决定了,期末考试结束后,举办一场"成长礼",纪念我们共同走过的日子。

二

这是家委会负责筹办的活动。但是在一开始设计的时候,核心问题就是——如何让孩子尽可能多地参与。因此,在活动方案制定的时候,就吸收了孩子的建议,告家长书的撰写也出自孩子的草稿。更经典的是以下几个部分,完全出自孩子的力量,他们在这些时刻爆发的潜力让人怦然心动。

1. 成长证书的绘制。计划要给每个孩子颁发一张"成长证书",纪念自己的十岁。成长证书上要有老师和父母的寄语。商量的结果是新悦很自信地接过这个任务说:"交给我吧。"结果小姑娘手绘了成长证书,手写了上面的内容,网上联系了印刷的店,并拿出自己的零花钱赞助了48张"成长证书"。

2. 成长宣言的撰写。这是四个孩子合作完成的任务。他们在周末聚在一起,讨论,争论,辩论……最终完成了这样的稿子。笔触虽然稚嫩,但是因为真诚,所以依然充满力量。

十岁成长宣言

　　作者：王浩弛、李朵、孙俊杰、王雨琪

　　以前所谓的梦想，
　　不过是遥不可及的地平线。
　　而现在的理想，
　　是一座近在眼前的高山，
　　它矗立在我们眼前，
　　甚至可以触碰，
　　尽管登山的路困难无限。
　　十岁，
　　是攀登高山的必经路线，
　　只要努力，
　　奇迹就会来到我们眼前。

　　十岁，
　　就是一条崭新的起跑线。
　　我们望着路标，
　　感慨万千。
　　十岁来临，
　　我们在心底默默许愿，
　　我希望未来的自己
　　　心地善良　互相帮助
　　　心中有爱　温暖他人
　　　乐观开朗　勇往直前
　　　每天锻炼　体魄强健
　　　学习用功　尽力向前

　　这就是我们的成长宣言。
　　虽然想法有些简单，
　　但这是我们衷心地祝愿

这就是我们的成长宣言。
虽然声音还很稚嫩,
但字字出于我们心间。
来吧,十岁的你,
来吧,十岁的我,
来吧,十岁的小伙伴,
让我们一起走向美好的明天!

3. 联欢节目的编排。令人意外的是,孩子们大爱语言类节目——相声、小品、笑话、诗朗诵。因为是语言类节目,便有了很多自创和改编的东西。所有的这些,真正激活了他们学习和使用语文的意愿。

4. 联欢主持词的撰写。因为联欢节目完全"承包"给了孩子,所以主持人分工、节目排序、串联词撰写、串联彩排……全部是孩子们的活儿。你会看到,为了一个节目的演出顺序,孩子们争得面红耳赤,都试图说服他人;为了一个节目的引出方式,孩子们绞尽脑汁,不断地进行想法的碰撞;为了确立本节目段的主持人,孩子们毛遂自荐,纷纷找出自己最能胜任的理由……他们在进行着最生动的口语交际。

5. 成长礼结束之后,李老师在班里组织了成长征文。同学们从各个不同的角度,记录着自己的成长故事,抒发着自己对于成长的理解。征文的评选依然教给孩子们,得票最高的15篇打印,张贴在教室里布置展览。

6. 家委会准备把成长礼的花絮做成纪念册。摄影由专业级的家长担任,相册编辑也由家长完成。但是文字编辑又一次交给了孩子们。这是他们第一次正式鼓捣"出版物",虽然最终的把关依然由妈妈们负责,但是这过程中的享受与收获,是谁也无法计量的。

三

家长们在QQ群中整理的成长仪式十大亮点:

1. 全班48个孩子,昨晚出席了43个。好几个孩子全家一起来。好几个妈妈没空,爸爸带着来。还有爸爸妈妈在外地,但仍不愿意错过机会、请叔叔带着来的孩子!这份参与的热情,够感动!

2. 这是家委会成立后组织的第一个大型活动。所有的筹备都是家长们完成的,做规划,找酒店,会场设计与布置,预算经费,现场组织……老师只是帮着出点子、使力气。家委会的能量,够强大!

3. 成长证书出自小才女章新悦之手。成长宣言由王浩弛、李朵、孙俊杰、王雨琪四位同学合作完成。孩子们的才华,够漂亮!

4. 每一个孩子,都由妈妈或者爸爸牵着手送到"成长之门"门口,然后独立走过红毯,走上舞台,聆听来自父母的祝福。孩子们说:"走红毯的时候我好激动,感觉好神圣!"我们想要的仪式感、庄严感、自豪感……够强烈!

5. 爸爸妈妈们拿起话筒,看着独自走过成长之门的红毯那头的孩子,真情寄语。好多次,都打中所有人的心房。全鑫爸爸说:鑫哥,过去,我们是父子;以后,我们是朋友,因为你已经是一个十岁的小小男子汉了! 杨迪柯妈妈、章新悦妈妈……欲语泪先流。全场静默而温暖。这份真挚的爱,够持久!

6. 亲爱的校长,亲手为每一个孩子送上成长证书。四个批次,43个孩子,每一个,双手奉上,笑眯眯,笑眯眯。事后,李老师发短信:谢谢您! 每个孩子都会永远记得这一刻。校长回复:应该的,是你们先感动我。这个简单的理由,够真纯!

7. 神秘嘉宾顾铮铮哥哥的演说时光,全场静悄悄。顾哥哥比孩子们大了整整十岁。大哥哥是孩子们的新晋偶像。大哥哥一站在台上,就仿佛看到了孩子们十年后的模样。他说,成长,就是在各种经历中不断发现自己。他希望学弟学妹们早立志,多阅读,一路向着自己美好的理想。大哥哥的演说,够精彩!

8. 志愿者妈妈、志愿者爸爸是昨天最辛苦的一群人。洲盛妈妈的主持大气沉稳,过耳难忘。永焱妈妈出纳,麻利干脆,丝毫不差。新悦爸爸和迪轲妈妈扛着单反全场奔忙,没好好吃,没好好坐,汗水闪闪亮。身材高挑面貌甜美的厉行妈妈担纲礼仪,手捧做成卷儿的证书,婷婷又袅袅。俊杰妈妈、艺禾妈妈、旻奇妈妈……老老早来布置场地,奕臣妈妈、文昊妈妈、子越妈妈……主动承担了下半场联欢会组织孩子们做游戏的任务,不光出点子,还出钱出力气,赞助的小奖品让孩子们大呼开心……这样的家长群,够力量!

9. 从七点开始,是吃吃喝喝联欢会的时光。本时间段的安排全部由孩子们利用考试结束的这两天时光自主完成。报节目、排顺序、写串词、做节目单、现场组织……每个娃娃都上场,相声、小品、器乐、魔术、笑话、唱歌、跳舞……妈妈和老师没插一个手指头。孩子们的能力,够威武!

10. 必须记录的惊喜:蔡旭辉在小品中饰演的小炳让人眼前一亮! 辉音色好语感强,完全是一根潜力十足的好苗苗。蒋佳舟和金典合作了一个相声,颠覆了我们所有人对他的印象,原来佳舟小伙儿可以这么精气神儿十足,可以这么两眼放光!陆昱丞继续了暖男路线,他居然给所有女生——包括毛毛李三位"大女孩"——编织了一条五彩的手链,顿时俘获了所有人的心。全班最最文静的汤钰旻,第一次给我们弹琵琶,《阳春白雪》,轻拢慢捻抹复挑,真正让人心醉了。孙俊杰在参加凌恺妈妈组织的报数字比赛中左顾右盼,后来才知道,他在为自己寻找一个较大的素数的位置,因为他发现凡是素数的位置都是很安全的。浦亦臻在第二天翻看活动照片的时候,这个大男孩居然落泪了,他说好感动,他柔软的心让妈妈们唏嘘不已……这些闪光的故事一次次地让我们坚信:不以分数为唯一尺度来评价孩子,我们可以看到一个更立体和丰富的人!这是我们三班每一个老师和妈妈的坚持!这样的坚持,够智慧!

半部《论语》和孩子们

一

李老师喜欢读《论语》。就像一条心爱的丝巾一样,喜欢的句子常常会在心头飘上好几天,不经意间低头,就已经滑入视线、绕上心头了。在教学六年级三班的时候,有一天,她突发奇想,给每个孩子准备了一本"论语摘录",每周给他们推荐一两条自己喜欢的论语,结合着感悟和心得,没有任何功利地、平静地说给他们听,最后让他们当练字一样工工整整地抄下来,读读背背。看着那一帮子疯疯傻傻的小家伙摇头晃脑煞有其事地吟诵这些他们能够受用一生的经典,心里常常会觉得温暖,也觉得这个时候的自己,比起猛批练习册来,要幸福很多很多。

挺意外的是,一次课间闲聊,她说起以前外出求学想家的经历,一个孩子突然冒出来一句:"父母在,不远游。"李老师顿时愣住了。

"你喜欢《论语》?"

"挺喜欢的,每句都那么短,挺有意思的。"

"我们都喜欢!"好多孩子涌了上来。

李老师想:我可以做点什么了。

二

六年级的第二个学期,李老师索性让他们自己开始论语推荐。每个孩子都很认真地写小黑板,有的甚至还细心地画了边框,读一读,说说意思,谈谈感受,李老师也坐在他们中间笑眯眯地跟着读。就这样,《论语》中的经典差不多就捋了一遍。

接下来是第二轮,去粗取精,高密度、大剂量地诵读,加深印象。李老师利用每周的读书课,从"学而第一"开始逐条(去除一些枯燥无聊、无很大现实意义的内容)读读品品议议。因为有了初读感知的基础,现在的读,多的是品的润泽,李老师和孩子们,就这么随性地说说这条论语让自己想到的人和事,亲身经历的、阅读得来的,就这么随性所至地一番闲聊。真奇怪,每次与经典有约的时候,班里的气氛都会特别好。更明显的是,很快,好多时候,这个班级里的老师和孩子都会冷不丁地冒出一句"有朋自远方来,不亦乐乎""知之为知之,不知为不知,是知也""岁寒,然后知松柏之后凋也""己所不欲,勿施于人"……那时候,全班都会会心地笑——那是只属于他们的心灵的默契与自由,那是只属于他们的记忆和享受。

三

接下来到了第四个阶段了。

有人说,《论语》是一座表面朴实无华的宝库,但一旦走进去,就会发现它"仰之弥高,钻之弥坚,瞻之在前,忽焉在后",从而"欲罢不能"。不过,《论语》更像是一把种子,两千五百年过去了,有些种子显然已经不再适合今天的土地,有些种子本身就不适合播种——但是,依然有那么一捧种子,它们蕴藏的能量和生机足以在今天依然饱胀着生命的伟力。它们需要植入心灵的沃土,需要用情和智、心和意去抚摸和呼唤,才能长出生命的根须,伸出壮美的枝叶,在我们的心灵上撑起一片清凉的绿荫。解读这半部《论语》的过程,就是和孩子们一起在整理自己心灵空间的过程,就是一起期待这些种子发芽的过程。

"暮春者,春服既成,冠者六七人,童子五六人,浴乎沂,风乎舞雩"——这是孔子理想的人生状态。《论语》本身就像极了春日的一场闲聊,零散、随意。所以,我们可以从自己的实际出发,将这些语录组合整理成任何适合我们的崭新姿态。通过讨论,李老师和孩子们选择了"为学"(对于李老师是"为师")、"君子"这两个关键词,进行了专题研究。然后,孩子们又把大家聊到的点点滴滴,加以梳理、增删,并且发动家长的力量,一起写出了我们自己的《论语心得》来。

写的方式特别有意思。孩子们用一本本子,每个组定一个主题,轮流写,每个人阅读、修改前面一位同学的作品,并在这个基础上,继续写300字以上。

背诵赏读也好、心得交流也罢,或者是专题研究、论文撰写,我们都应该牢记:有效的学习应该是改变行动的学习。也许小小年纪的他们毕竟无法穿越这长长的两千五百年,但依然坚信这些希望的金种子能在他们心里生根发芽,成为他们人生路上永远的绿色。

附孩子们创作的《论语心得》前半部《君子之道》的第一章:

君子之道

"君子"是孔夫子心目中理想的人格标准。一部短短两万多字的《论语》,"君子"这个词语竟出现了一百多次!

那么,现在还需要这样的君子吗?我们边读边思,思了又读。

——当然需要!而且非常需要!这是我们最终的答案。

君子的力量始自于内心,它能帮助我们在生活中、工作上保持内心的快乐与平衡,然后表现出一种从容不迫的风度。

那么,我们这个社会需要怎样的君子呢?

一

【子曰:"君子食无求饱,居无求安,敏于事而讷于言,就有道而正焉,其可谓好学也已。"】

孔子曾经说过,有德行的人吃饭不强求酒足饭饱,住处也不要求豪华舒适,只要能有自己的一片歇脚之处便足矣。君子办事勤快,说话谨慎,与有德之士相识、结交,以便用来做自己的榜样,这样就可以算得上是好学了。

【子曰:"贤哉,回也!一箪食,一瓢饮,居陋巷,人不堪其忧,回也不改其乐。贤哉,回也!"】

孔子在所有的弟子当中,最欣赏的就是这个颜回。孔子"温而不厉……",一直保持彬彬有礼、镇静自若的样子,只有提到这个颜回的时候,连赞两声"贤哉,回也";在颜回不幸英年早逝的时候痛哭流涕:"天丧汝!天丧汝!"究其原因,就是因为他欣赏颜回这种品质:一个竹筐盛饭,一个瓜瓢饮水,住在简陋的小巷子里,别人都忍受不了贫困的忧患,颜回却不改变他自身的快乐!这是一种多么了不起的风度!

在我们历代的名人中,也不乏颜回这种"贫而无谄,富而无骄"的豁达志气与心态。北宋初年杰出的政治家、文学家范仲淹就是一个很好的例子。著名的《岳阳楼记》就出自他的笔下,文章中的千古名句"先天下之忧而忧,后天下之乐而乐"被后人广为传颂。

范仲淹两岁丧父,家境贫寒,为了深造,便去应天府求学。应天书院是宋代著名的疏远,可以免费就学。这里既有名师指教,又有大量的书籍可供阅读,还可以与许多饱学之士切磋学问。范仲淹十分珍惜这次宝贵的学习机会,废寝忘食地苦读诗书,钻研学问,知识一直不停地增长。

但是,他的生活条件很不好。每天早晨的时候,他就煮一小锅粥,等粥凉了的时候划成四块,每天上午吃两块,下午吃两块,就着一点咸菜和醋,吃得津津有味。别人都觉得难以忍受这样的生活,他却乐在其中,真是"一箪食,一瓢饮,人不堪其忧,回也不改其乐"的真实写照。

有一次,他的朋友来看望他,交谈之时,惊讶得发现他的饮食简陋得难以想象,便要赠送他一些银子,范仲淹怎么也不肯收下。朋友又送给他一些吃的,他这才勉强收了下来。可是这些食物他并没有吃,过了好几天,都发霉了。朋友有些生气,说:"你也太清高了吧?送你钱不要,送你东西又不吃!"范仲淹却笑笑说:"老兄你别生气,你看,我自己不也有食物吗?你的心意我领了就是了!"

是啊,在范仲淹的心里,快乐和他吃的是什么是没有关系的,快乐是一种心灵的满足。而我们的现代社会,似乎只听得到人们为了追求物质享受而匆匆的脚步,很多抱怨,很多牢骚,觉得自己辛苦,觉得自己委屈——可是,我们的生活何曾比得上这些古人清贫?只是我们的眼睛,都被这物质的世界吸引去了,很少去看到自己的内心,是否真正地得到了充实!

【子曰:"饭疏食,饮水,曲肱而枕之,乐在其中矣。不义而富且贵,于我如浮云。"】

这也是孔子对自己的评价。他说:"吃点粗粮,喝点冷水,弯着胳膊当枕头,乐趣也就在这里面了。做不正当的事情得到的富贵,对于我来说,就像是天上浮动的云一样。"

我突然想起了一个很有意思的故事:从前有一个国王,他富甲天下,可是他一点儿也不快乐。于是他就去抢夺别人的土地、财宝、美女。土地是抢过来了,财宝是拥有了,美女也得到了不少,可他依然不快乐。不知道怎样才能得到快乐的他又去抢夺不属于他自己的东西……最后,他望着堆成山的财宝却依然高兴不起来。

痛苦的国王就去问一个智者:"我怎样才能得到快乐呢?"智者笑了笑,淡淡地说:"很简单,你只要找到世界上最快乐的人,把他的衬衫穿在自己的身上。"

于是,国王就派出了所有能干的卫兵,在天下给他找这个最快乐的人。找了很久,找过了许多许多地方,终于,卫兵兴冲冲地回来了:"我们找到了这个最快乐的人。这个人无论是下雨还是打雷,无论是早晨还是晚上,他永远都在大声地唱歌,他快乐极了!"国王连忙大叫:"就是他了!快,快把他的衬衫脱下来!"可是这个时候,卫兵们却犯了难,因为这个最快乐的人根本穷得连一件衬衣都没有!

其实,快乐和富贵或者贫穷根本没有关系。无论处在什么样的境遇里,保持一颗满足的快乐的心,这就是君子了!

继续来说孔子。

【子欲居九夷。或曰:"陋,如之何?"子曰:"君子居之,何陋之有?"】

孔子想搬到九夷去住,有人说:"那地方偏僻落后,怎么能住呢?"孔子说:"有君子住在那里,还有什么偏僻落后可言呢?"

好一个"君子居之,何陋之有"!真是振聋发聩、掷地有声!于是,刘禹锡的《陋室铭》响彻云霄、光耀千古!

"山不在高,有仙则名。水不在深,有龙则灵。斯是陋室,惟吾德馨。苔痕上阶绿,草色入帘青。谈笑有鸿儒,往来无白丁。可以调素琴,阅金经。无丝竹之乱耳,无案牍之劳形。南阳诸葛庐,西蜀子云亭。孔子云:'何陋之有?'"

这一篇千古佳作还有一个有趣的故事。刘禹锡在任监察御史期间,曾参加了王叔文的"永贞革新",反对宦官和藩镇割据势力。革新失败后,他被贬朗州司马,牵连州刺史及安徽和州县通判。按王朝规定,他应住衙门内三间三厅之房。但是,和州县的策知县是个势利小人,认为刘禹锡是被贬之人,便给他小鞋穿,安排他到城南门外临江的三间小房居住。对此,他毫无怨言。刘禹锡是个文人,于是就根据住地景观写了一副"面对大江观白帆,身在和州思争辩"的对联贴在门上。

做贼心虚的策知县见之,甚为恼火,马上将刘禹锡移居别地,并把住房面积减去一半。此房位于德胜河边,岸柳婆娑。刘禹锡见此景色,更是怡然自乐。于是,他又撰写一联:"杨柳青青江水平,人在历阳心在京。"策知县闻讯后,下令撵刘禹锡搬到城中一间只能放一床一桌一椅的破旧小房中居住。

半年光景,刘禹锡的"家"被折腾了三次。但是,刘禹锡并没有意志消沉。他有话如鲠在喉,倾吐为快,一气呵成,便写成了《陋室铭》,并请柳公权碑刻竖于门外。

于是,多少人面对着自己简陋的居室,与千百年前的古人心有灵犀莞尔一笑:"斯是陋室,惟吾德馨!"

是啊,只要主人有道德的芳香,就算屋子简陋、就算粗茶淡饭又怎么样呢?

21 世纪,物质生活水平蒸蒸日上,但与此同时,我们更多地把快乐归结为金钱和地位的获得,我们忘记了内心最简单最纯粹的快乐,因此,很多人好比那位永不满足的国王,得到了越多快乐越少。让我们从《论语》中得到力量,做一个内心充实、道德芳香的快乐的君子吧!

第三节 作业设计,不妨试试新思路

发展性作业,放飞学生的潜能

长期以来,人们往往把作业的功能定位于知识的巩固与技能的强化,认识的偏狭加之应试的指向,导致作业无奈地陷入了机械重复、单调封闭的误区。在长年笔与纸的机械摩擦中,学生逐渐消顿了语文学习的热情,衰减了语文学习的灵性。

所谓发展性作业,即强调学生是作业的主体,注重发挥学生作业的自主性、主动性和创造性,让他们在能动的创造性的作业活动中,获得生动、活泼、完满的发展。

一、发展性作业的价值取向

1. 拓展语文学习空间。语文学习的外延等于生活的外延。发展性作业主张学生走向社会、生活、自然,去感受鲜活的语文信息,培养语文意识,习成语文能力。

2. 着眼能力、习惯的养成。有别于传统作业的简单低效与被动重复,发展性作业在强调听说读写的语文基本技能的同时,更注重学生的主动实践、积极探究与合理表现。

3. 促进个性和谐发展。发展性作业注重让学生在作业中释放自我潜能,体验到努力过后的满足、愉悦与自信,获得个性的和谐发展。

二、发展性作业的一般特征

1. 主动性。学习只有通过主体的积极主动参与才能内化。发展性作业强调同学作业活动时的主体激活状态。

2. 开放性。既指作业空间的开放(异于封闭的室内),又指作业形式的开放(异于机械的抄写读背),更指作业内容的开放:价值取向多元、答案多不唯一等。

3. 个性化。发展性作业强调个体在开放的作业时空中选择适合自己的作业内容、方式,弘扬独立思考的个性化的作业理解。

4. 综合性。发展性作业的高质完成有赖于学生的综合运用能力,以语文能力为核心的各类边缘性、交叉性甚至跨学科的知识能力。

三、发展性作业的主要类型

发展性作业的类型表现出鲜明的丰富性与层次性,主要有:个体独立式作业,伙伴合作式作业,计划性作业,即兴性作业,分层作业,统一作业,口头作业,书面作业,视听作业,等等。下面的划分主要着眼作业内容的角度。

1. 信息集成

即围绕专题收集、整理信息。首先要利用图书馆、阅览室、网络等渠道广泛涉猎,其次要对已有信息材料再加工处理。在去粗取精、去伪存真筛选的基础上,精心设计物化形式,表达、传递信息。

学习了《恐龙》一课,我们鼓励学生广泛阅读,了解更多的恐龙种类与特点,收集科学家对恐龙失踪之谜的种种猜测,而后组合材料,撰写自己的《恐龙》小论文。

再如,学期末的复习阶段,为了帮助学生更好地将整册教学内容融会贯通,我们设计了评选"教材之最"的作业,让学生以全册教材课文为范围,从各个侧面选定自己认定最恰当的篇目,并写出入选意见。

请看一位同学此次的作业:

最令我敬佩的一个人——天游峰的扫路人。他把生活勤勤恳恳地融入扫帚,让憧憬伴着咸味的汗水,酿造一眼独有的醇泉。他长年与大山做伴,最原始的追求,大自然的过滤,仍保持古朴的形象。

最令我留恋的一处风景——三亚落日。纵然只是一刻的美好,但却如此灿烂,拥有比火更热的激情,比咖啡更浓的回味,这是上天与大海共同创造的奇迹,是水与火的融合。

最打动人的一个故事——二泉映月。优美的曲子蕴藏着多少辛酸,曲后艰辛的命运谁又能体会得到。阿炳的心中充满了爱,这才在他没有图像的世界留下一片色彩。

2. 主题创意

即给学生一定的建设性主题,让学生按照各自的理解,充分发挥个性特长,自由完成对主题的演绎,这样的作业最为自由,上下几千年,纵横数万里,任凭学生驱遣想象,尽情调配。

学习《火星——地球的孪生兄弟》,我们布置了这样的作业:

6月5日是世界环境日,电视台"广而告之"栏目想制作一档集音乐、宣传语、画面为一体的公益广告,你有兴趣参与设计吗?请把自己的创意写、画下来。在设计中,学生语文、审美、环保等多方面的潜在智慧得到了启用与发展。再如我们让高年级学生为一组古人送别诗设计情境,要求在情境逐渐展开中,自然贴切地呈现相应故事。通过设计,学生深刻地把握住了送别诗的意蕴,又细腻地体察到了诗篇间的细腻情感差异。

3. 观察体验。

苏霍姆林斯基说:"观察对于儿童之必不可少,正如阳光、空气、水分对于植物之必不可少一样。"儿童通过观察得以摄取信息,积累表象,获取体验。

我们要求学生勤于体察生活,记好生活笔记,日月星辰,鸟兽虫鱼,凡人小事,都是很好的材料。我们还要求学生阅读报刊,收看相应电视节目。参观游览也是观察体验的重要途径,浏览书画展,会感受到汉隶唐楷的风骨;徜徉山水间,则领略着自然与人的和谐。这些无不作用于学生的心灵,生成丰厚的积淀。

4. 实践操作

这类作业有助于把学与用结合起来。

实践操作有时是对课文描写的验证。学习《谈礼貌》后,不妨让学生在生活中学做一个有礼貌的人。学习《第一次抱母亲》后,不妨请学生给家人洗一次脚。有时是多种素质的综合训练,比如采访、创办个人小小广播台等。

5. 思辨内省

这是一种深刻的内心活动,需要动用学生全部的智慧,它的完成有时可能是一种直觉,多数情况下是冥思苦想的结晶。结论常因个体思维品质、价值取向、情绪体验和已有经验的诧异而变化出多元的姿态。比如学习了《最佳路径》,请同学们说说为什么这么好的设计理念,在我们生活中却很难实施呢?分析一下原因。

6. 视角转换

在深入领会课文内容的前提下,提取相关内容,转化视角进行表述,这既有效地帮助学生对课文语言进行了积累内化,又培养了学生的多角度思考能力。譬如学习了《天游峰的扫路人》一文,让学生抒写《有这样一位老人》;学习了《长江之歌》,让学生写作《我站在长江边》;学习了《聂荣臻与日本小姑娘》,要求学生想象四十年后小姑娘重见聂伯伯的情景,用小姑娘的视角,重新讲述这个故事。一位同学发现,文章中数次提到"梨子",别出心裁地以"梨"和"离"的谐音写了一篇短文。

四、发展性作业设计

1. 唤起作业的热情

这是学生主动作业的前提,教师首先要精选赋予趣味性、挑战性和创造性的作业内容;其次要设计灵活的作业形式:苏教版第五册编排了多篇写景课文,复习时,我们重组单元,让学生综合诸篇课文内容,以"超越时空的旅行"为主题作创新设计作业。新颖的作业形式激起了学生作业的兴趣,他们愉快地投入了作业活动中。

2. 提供必要的帮助

针对作业的要求以及学生的特点,教师应该全程提供必要的帮助,引导学生迈向成功。

这种帮助可能是策略的指点,布置信息集成类作业前,就可以适当介绍诸如作业分类等方法。也可能是背景知识的提供,比如让学生选择熟悉的旋律配唱古诗《江雪》,为使学生正确把握古诗情感,选准相应曲调,课上教师就应该简介诗人生平,帮助学生领会古诗寓意。还可能是信息源的提供。发展性作业的完成,常需一定相关的信息,学生由于阅历、年龄的原因,有时会入手无门,这时教师应介绍有关的信息源。比如学习了《泉城》一课,教师请学生设计导游词,做泉城的小导游。老师为了帮助学生更了解济南,充实导游词,可以向学生推荐老舍的文章《济南的冬天》《趵突泉》,为学生借鉴指明方向。

3. 给予成功的体验

体验成功是一种乐观向上、体现强烈主体意志的积极心态。让学生体验成功,不仅为其积极主动作业激发了强烈的动机,而且促进了他们良好态度、积极感情、坚定信念和美好人格的养成。

首先,教师要牢固树立"只有差异,没有差作"的观念,慎用横向比较的传统评价方式,让处于不同水平、不同层次的学生都体验成功。其次要创造机会,通过介绍、交流、传阅、发表和广播的方式,让他们体验作业的乐趣,蓄积起下一次作业的热情与经验。

创新作业设计,我们可以这样做

为了有效构建小学语文作业体系,充分发挥学生的主动性,提高作业的时效性,我们不妨在趣味性、层次性、开放性、实践性、人文性、自主性、合作性七个方面进行作业设计的创新。

一、趣味性

从作为教学主导的教师出发,一般而言,作业就是为了完成教学任务,让学生掌握必要的知识和能力,只要能达到这个目标,学生对作业的接受程度是其次考虑的。有的教师甚至认为,作业就是学生应该完成的任务,不管学生是否喜欢。基于这样的触发点,教师在设计作业的时候往往不考虑趣味性,作业往往以干巴巴的生硬的面孔出现在学生面前,这样学生也就存在应付了事的情况,很难能够达到预期完成作业任务的层次。其实,在设计作业的时候,如果能够贯彻愉快教育的方针,增强趣味性,一定能唤起学生完成作业的热情,让他们更加主动地去完成,形式也可以丰富多样。

1. 朗读作业

(1)朗读录音。每个星期都布置一份朗读录音的作业,要求学生每人录制一篇课文,通过QQ群进行分离,评选出本期最佳播音员。这样,学生在家里每天至少要练习十分钟的朗读。通过这种练习,既提高了学生的朗读能力,同时也培养了学生持之以恒把事情做好的良好品质。

(2)配乐朗读。这一类作业布置根据课文内容而定,如学习了《每逢佳节倍思亲》这篇课文,可以布置这样的作业:"回家后,为《每逢佳节倍思亲》这篇课文选配合适的背景音乐,明天我们举行一次配乐朗读比赛,看谁选取的曲子最合适,谁的朗读最动听。"这样的训练既培养了学生良好的审美能力,又激发了他们诵读经典课文的兴趣和热情。

2. 画画作业

特别是在一些学习写景或者语文实践活动中采用,既提高了学生学习的兴趣,又增强了学生对课文的理解,同时也充分发挥了学生想象设计的能力和绘画的能力。如学完《山行》这一课,为了让学生体会诗歌的意境,教师布置学生根据自己对于诗歌的理解配一幅彩色画的家庭作业。当时学生热情高涨,个个跃跃欲试。第二天,选择一部分作品张贴在教室里。给古诗文配画的作业设计不仅培养了学生的想象能力,加深了他们对于古诗的理解,而且提高了他们学习古诗的兴趣。而制作假日小报、主题手抄报等作业,更是将绘画、搜集材料、书法、版面设计等综合能力发挥到淋漓尽致,对于学生综合素养的发展,起到了很大的作用。

3. 手工作业

动手制作小制作和小实验不仅有利于提高学生的创造性技能,而且还可以帮助他们更好地加深对所学知识的理解。在学习一些科学性较强的课文时,不妨布置一些小制作和小实验的作业。比如在学习《苹果里的五角星》之前,可以让学生回家动手切一切苹果,实践体会什么叫作"拦腰切";在教学课文之后,可以布置学生同样用不同的思路切一切橙子、橘子、鸭梨等其他水果,找找其中的惊喜。这对于文章难点词语的理解以及课文所要传递的"换一种思路就是创造力"的主题的理解,都是极有裨益的。

4. 想象作业

想象能够增强学生学习的主动性,发挥学生学习创造的潜能。《语文课程标准》告诉我们:要鼓励学生写想象中的事物,激发他们展开想象和幻想,发挥自己的创造性。因此,在布置家庭作业时,我们也可以根据教材特点,布置相应的想象写话的练习,以拓展学生想象的空间,增强和丰富他们的想象力,进而促进学生创造性思维的发展。比如在学习了《滥竽充数》这篇课文之后,可以让学生续写南郭先生逃走后的所作所为。这样的想象作业,学生常有常做常新的感觉,所以完成的积极性非常高,质量也得到了一定的保证。

5. 表演作业

在学习了一些故事性较强、情节适于表演的课文时,为了使学生在理解课文内容的过程中受到启发教育,我们可以布置这样的作业:请学生自由组合,自认角色,表演课本剧。比如在学习《三顾茅庐》之后,让学生分组排练,进行表演。学生兴趣盎然,积极参与,每个扮演者都努力地去刻画故事中人物的形象,把人物的言、行、神表现得惟妙惟肖。学生不但很好地完成了作业,并且在表演的过程中,学会了合作与分工,加深了对课文内容的理解,潜移默化地感受到学习的快乐,体验到了成功的喜悦。

语文是学生最为熟悉的课程之一,在日常生活中有非常丰富的资源可以利用,只要教师能留意生活中发生的事情,在课堂上,在布置作业的时候吸收进去,就能使学生在快乐中完成作业,在快乐中接受新知,这无论是对学生的身心健康成长还是知识的获得,都是很有好处的。

二、层次性

课程标准的一个重要理论支撑是加德纳的多元智力理论。在加德纳看来,每一个学生的智力都各具特点并有自己独特的表现形式,有自己的学习类型和方式方法。因此,只有通过扩大学生学习的内容领域与知识表征方式,促进以往被忽视的智能开发,充分发掘每个人身上潜藏着的巨大潜力,才能从整体上提高每个人的智力水平。教育心理学也认为学生的身心发展由于先天禀赋以及后天诸多因素的影响,存在着差异。忽视这种差异性,有差异的学生做无差异的作业,势必造成有的学生"吃不饱",有的学生"受不了"的现象。所以要充分尊重学生的经验,尊重学生的个性,重视学生个性的发展。

鉴于此,为了使不同层次、不同水平的学生都能体会到成功的乐趣,可以尝试把作业分成若干项,让学生根据自己的情况有选择地去做,使学生在宽松的氛围中较好地完成作业,同时语文能力得到了很好的培养。

如在教完《庐山云雾》一课时,我们可以设计了以下几项作业:1.默写词语。2.背诵课文。3.收集写庐山的文章或者风景画。4.查找并背诵古人写庐山的诗。5.仿写一篇写景的文章。让学生选择其中的两三项来完成。对于基础好的学生,前两项作业课文没上完就已经完成了,他就把时间花在查找、背诵、仿写上,在积累练习中提高自身的语文素养。另外,我们不妨采用规定作业字数而内容不限的方法,把作业的主动权更多地放给学生。比如经常让学生一天写出300字,这三百字可以根据自己的学习和生活状况,选择合适的内容。可以抄写词语,可以做练习,也可以是写读后感,摘录课外好词好句。再比如学习了《花瓣飘香》,可以布置3项作业:1.抄写小姑娘小心翼翼摘下花瓣的句子,感受描写的细腻。2.有感情地朗读课文,把故事讲给爸爸妈妈听。3.根据情节,续写这个故事。要求每个层次的学生选择自己相应的作业来完成。第一个作业是词语积累,第二个是说话训练,第三个作业是写作训练。这三道题难度以此提高,分别适应了不同层次学生学习的需要。既可以满足优等生的要求,又可以使成绩中下等的学生练有所得。这使学生的能力水平在不同的基点上得到了发展与提升,使他们都获得了成功的体验,都享受着成功的欢乐!总之,作业量遵循的不是"多多益善"的原则,而应该是有差异性、有选择性的。

三、开放性

社会发展的大背景是语文教学发展的客观依据。语文学习的外延和生活的外延相等,语文教学就要冲破封闭的圈子,向课外延伸,跟生活接轨。作为语文教学内容重要之一的作业,也不能局限于课内学习内容、拘泥于课本知识,小学语文课本的内容虽然丰富,但是知识毕竟有限。语文学习的天地很广阔,语文教学的触角要伸向小学生生活的每一个角落,让学生在熟悉的日常生活中汲取营养,拓宽作业空间。让学生在无拘无束的环境中,学得主动,学得积极,使每位学生都成为学习的主人,体现自主开放的学习过程。开放性的作业有利于培养学生的创新意识和学习的自主精神。教师应该真正把学生当成学习的主体,把作业的主动权交给学生。做什么,怎么做,什么时候做,可以放手让学生根据自己的实际情况而定。作业形式可以是收集型的、想象型的、观察型的、思考型的、专题型的、自助型的、阅读型的……完成作业的方式有听、说、读、写、问、做、演、画等。作业的内容可以与教材内容相联系,也可以与学生生活相结合,还可以与社会活动相"接轨",体裁要广泛,思路要开阔,形式要有选择。

例如在教学《长城和运河》之前,先布置学生开展课外阅读,搜集有关长城和运河的图片和文字资料。学生搜集到的内容是多方面的,有关于长城和运河的传说的,有关于长城和运河的史料的,有关于长城运河地理位置、历史作用、游览景点的等等,从不同角度展示了长城和运河的相关知识,为更好地理解课文内容、把握作者感情奠定了基础。

四、实践性

在传统的课程与教学中,作业几乎都是以文字和作业本的形式和以学生各人为对象进行的。新课程环境下则要求改变这种单一的作业形式,更注重实践性,实践是最好的老师。对于语文来说,实践更是提高学生语言文字应用的最主要的途径。教师应树立大语文教育观,注意沟通课内外与校内外的联系,增加学生语文实践的机会,拓宽学生的学习渠道。一方面,教师要主动鼓励学生在日常生活中自觉运用所学的知识;另一方面,教师要配合课堂教学的需要,创设课外实践活动,让学生在实践中接受新知。

比如在教学一组描写地方风景的文章《泉城》《九寨沟》《田园诗情》,不妨结合单元练习的要求,请学生利用课外时间了解家乡历史,参观当地的名胜,学习课文的写法,分门别类进行口头介绍。这样在培养学生观察能力的同时,能丰富学生的语言,提高学生的口语表达和交际能力。

五、人文性

小学语文是一门人文学科,它继承了中华民族的优秀文化,吸纳了人类进步文化的精华,它充分地渗透了人文思想,它对学生心灵的震撼和影响是深远的。这就要求小学语文教师不但在课堂上要注重对学生进行人文教育,而且在平日作业中,也要有意识地渗透人文教育。

如学习《师恩难忘》,在学生感受到作者对老师深切的怀念和赞美之情之后,可以给学生布置一道"感情作业":回忆一下,在幼儿园到小学五年级过程中老师给予自己的关怀和帮助,和父母说一说,然后用手机编写一条感恩短信,或者写一张明信片,或者写一封短信,或者发一个电子邮件,诉说心中的感恩。我们的生活是多么需要这种感恩之心啊。一个不懂得感恩的孩子,就像不会呼吸的鱼,出了家族的水箱,在干燥的社会上,她不爱人,也不自爱,必将焦渴而死。而一个不懂得感恩的孩子,他又哪里会有真情流注到自己的笔端呢?

六、自主性

教师应该针对每个学生接受能力的不同,合理设计作业,增加作业的可选择性。学生可以自主选择作业的内容和形式，在教师引导下自主参与作业内容的设计，作业自己布置；教师也可以针对学生的差异，提供充满趣味的、形式多样的"自助餐"作业。让学生根据自己的情况选择作业，能力强的可以选择较难的做，能力弱的可以选择做简单的作业。这样，就能使不同层次、不同水平的学生都能体会到成功的乐趣。当然自主性的作业应当允许学生选择完成的方式。可以在与爸爸妈妈的合作下完成，也可以和小伙伴合作完成。比如和爸爸妈妈合作完成一张环保小报，一起分角色朗读一篇课文；和同学一起完成小制作、小实验，或者排演一出课本剧。学生可以自主地选择作业的数量和完成方法，让学生根据自己的情况选择，使得不同层次、不同水平的学生都能体会到成功的乐趣。

比如说理文《说勤奋》，选取了司马光勤奋成才编撰《资治通鉴》、童第周勤能补拙成为生物学家完成高难度青蛙卵剥离手术的故事，论证了"通往理想境界的桥梁是什么？是勤奋"的观点。学完后，我们可以设计以下作业套餐：A类——1.熟读成诵，化为演说稿，对爸爸妈妈进行演说。2. 课外阅读，搜集一些名人勤奋成才的故事。B类——1. 课外阅读，搜集一些名人勤奋成才的故事。2. 用课外搜集到的故事替换掉课文中的例子，重新组织，对爸爸妈妈演说全新版本的《说勤奋》。C类——化用课文结构，选择新的主题，围绕演说主题，大量阅读，搜集相关的事例，完成一个新的演说稿。

七、合作性

新课程的生成性、建构性要求学生必须学会合作。学生面临的作业更多的将是探究性作业，作业过程需要学生密切合作。另外，从作业的时空来看，大量的作业已经不再是凭个人的力量就能独立完成的，需要与他人协同合作，共同完成。

例如学习完《记金华的双龙洞》一文之后，可以这样设计作业：1. 几个同学合作，看看用什么样的方法能将游览金华双龙洞的路线画出来。平面的、立体的、剖面的、单线条的都可以。画完之后，读读课文，看看画得对不对，再修改一下。也可以用不同的方法多画几幅。2. 几个同学配合完成课后的"读读写写"，互相朗读、正音；互相默写、批改。

语文作业对于提高学生语言文字运用能力、提高学生听说读写能力起着重要作用，而设计作业对于达到课堂教学目标有着重要意义。我们应该在实践中以综合性、趣味性、自主性和实践性为原则科学设计作业，杜绝机械性与重复性，培养学生逐步掌握自主探究、合作探究的学习方法，努力使作业实践在提高学生语文综合素养方面更有效地发挥作用。

第四节　晒晒那些奇葩的作业

暑假作业

一

三年级暑假前的休业式,三3班李老师神秘兮兮地发了两张纸。同学们一拿到手里,就愣住了。

第一张是《暑假作业》。

暑假作业

亲爱的同学:

做完这套作业,你就要升入四年级啰！在这个暑假里,好好阅读,好好准备,开学的时候,我希望看到:长高的不仅是你的个子哦！

必做作业:

1. 完成十张钢笔作品,订成本子,自主设计封面,开学展览。

2. 阅读青少版《三国演义》,设计一份知识竞赛卷。

3. 给所住的楼道连续扫一个星期楼梯,或者从事其他公益劳动。写一篇日记。不仅写自己的做法,还要写出自己的看法。

4. 写一首令自己满意的小诗,编入《三三诗集》。

5. 读至少五本书。列下书名。

6. 完成两篇获得妈妈赞赏的习作。尝试着投稿一次。

7. 背诵《弟子规》《增广贤文》。八月份李老师电话访问时会抽背。

备注:以上作业人人完成。其中作业1-2写在专用纸上。作业3-6写在习作簿上。投稿方式、电话访问安排另见。

选做作业:

1. 为幼儿园杨老师班级里的小朋友读一个故事,用手机录下来。

2. 针对我校小朋友乱扔垃圾的情况,写一封演讲稿,开学演说。

3. 根据自己的旅游经历,完成一张手抄报。

4. 参加至少一种体育运动,拍一张照片,贴在A4的白纸上,为此运动写简单说明。

备注:以上作业至少选一项,欢迎多选,勤奋有奖。

奖励方式:

1. Perfect 奖(10)。公正评选,看质看量。发小奖状。自选奖励。

2. Lucky 奖(5)。所有按要求完成作业的人,随机抽奖。奖棒冰。

3. Better 奖(5)。表扬各种有进步的同学。奖棒冰。

4. Surprise 奖(待定)。表扬单项作业特别突出的同学。神秘礼物。

5. Strong 奖(不限)。奖励积极完成选做作业的同学。神秘礼物。

6. Oh Yeah 奖(3)。奖励作业综合质量最棒的同学。奖状,礼物。

7. Oh No 奖(3)。颁给作业情况比较糟糕的三位。奖状,"奖品"。

暑假快乐! 开学见!

你们的语文老师
2014 年 6 月 30 日

第二张是《暑期电话家访安排》。

暑期电话家访安排

一、时间安排

电话家访从 8 月 20 日开始,每天 10 位同学。安排如下:

8 月 20 日 1—10 号同学

8 月 21 日 11—20 号同学

8 月 22 日 21—30 号同学

8 月 23 日 31—40 号同学

8 月 24 日 41—47 号同学

二、家访内容

1. 了解暑假作业完成情况。

2. 了解暑假生活。

3. 抽背《弟子规》《增广贤文》。

三、注意事项

1. 电话家访日当天,请同学主动给李老师打电话,8:30—19:00 之间都可以。

2. 打电话应注意正确使用礼貌用语,主动汇报各项情况,锻炼交往能力。

3.《弟子规》和《增广贤文》采用抽背的形式,抽取某一部分,立刻背诵。

4. 本次电话家访的表现会在当日晚上及时反馈在 QQ 群中,请予以关注。

5. 李老师电话:略

等着你们的电话哦!

等着把两份材料念完,教室里已经是哇声一片了。无论是作业的内容,还是评比的方式,都让他们感到新鲜,有趣。

李老师可以预感:这个暑假,会很精彩。

二

从8月20日开始,电话家访就开始了。同学们如期打来电话,跟李老师唠唠家常,背背古诗,说说见闻。李老师也如约为每个学生认真写下情况反馈,贴在QQ群里,供大家围观。孩子和妈妈也会在每个人的报告后面跟帖留言。

下面是部分孩子的电话家访报告:

安葳:首先要赞一下安同学的礼貌,"李老师好,我是安葳。"这样的开场白很经典。安同学声音响亮,充满自信,在交谈中非常主动。当我开启一个话题的时候,他可以侃侃而谈,主动地表达,而非一问一答机械地对话。因此,跟他交谈,不需要准备太多的问题,他能够主动生成话题,产生表达的需要。这种与人交流的意识和能力非常可贵!安同学的暑假非常充实,当我问到他的阅读情况时,他一口气说了无数本书,并且告诉我他把《男孩子的冒险书》中的某一个制作搬到了生活中。这样的阅读,无疑是最快乐的。

顾丽烨:顾同学的暑假非常平静而充实,她跟我聊了每天的安排,弹琴、读书、写字、学习,语调心平气和,令人舒服。顾向我推荐了一本《城南旧事》,这是我们五年级要共读的一本书,喜欢的同学不妨提前收入。背书过关。必须分享的是,当我问及最喜欢《增广》中的哪一句?小姑娘略一思忖:"昼坐惜阴,夜坐惜灯。读书须用意,一字值千金。"然后,把喜欢的理由娓娓道来,她认为这两句可以提醒她珍惜时间,万事自觉。把《增广》读成这样,对于这个年纪的小朋友来说,就是活化了,就是圆满了。

瞿厉行:小瞿今儿在二院看眼睛,忙里偷闲在走廊中给我打电话,遇到了信号不稳定的情况,通话被打断了好几次。这多多少少影响了小瞿的状态。我想说,小瞿,其实你可以跟我说:"老师,信号不大好,我过一会儿再给您打电话吧。"遇到情况,不要慌张,应变能力超级重要呢!在交流中,小瞿给我比较具体地描述了旅顺之旅。在那里,他看到了军舰,还参观了一个什么恐龙的展览,因此获得了灵感,创作了这本《小瞿历险记》。从生活中寻找灵感,用笔记录下来,这样的做法真心赞!小瞿为这本小书付出了很多心血,他说特别特别有成就感!开学,让我们大饱眼福吧。另外,小瞿的《增广》是临阵磨枪两三天之内赶出来的,可是,小家伙非常自信,"我背得很好了。"一抽测,果然!我可以想象这两天他付出了多少努力!好样的!

刘思巽:刘同学的声音太美妙了,也太健谈了,我忍不住开了免提,让大家一起享受。她跟我聊的时间最长,其中我几乎不用提问题,话题自然产生。她跟我具体描述小金鱼集体死掉的悲惨故事,还在电话中跟我探讨了原因。她骄傲地告诉我,她这个暑假读了超多的书!好样的!她还告诉我奶奶身体不好,爸爸一直在照顾,然后我问:爸爸的行为用增广里的话怎么形容?小姑娘即刻想起来:鸦有反哺之义,羊知跪乳之恩。活学活用!不过,对于背诵,刘同学还要加油哦!

陆昱丞:这样内心强大的陆同学,居然也告诉我他有点紧张!实际上,他的背书情况很不错,恭喜。陆同学看待问题的视角总是很特别。他分享了西湖之行的见闻,耿耿于怀于游船的收费。150元一条船,可以乘坐4个人,可是他只有一家三口,所以觉得亏大了。小胖习惯用数学的思维看待问题,结论一般跟常人不同。因此,跟他聊天,永远不会寂寞。有一件事必须记录:达尔大叔的这套书,小胖很喜欢,大呼好看!他看掉了十本,这跟我以前认识的小胖是判若两人!我们的聊天以一句特别励志的话语结尾:李老师,你以后再给我推荐一些书哦!我骄傲!

倪艺禾:艺禾的交流意识是最好的。一般小朋友的开头是"李老师你好,我是某某",然后等着我找话题。艺禾不。她的开头是"李老师你好,晚饭吃了吗?"特别有交流感。大爱!于是我们就唠家常,问问她住在哪里,家人身体好不好,自己有没有长高长胖。艺禾呵呵一笑:我努力吧!我是有多喜欢她这种状态哦。聊到读书的时候,艺禾告诉我,《三国》中,她最羡慕刘备,因为他有两个那么好的兄弟,桃园三结义。艺禾,思巽,李朵,你们也是三剑客哦,开学就能在一起了!还有八九天,我等着你来熟练地背《增广》哦!

林子越:子越是个特别懂事的男孩,整个暑假都在自家的葡萄园里帮忙,帮大人一起摘葡萄、卖葡萄。因此,我们的话题围绕着葡萄展开。我问到葡萄的品种,小家伙居然侃侃而谈,给我介绍了七八个品种,并且告诉我,他最喜欢的叫作"阳光玫瑰",这是一种金色的大葡萄,果肉特别甜,还没有果核,说得我口水都要流下来了!我跟子越约好了:绝大部分小朋友不知道葡萄的成长过程,更没有见过葡萄花。他要仔细记录下这些来,下回给我们做"真人图书"。这是一个多么美好的约会啊!子越的书背得不错,过关!

杨睿:睿的电话原本安排在第五天,他今儿就打来了,确实给我一个大惊喜!我自恋地理解为:杨睿想我了!哈哈!睿的开头明显是精心设计过的:"李老师,您好,我是杨睿。您最近身体怎么样啊?我早就想来看您了,可是我身体不争气,一直发烧呢!"是啊,睿高烧不退已经好几天了,满嘴溃疡,但是他依然没有忘记我们的电话之约,这让我心里特别温暖!睿告诉我,他的记录本上已经写下二十几个书名了,说明暑假已经读了二十几本书!睿还告诉我,等身体好了,他会努力把作业都赶起来,迎接新学期!多么给力的睿!相信自己,不断努力!31号,我等着你!

  孙俊杰:小孙的开头是"Are you Miss Li?"结尾是"Good bye!"这个暑假,小孙跟我三天两头就要联络一下,微信啊,QQ啊,散步啊,昨儿晚上还碰到了。所以,当我问:有没有什么想跟我说的?小东西直接回答:没有。好吧,我们就开始学术交流吧。小孙背得极其熟练,给个开头,他就基本上停不下来。于是,我索性给出高要求:"勿临渴而掘井"这两句什么意思,告诉我们什么?"自处超然,处人蔼然,得意欲然,失意泰然"这四个然中,你觉得自己最缺少哪一个然?……反正,小孙都能侃侃而谈的。完美过关!

  汤钰旻:汤同学的第一个电话,我没有接到。于是小姑娘很灵活地给我发条QQ:李老师,您什么时候方便,我给您打电话?——这就是能力,处理各项事务的能力。在排课休息的当儿,我们顺利接头。小朋友这个暑假劳逸结合,每天都有固定的学习和运动时间,非常棒。背书也背得不错。当我问她《增广》中最喜欢的句子时,她说是"学须静,才须学",因为只有在安静的环境中,学习才有效率。"如果周围的环境很吵,怎么办呢?""心静。"——这就是蕙质兰心、安静温柔的旻旻!最后,我说,在新的学期里,希望你的胆子能更大一点。小姑娘说,好的,可是我的胆子很难变大。我忍不住笑了:"今天给我打电话,你害怕吗?紧张吗?""不害怕,也不紧张。""那就表示你胆子很大啊,很多小朋友都发抖呢!相信自己!"旻旻重重地点头:"嗯!"

  王雨琪:雨琪的电话来自遥远的东台。她在外婆家小住,所以接到这个长途我既惊讶又感动。雨琪轻飘飘地告诉我,这次是她独自一人坐长途车到盐城东台。妈妈把她送上汽车,外公到车站来接。我听得一愣一愣的!这才是真正有魄力的娃娃!既然在外地,我们就自然聊起了风土人情。雨琪告诉我,外婆家空气特别好,尤其在早上。生活很方便,想吃瓜就可以到门口去摘。东台西瓜远近闻名,今年外婆家种出了一个18斤的大胖西瓜,特甜!雨琪的声音里透着满当当的自豪!雨琪说,外婆给她做的小龙虾最好吃,那是外公亲自下河捞的。外婆家养着鸡和羊,一切的生活都很绿色。多幸福的小朋友!最后,雨琪开始跟说绕口令似的报起了书名,一共有25本!看来,想要超越她的小朋友,要得好好抓住暑假的小尾巴了!

　　杨迪轲:多哥在电话中很放松,大笑了数次。其中一次是我问他考完级的这些日子在忙什么,他大笑数声:玩,写作业,吃饭,睡觉。大概对李老师的弱智问题表示不屑。我又很不识时务地问:都做些什么作业啦?他大笑数声后回答:还不是你布置的那些作业?李老师顿时三条黑线。赶紧转换话题:"暑假里看了些什么书?""你给我买的那几本。看了三本。""哪三本?"多哥又一串笑:"不记得了。"然后又七七八八聊点东西,我记得我说,那里面的《女巫》之类的很好看,强烈推荐,他说哦。我说雨琪看了25本了,最低限度是5本,你应该能完成的。他说,哇,好强啊!然后,最雷人的金句来了:"李老师,我怎么觉得我们在磨话费啊?这是我哥的手机!"我倒!于是赶紧表示不再浪费电话费,咱们背书吧。"终于到正题了!"多哥表示满意。抽背结果,他酝酿了半天没接上,于是约好31号再背。"多哥,你要好好背的啊。""那是一定的!"李老师在多哥斩钉截铁的承诺里,心满意足地挂了电话。每个孩子都不同,他们不装,不作,就像一块块璞玉,从容地做自己!李老师喜欢这些鬼马小精灵!

…………

　　QQ群里家长们透露的娃娃们各种紧张也着实让人喷饭:有手足冰冷的,有边打电话边拼命转圈的,有电话号码拨错好几次的,有打电话前强迫症似的看书的……李老师想说,看来,孩儿们的各种锻炼,还是多多益善。

　　孩子们对这个奇怪的作业都非常重视,妈妈们也非常认真地阅读报告,甚至会把对其他孩子的报告读给自己的娃娃听,让他们从中获益。所有的一切,因为理解,而变得格外可贵。

三

　　开学交作业,是一件忙碌的事情,必做的放在一起,齐斩斩的作文本,花里胡哨的各种《三国》的卷子(他们颠覆了我们对"三国知识竞赛卷"的理解,看图写成语、看图写兵器、看图排列战争顺序……只有我们想不到,没有他们做不出。李老师边看边赞叹),画了漂亮封面、取了风雅题目的硬笔书法作品集……

　　选做作业更是有趣,有录音,有演说,有小报……

　　为了评这些奖,李老师动用了各科老师集体的力量,因为这样能够给到他们更加专业、更加立体的点评。请书法老师点评"十大美字",布置展览;请美术老师给每张小报提出进一步美化的意见;请熟读《三国》的男老师,对他们制作的知识竞赛进行甄别,……李老师把所有认真完成作业的孩子的名字做成阄,现场开奖。

幸运奖增加到三个！教室里沸腾了！

最后，开学第一周在颁发各种小奖状、小奖品，布置各种展览、进行各种评点中愉快度过。

华奕臣妈妈说：这次的暑假作业，是完成得最开心的一次。我们都有种穿越去了国外的感觉——这算崇洋媚外吗？

"呱呱本"，你值得拥有

2014年秋季学期，四3班多了一本"呱呱本"。

拿到开了名字的新本子，同学们嚷嚷起来："什么叫呱呱本？为什么叫呱呱本？"

李老师给出了答案："从今天开始，我们每天都会有口头表达的作业，大部分时候我会布置主题，要求回家跟爸爸妈妈交流，然后请家长把点评写在下面，如果家长忙，签个名也行。这就是呱呱本。至于为什么叫呱呱本，你们自己说。"

"小青蛙，呱呱呱！"陈烨第一个叫起来，惹得大家一片大笑。君萍就叫起来："为什么不是喵喵，或者嗡嗡，或者叽叽呢？"教室里又是大笑。

"我估计是希望我们顶呱呱的意思，非常响亮。"宇帆是个沉稳的孩子，他如是说。

"还有，呱呱本身听上去也很舒服。叫喵喵本，嗡嗡本，好笑死了！"艺禾边说，就忍不住笑弯了腰。

"行，你们说得很有道理。接下来，打开呱呱本，第一行顶格写上今天的日期：9月1日。第二行写上：呱呱主题——介绍我们的新同学。"

"唰！"大家一起把脸转向新同学小崔。

李老师笑眯眯地说："所以，为了帮助大家完成好第一次呱呱作业，掌声有请小崔来给我们进行自我介绍！"

二

呱呱本坚持了一个学期，效果出奇地好，它几乎得到了所有家长一致的认可。译丹妈妈说，呱呱本帮助她和女儿找到了一个交流的平台，一开始是因为作业，后来每天的交流成了一种习惯和常态，女儿愿意打开心扉跟她说各种各样学校里的见闻以及自己的观点，这是特别美好的改变。昱丞妈妈大赞呱呱本是因为她帮助孩子积累了很多习作的素材，对于一个总是苦恼没有习作内容的孩子来说，呱呱帮助他发现了生活中的很多美和细节，帮助他重新审视自己的生活，习作的时候再也没有"巧妇难为无米之炊"的痛苦。佳舟妈妈喜欢呱呱本是因为呱呱本真的培养了孩子有序、有趣地进行表达的习惯,从一开始的磕磕巴巴,到后来的流利自如,甚至眼神表情动作的同步到位,佳舟妈妈非常享受这样的成长。而对于俊杰妈妈来说,呱呱本不仅是亲子沟通的平台,更是家校联系最好的载体。每天,她都有小故事通过笔尖跟李老师交流。所以,她的呱呱本,是用得最快的一个,很早就换了本子……

呱呱本带来的惊喜,实在太多太多!

三

让我们一起看看呱呱本都呱了些啥。

有的时候,是教室趣闻、新闻的播报,比如今天饮水机打翻了,教室里水漫金山,大家抗洪抢险忙忙碌碌半天热闹,回去把这么有趣的事情跟父母作分享。有的时候,是学校动向、新政策新举措的传达,比如四年级增设了"走班课",每个孩子可以选择自己喜欢的一门课走班,这是从来没有的尝试,回去赶紧给爸爸妈妈汇报一次;再比如今天来了外教布莱恩,金发碧眼的澳大利亚大叔无论长相还是上课的方式,都跟平时的蜜斯毛太不一样了,这个必须回去浓墨重彩地进行介绍。有的时候是把新学的课文向家人进行复述,比如《开天辟地》,比如《普罗米修斯盗火》,那么荡气回肠!不妨做回小小故事大王,回去把故事绘声绘色地讲给父母听,让他们同样感受大英雄的气概和情怀。有的时候是班级活动的参与和跟进,比如新开设的"超级演说家"活动,经常会有同学演说意味深长的好主题,比如杨迪轲的演说,向我们传递了保护野生动物的主题,"没有买卖,就没有杀害!"在演说中,全班同学一起起誓:决不食用鱼翅!回家之后,赶紧把这么好的演说传递给家长,把这样的理念和决心传递给最亲近的人。有的时候,是宏伟命题的讨论与思考,比如24字社会主义核心价值观,每一个词的意义,觉得自己最缺少的部分,回去谈一谈,深化自己的认识,帮助自己建立科学的人生观和价值观。有的时候,是课文背景的搜集和整理,因为在之前的教学中我们经常发现请学生搜集资料之后,学生呈现的都是原始资料,一大堆,没有重点和区分,因为学生并不擅长也没有意识要对资料进行整理和处理。而呱呱本上布置的此类作业,就要求学生在搜集之后和父母交流,并且在父母的补充当中,更加丰厚这样的认识。比如在学习《我给江主席献花》这篇课文之前,布置学生的呱呱主题就是:搜集香港回归相关资料,把你知道的和父母说一说,也请父母回忆一下当年的一些情景。有的时候,还会请学生对班级里发生的一些感人或者不合理的行为进行点评,帮助他们学会评判和区分,学会正确认识和调整自己的行为。比如有一天,有位同学第 N 次没有带齐学习用品,在打电话请求父母送来遭到拒绝之后,该同学当众大哭。于是当天的作业就是回去向父母如实描述这件事(当然,必须回避掉当事人的真实姓名),并和父母讨论:如何避免遗漏学习用品的事件发生,写下自己的建议,提供给当事人,给他一些精神上和方法上的帮助……呱呱的形式也多种多样:有课文的描述、事件的复述、话题的讨论、内心的倾诉……

　　一个学期的呱呱,带来了很多美好的改变。从教师一头来说,原来不可能人人落实的"复述"作业,以及练习中"口语交际"的内容,都一个不落地落实了,教学任务更好地达成;同时,增加了和家长之间的良性交往,家庭、学校之间的沟通更加顺畅和自如了。对于家长来说,他们用这样的方式自然地参与到了孩子的生活中去,对于孩子的在校生活有了更多的了解,也保证了每天亲子沟通的时间,更重要的是,很多家长通过这本呱呱,把他们对于作业的用心通过点评表现出来——很多妈妈的点评字迹工整、篇幅长,语言也经过精心组织,给孩子带来强烈的冲击,孩子学习的劲头为此也更大了。当然,更受益的是孩子们,无论是复述、讲述、组织讨论、发表演说,多种口语表达形式的操练,让他们无论是表达的自信、表达的习惯,还是表达的能力,都明显增强。同时,对于孩子们心灵的成长,呱呱本也功不可没。

　　期末的时候,把齐斩斩的一叠呱呱本发下去。李老师说:"这个寒假,别忘记把呱呱本从头到尾读一遍,你会读到爱,读到生活,读到成长。"